工业大数据分析与应用

主　编　陈　桢　孙华林
副主编　范华峰　徐帅东

北京理工大学出版社
BEIJING INSTITUTE OF TECHNOLOGY PRESS

内 容 简 介

本书从工业数据采集平台构建入手,通过三个实际项目介绍了使用 Python 机器学习进行工业大数据分析的流程和方法。

本书共有 5 个项目。其中,项目 1 主要介绍数据采集平台的构建,项目 2 主要介绍 Python 的安装和 Jupyter Notebook 的使用,项目 3 讲解风机叶片数据分析预测,项目 4 主要介绍火力发电厂工业蒸汽量预测,项目 5 探讨了铝型材表面瑕疵识别的方法。本书内容基于工业数据采集分析流程,结合具体项目讲解工业数据分析的方法。每个项目先讲解必备知识点,然后再通过实践操作加深学生对知识的理解和应用。

本书可作为高职高专院校大数据分析课程的教学及实验用书,也可以作为工业大数据分析初学者的自学用书。

版权专有　侵权必究

图书在版编目(CIP)数据

工业大数据分析与应用 / 陈桢,孙华林主编. －－北京:北京理工大学出版社,2023.8

ISBN 978－7－5763－2798－4

Ⅰ.①工… Ⅱ.①陈… ②孙… Ⅲ.①制造工业－数据处理－研究 Ⅳ.①F407.4

中国国家版本馆 CIP 数据核字(2023)第 161987 号

责任编辑: 王梦春　　**文案编辑:** 杜　枝
责任校对: 刘亚男　　**责任印制:** 施胜娟

出版发行 / 北京理工大学出版社有限责任公司
社　　址 / 北京市丰台区四合庄路 6 号
邮　　编 / 100070
电　　话 / (010)68914026(教材售后服务热线)
　　　　　　(010)68944437(课件资源服务热线)
网　　址 / http://www.bitpress.com.cn

版 印 次 / 2023 年 8 月第 1 版第 1 次印刷
印　　刷 / 涿州市新华印刷有限公司
开　　本 / 787 mm×1092 mm　1/16
印　　张 / 16.25
字　　数 / 372 千字
定　　价 / 70.00 元

图书出现印装质量问题,请拨打售后服务热线,负责调换

前 言

当今社会,正在进行以制造业转型升级为首要任务的新一轮工业变革,工业大数据作为这场变革的关键因素,已经成为当今制造业的热点之一。人工智能与制造业的深度融合,将促进工业领域的服务转型和产品升级,重塑全球制造业的产业格局。党的二十大报告指出,加快建设制造强国、质量强国、航天强国、交通强国、网络强国、数字中国。推动战略性新兴产业融合集群发展,构建新一代信息技术、人工智能、生物技术、新能源、新材料、高端装备、绿色环保等一批新的增长引擎。工业大数据是智能制造的核心,以"大数据+工业互联网"为基础,用云计算、大数据、物联网、人工智能等技术引领工业生产方式的变革,拉动工业经济的创新发展。工业大数据分析可以驱动企业的业务创新和转型升级。

本书基于工业数据分析流程,重点介绍了工业数据采集平台构建、数据分析软件安装、工业数据分析的知识和方法。本书按照项目式的结构来组织内容,共分为5个独立项目,并将每一个项目划分为较为独立的任务,以"学习目标—项目背景—知识链接—项目实施—项目总结—思考练习"这一思路,将工业数据分析技术融入具体任务实施中。在编写内容时,我们循序渐进;在选取实例时,我们要求实用性强、针对性强。本书的参考学时为64学时,其中实践环节为32学时,各部分的参考学时参见表1所示的学时分配表。

表 1 学时分配表

项目名称	学时分配	
	讲授	实训
项目1 安装数据采集平台	4	4
项目2 安装大数据分析软件Python	2	2
项目3 风机叶片数据分析预测	8	8
项目4 火力发电厂工业蒸汽量预测	10	10
项目5 基于深度学习的铝型材表面瑕疵识别	8	8

本书由常州机电职业技术学院的陈桢、孙华林担任主编，范华峰、徐帅东任副主编。其中陈桢、范华峰完成了项目1、项目2和项目3的编写，孙华林、徐帅东完成了项目4和项目5的编写。由于信息技术发展日新月异，而笔者能力有限，书中难免存在不妥之处，敬请广大读者批评指正。

编　者

目 录

项目 1　安装数据采集平台 ……………………………………………………（1）

 学习目标 ………………………………………………………………………（1）
 项目背景 ………………………………………………………………………（1）
 知识链接 ………………………………………………………………………（1）
  知识点 1　了解容器化技术 ……………………………………………（1）
  知识点 2　了解时序数据库技术 ………………………………………（2）
  知识点 3　了解工业物联网数据采集协议 ……………………………（5）
 项目实施 ………………………………………………………………………（8）
  任务 1　在 Windows 系统上安装 Docker ……………………………（8）
  任务 2　修改 Docker 远程镜像仓库地址 ……………………………（14）
  任务 3　Docker 管理 ……………………………………………………（16）
  任务 4　时序数据库的安装与使用 ……………………………………（21）
  任务 5　工业物联网数据采集服务的安装与配置 ……………………（30）
 项目总结 ………………………………………………………………………（49）
 数说中国 ………………………………………………………………………（49）
 思考练习 ………………………………………………………………………（50）
 学习评价 ………………………………………………………………………（50）

项目 2　安装大数据分析软件 Python …………………………………………（51）

 学习目标 ………………………………………………………………………（51）

项目背景 ……………………………………………………………………………… (51)

知识链接 ……………………………………………………………………………… (51)

 知识点 了解 Python 数据分析常用类库 ………………………………………… (51)

项目实施 ……………………………………………………………………………… (53)

 任务 1 在 Windows 系统上安装 Anaconda …………………………………… (53)

 任务 2 修改 Conda 下载源 ………………………………………………………… (59)

 任务 3 创建和管理虚拟环境 …………………………………………………… (61)

 任务 4 熟悉 Jupyter Notebook 的使用 ………………………………………… (65)

项目总结 ……………………………………………………………………………… (70)

数说中国 ……………………………………………………………………………… (70)

思考练习 ……………………………………………………………………………… (71)

学习评价 ……………………………………………………………………………… (71)

项目 3 风机叶片数据分析预测 …………………………………………………… (72)

学习目标 ……………………………………………………………………………… (72)

项目背景 ……………………………………………………………………………… (72)

知识链接 ……………………………………………………………………………… (73)

 知识点 1 机器学习基本概念及其应用 ……………………………………… (73)

 知识点 2 大数据分析主要流程 ………………………………………………… (76)

 知识点 3 随机森林模型 ………………………………………………………… (77)

 知识点 4 XGBoost 简介 ………………………………………………………… (91)

项目实施 ……………………………………………………………………………… (105)

 任务 1 使用随机森林模型对风机叶片数据进行预测分析 ………………… (105)

 任务 2 使用 XGBoost 模型对风力发电机叶片结冰进行分类预测 ………… (114)

项目总结 ……………………………………………………………………………… (126)

数说中国 ……………………………………………………………………………… (127)

思考练习 ……………………………………………………………………………… (127)

学习评价 ……………………………………………………………………………… (128)

项目 4 火力发电厂工业蒸汽量预测 ………………………………………………… (129)

学习目标 ……………………………………………………………………………… (129)

项目背景 ……………………………………………………………………………… (129)

知识链接 ……………………………………………………………………………… (131)
    知识点1 火力发电厂蒸汽量预测研究现状及本项目研究思路 ……………… (131)
    知识点2 机器学习数学模型分析 ………………………………………… (132)
项目实施 ……………………………………………………………………………… (142)
    任务1 数据预处理 …………………………………………………………… (142)
    任务2 基于机器学习算法的蒸汽量预测 …………………………………… (153)
    任务3 结果分析 ……………………………………………………………… (166)
项目总结 ……………………………………………………………………………… (167)
数说中国 ……………………………………………………………………………… (167)
思考练习 ……………………………………………………………………………… (168)
学习评价 ……………………………………………………………………………… (168)

项目5　基于深度学习的铝型材表面瑕疵识别 ……………………………… (169)

学习目标 ……………………………………………………………………………… (169)
项目背景 ……………………………………………………………………………… (169)
知识链接 ……………………………………………………………………………… (172)
    知识点1 金属材料表面瑕疵识别研究现状 …………………………………… (172)
    知识点2 项目研究内容及意义 ………………………………………………… (174)
    知识点3 卷积神经网络 ………………………………………………………… (175)
    知识点4 项目环境介绍 ………………………………………………………… (183)
项目实施 ……………………………………………………………………………… (185)
    任务1 基于卷积神经网络的铝型材表面瑕疵分类技术 …………………… (185)
    任务2 基于深度神经网络的铝型材表面瑕疵检测 ………………………… (215)
项目总结 ……………………………………………………………………………… (248)
数说中国 ……………………………………………………………………………… (248)
思考练习 ……………………………………………………………………………… (249)
学习评价 ……………………………………………………………………………… (249)

参考文献 ……………………………………………………………………………… (250)

项目 1

安装数据采集平台

学习目标

1. 知识目标

（1）了解容器化技术；
（2）了解时序数据库技术；
（3）了解工业物联网数据采集协议。

2. 能力目标

（1）掌握 Docker 的安装与使用；
（2）掌握时序数据库 TDengine 的安装与使用；
（3）掌握工业物联网数据采集服务器 EMQX 的安装与使用。

3. 素质目标

（1）培养学生的责任意识和团队意识；
（2）培养学生的动手实践能力。

项目背景

在数据分析前，首先应采集数据，本项目实现将设备产生的各类数据通过 MQTT 协议传输至 MQTT 消息服务器，服务器对收到的数据进行分析处理后写入时序数据库，为后期分析提供数据支撑。

知识链接

知识点 1　了解容器化技术

由于不同的机器有不同的操作系统，以及不同的库和组件，将一个应用程序部署到多台机器上需要进行大量的环境配置操作。例如经常出现的类似"在我的机器上就没问题"，通过容器（Docker）技术可有效解决此类环境配置问题，它也是一种实现进程隔离的虚拟化技术，被隔离的进程独立于宿主操作系统和其他隔离的进程。使用 Docker 可以不修改应用程序代码，不需要学习特定环境下的技术，就能够将现有的应用部署到其他机器上，从而实现一次打包、多次部署的目的。

容器化技术与传统的虚拟化技术相比，最大的区别在于容器不模拟硬件，不需要重新安装操作系统。使用容器技术主要有以下优点：

（1）启动速度快：启动虚拟机需要先启动虚拟机的操作系统，再启动应用，这个过程非常慢；启动 Docker 容器相当于启动宿主机操作系统上的一个进程，为秒级别。

（2）占用资源少：虚拟机是一个完整的操作系统，需要占用大量的磁盘空间、内存和 CPU 资源；Docker 只是一个进程，只需要将应用及相关的组件打包，在运行时占用很少的资源，一台机器上可以开启成百上千个容器。

（3）隔离性好：不管是开发还是生产，往往一台机器上可能要跑多个服务，而服务各自依赖的配置又不尽相同，如果两个应用需要使用同一个库文件可能会发生版本冲突；而每一个容器就是一个隔离的环境，容器内部所提供的服务对环境依赖的要求，容器可以在容器内部全部提供，这种高内聚的表现可以快速分离有问题的服务，在一些复杂应用系统中能够实现快速排查故障和即时处理。

（4）部署方便：在我们搭建测试环境时，这一步往往要耗费很长时间，有时会出现不兼容问题，其中一个小问题就有可能需要花很长时间去解决；而使用容器可以在很短时间内就构建一套完整的测试环境，且不影响原系统运行，使一切变得非常容易。

（5）成本低：这可能是一个最明显和有用的优点了，在容器出现之前构建一个项目需要提供多台服务器或虚拟机，服务器的购置和运维成本都比较高；相比之下，容器就小巧轻便得多，只需要在一台服务器或虚拟机中建立多个容器就可以了，这也是容器技术发展如此迅速的最主要原因。

容器具有更低的总体成本、灵活的可移植性、低风险的快速部署及越来越强大的自动化运维管理等诸多优点，无论是从成本节省、IT 运作效率提升还是整体 IT 市场趋势方面考虑，预计容器将像十年前服务器虚拟化一样撼动整个行业。

知识点 2　了解时序数据库技术

1. 时序数据

时序数据是指稳定频率或非固定周期频率持续产生的一系列基于时间维度的指标监测数据，一般由时间戳、标签和采集指标三要素组成。时序数据是随时间不断产生的一系列数据，简单来说，就是带时间戳的数据。

2. 时序数据库

时序数据库（Time Series Database，TSDB）是指用于保存和处理海量时序数据的数据库。支持时序数据高效读写、高压缩存储和插值等功能。虽然关系数据库也可以在小规模数据集上处理时间序列数据，但 TSDB 可以更有效地处理随时间推移的数据摄取、压缩和聚合。

为了便于解释基本概念，以智能电表作为典型时序数据场景。假设每个智能电表采集电流（Current）、电压（Voltage）、相位（Phase）三个量，有多个智能电表，每个电表有位置（Location）和分组（Groupid）的静态属性。时序数据采集表如表 1-1 所示。

表 1-1 时序数据采集表

设备 ID	时间戳	采集的物理量			标签	
		电流（Current）	电压（Voltage）	相位（Phase）	位置（Location）	设备组（Groupid）
d1001	1538548685000	10.3	219	0.31	Changzhou	2
d1002	1538548684000	10.2	220	0.23	Changzhou	3
d1003	1538548686500	11.5	221	0.35	Wuxi	3
d1004	1538548685500	13.4	223	0.29	Wuxi	2
d1001	1538548695000	12.6	218	0.33	Changzhou	2
d1004	1538548696600	11.8	221	0.28	Wuxi	2
d1002	1538548696650	10.3	218	0.25	Changzhou	3
d1001	1538548696800	12.3	221	0.31	Changzhou	2

每一条记录都有设备 ID、时间戳（Time Stamp）、采集的物理量（Collected Metrics）以及每个设备相关的静态标签（Tags）。每个设备是受外界的触发或按照设定的周期采集数据。采集的数据点是基于时序的一个数据流。

（1）采集量（Metric）。

采集量是指传感器、设备或其他类型采集点采集的物理量，如电流、电压、温度、压力、GPS 位置等是随时间变化的，数据类型可以是整型、浮点型、布尔型，也可以是字符串。随着时间的推移，存储的采集量的数量越来越大。智能电表示例中的电流、电压、相位就是采集量。

（2）标签（Label/Tag）。

标签是指传感器、设备或其他类型采集点的静态属性，不是随时间变化的，如设备型号、颜色、所在地等，数据类型可以是任何类型。虽然是静态的，但可以修改、删除或增加标签值，与采集量不一样的是，随着时间的推移，存储的标签的数据量不会有什么变化。智能电表示例中的 Location 与 Groupid 就是标签。

（3）数据采集点（Data Collection Point）。

数据采集点是指按照预设时间周期或受事件触发采集物理量的硬件或软件。一个数据采集点可以采集一个或多个采集量，但这些采集量都是同一时刻采集的，具有相同的时间戳。对于复杂的设备，往往有多个数据采集点，每个数据采集点采集的周期都可能不一样，而且完全独立，不同步。例如对于一辆汽车，有数据采集点专门采集 GPS 位置，有数据采集点专门采集发动机状态，有数据采集点专门采集车内的环境，这样一辆汽车就有三个数据采集点。表 1-1 中的 d1001、d1002、d1003、d1004 等就是数据采集点。

（4）表（Table）。

因为采集量一般是结构化数据，同时为降低学习门槛，采用传统的关系型数据库模型管理数据。首先需要创建库，其次要创建表，最后才能插入或查询数据。为充分利用其数据的时序性和其他数据特点，采用一个数据采集点一张表的策略，要求对每个数据采集点单独建表（如有一千万个智能电表，就需创建一千万张表，表 1-1 中的 d1001、d1002、d1003、d1004 都需单独建表），用来独立存储这个数据采集点所采集的时序数据。这种设计有下面几大优点：

由于不同数据采集点产生数据的过程完全独立,每个数据采集点的数据源是唯一的,一张表也就只有一个写入者,这样就可采用无锁方式来写,写入速度会大幅提升。

对于一个数据采集点而言,其产生的数据是按照时间排序的,因此写的操作可用追加的方式实现,进一步大幅提高数据写入速度;一个数据采集点的数据是以块为单位连续存储的。如果读取一个时间段的数据,它能大幅减少随机读取操作,成数量级地提升读取和查询速度;一个数据块内部,采用列式存储,对于不同数据类型,采用不同压缩算法,而且由于一个数据采集点的采集量的变化是缓慢的,压缩率更高。如果采用传统的方式,将多个数据采集点的数据写入一张表,由于网络延时不可控,不同数据采集点的数据到达服务器的时序是无法保证的,写入操作是要有锁保护的,而且一个数据采集点的数据是难以保证连续存储在一起的。采用一个数据采集点一张表的方式,能最大限度地保证单个数据采集点的插入和查询的性能是最优的。

对于复杂的设备,如汽车有多个数据采集点,就需要为一辆汽车的每个数据采集点建立一张表,即一辆汽车就需要建立多张表。

(5) 超级表 (STable)。

由于一个数据采集点一张表,导致表的数量剧增,难以管理,而且应用经常需要做采集点之间的聚合操作,聚合的操作也变得复杂。为解决这个问题,引入超级表 (Super Table,简称为 STable) 的概念。

超级表是指某一特定类型的数据采集点的集合。同一类型的数据采集点,其表的结构是完全一样的,但每个表(数据采集点)的静态属性(标签)是不一样的。描述一个超级表(某一特定类型的数据采集点的集合),除需要定义采集量的表结构之外,还需要定义其标签的 Schema,标签的数据类型可以是整数、浮点数、字符串,标签可以有多个,可以事后增加、删除或修改。如果整个系统有 N 个不同类型的数据采集点,就需要建立 N 个超级表。

表用来代表一个具体的数据采集点,超级表用来代表一组相同类型的数据采集点集合。在智能电表示例中,我们可以创建一个超级表 Meters。

(6) 子表 (Subtable)。

当为某个具体数据采集点创建表时,用户可以使用超级表的定义做模板,同时指定该具体采集点(表)的具体标签值来创建该表。通过超级表创建的表称为子表。正常的表与子表的差异在于以下方面:

①子表就是表,因此所有正常表的 SQL 操作都可以在子表上执行。

②子表在正常表的基础上有扩展,它是带有静态标签的,而且这些标签可以事后增加、删除、修改,而正常的表没有。

③子表一定属于一张超级表,但普通表不属于任何超级表。

④普通表无法转为子表,子表也无法转为普通表。

超级表与基于超级表建立的子表之间的关系表现在以下方面:

①一张超级表包含了多张子表,这些子表具有相同的采集量 Schema,但带有不同的标签值。

②不能通过子表调整数据或标签的模式,对于超级表的数据模式修改立即对所有的子表生效。

③超级表只定义一个模板,自身不存储任何数据或标签信息。因此,不能向一个超级

表写入数据,只能将数据写入子表中。

查询既可以在子表上进行,也可以在超级表上进行。针对超级表的查询,将把所有子表中的数据视为一个整体数据集进行处理,会先把满足标签过滤条件的子表从超级表中找出来,然后再扫描这些表的时序数据,进行聚合操作,这样需要扫描的数据集会大幅减少,从而显著提高查询的性能。本质上,通过对超级表查询的支持,实现了多个同类数据采集点的高效聚合。

建议给一个数据采集点建表,应通过超级表建表,而不是建普通表。在智能电表的示例中,我们可以通过超级表 Meters 创建子表 d1001、d1002、d1003、d1004 等。

为了更好地理解超级表与子表的关系,可以参考如图 1-1 所示的智能电表数据模型的示意图。

Super Table: Meters
Metrics – ts timestamp, current float, voltage int, phase float
Tags – location binary (64), groupId int

Table Name	Tags	Time Stamp	Current	Voltage	Phase
d1001	Changzhou, 2	1538548685000	10.3	219	0.31
		1538548695000	12.6	218	0.33
		1538548696800	12.3	221	0.31
		…	…	…	…
d1002	Changzhou, 3	1538548684000	10.2	220	0.23
		1538548696650	10.3	218	0.25
		…	…	…	…
d1004	Wuxi, 3	1538548685500	13.4	223	0.29
		1538548696600	11.8	221	0.28
		…	…	…	…

图 1-1 智能电表数据模型的示意图

(7)库(Database)。

库是指一组表的集合。一个运行实例有多个库,而且每个库可以配置不同的存储策略。不同类型的数据采集点往往具有不同的数据特征,包括数据采集频率的高低、数据保留时间的长短、副本的数目、数据块的大小、是否允许更新数据等。为了在各种场景下都能最大效率地工作,建议将不同数据特征的超级表创建在不同的库里。

一个库里,可以有一到多个超级表,但一个超级表只属于一个库。一个超级表所拥有的子表全部存在一个库里。

知识点 3 了解工业物联网数据采集协议

工业物联网数据采集协议主要有两大类,一类是传输协议,一类是通信协议。传输协议一般负责子网内设备间的组网及通信，常见的有 ModBus、DLT/645 规约等传输协议；通信协议一般指运行在传统互联网 TCP/IP 协议之上的设备通信协议，主要负责设备通过互联网进行数据交换与通信，常见的有 REST、CoAP、MQTT 等通信协议。传输方式主要分为有线和无线两种，常见的有 RS232、RS485、有线以太网、Wi-Fi、RFID、NFC、Zigbee、LoRa、蓝牙、NbIot、4G-Cat1、5G 等。在进行联网系统架构设计时，需考虑实际场景的通信需求，选择合适的传输方式和协议。

在互联网时代，TCP/IP 协议已经一统江湖，物联网的通信架构也是构建在传统互联网基础架构之上。目前常用的主要有 REST、CoAP、MQTT 等通信协议。

1. REST/HTTP（松耦合服务调用）

REST 即表述性状态传递，是基于 HTTP 协议开发的一种通信风格。

（1）适用范围。

REST/HTTP 主要为了简化互联网中的系统架构，快速实现客户端和服务器之间交互的松耦合，降低了客户端和服务器之间的交互延迟。因此适合在物联网的应用层面，通过 REST 开放物联网中的资源，实现服务被其他应用所调用。

（2）特点。

①REST 指的是一组架构约束条件和原则，满足这些约束条件和原则的应用程序或设计就是 RESTful。

②客户端和服务器之间的交互在请求之间是无状态的。

③在服务器端，应用程序状态和功能可以分为各种资源，它向客户端公开，每个资源都使用 URI 得到一个唯一的地址。所有资源都共享统一的界面，以便在客户端和服务器之间传输状态。

④使用的是标准的 HTTP 方法，如 GET、PUT、POST 和 DELETE。

2. CoAP 协议

CoAP（Constrained Application Protocol），受限应用协议，是经常应用于无线传感网中的协议。

（1）适用范围。

CoAP 是简化了 HTTP 协议的 RESTful API，CoAP 是协议栈中的应用层协议，它适用于在资源受限的通信的 IP 网络。

（2）特点。

①报头压缩：CoAP 包含一个紧凑的二进制报头和扩展报头。它只有短短的 4 字节的基本报头，基本报头后面跟扩展选项。一个典型的请求报头为 10~20 字节。

②方法和 URIs：为了实现客户端访问服务器上的资源，CoAP 支持 GET、PUT、POST 和 DELETE 等方法。CoAP 还支持 URIs，这是 Web 架构的主要特点。

③传输层使用 UDP 协议：CoAP 协议建立在 UDP 协议之上，以减少开销和支持组播功能。它也支持一个简单的停止和等待的可靠性传输机制。

④支持异步通信：CoAP 协议支持异步通信，这对 M2M 通信应用来说是常见的休眠/唤醒机制。

⑤支持资源发现：为了自主地发现和使用资源，它支持内置的资源发现格式，用于发现设备上的资源列表，或者用于设备向服务目录公告自己的资源。

⑥支持缓存：CoAP 协议支持资源描述的缓存以优化其性能。

3. MQTT 协议（低带宽）

MQTT（Message Queuing Telemetry Transport），消息队列遥测传输，是由 IBM 开发的即时通信协议，相比来说是比较适合物联网场景的通信协议。MQTT 协议采用发布/订阅模式，所有的物联网终端都通过 TCP 连接到云端，云端通过主题的方式管理各个设备关注的通信内容，负责设备与设备之间消息的转发。

（1）适用范围。

在低带宽、不可靠的网络下提供基于云平台的远程设备的数据传输和监控。

（2）特点。

①使用基于代理的发布/订阅消息模式，提供一对多的消息发布。

②使用 TCP/IP 提供网络连接。

③小型传输，开销很小（固定长度的头部是 2 字节），协议交换最小化，以降低网络流量。

④支持 QoS，有三种消息发布服务质量："至多一次"，"至少一次"，"只有一次"。

（3）协议主要实现和应用。

①已经有 PHP、JAVA、Python、C、C#等多个语言版本的协议框架。

②阿里云、百度云等物联网 IoT 平台，这是一项基于云的 MQTT 实例。

③移动应用程序也早就开始使用 MQTT，如 Facebook Messenger 等。

MQTT 是一个基于客户端—服务器的消息发布/订阅传输协议。MQTT 协议是为工作在低带宽、不可靠的网络的远程传感器和控制设备通信而设计的协议。其结构如图 1-2 所示。

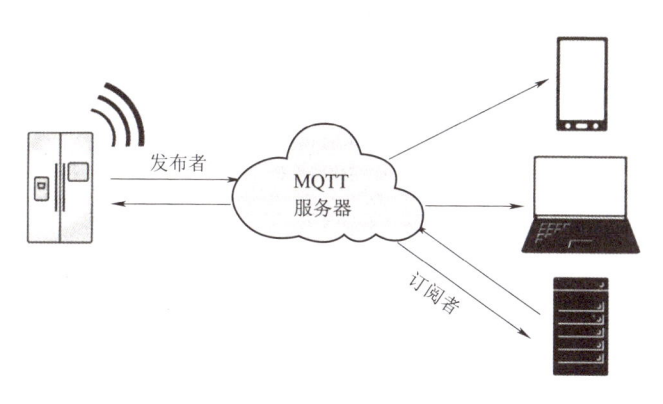

图 1-2 MQTT 结构

MQTT 使用发布/订阅消息模式，提供一对多的消息发布，解除应用程序耦合，对负载（协议携带的应用数据）内容屏蔽的消息传输，基于 TCP/IP 网络连接，提供有序无损双向连接。

MQTT 协议中有三种身份：发布者（Publish）、服务器（Broker）、订阅者（Subscribe）。其中，消息的发布者和订阅者都是客户端，消息发布者可以同时是订阅者，Broker 是服务器。

MQTT 传输的消息分为主题（Topic）和负载（Payload）两部分。

（1）Topic，可以理解为消息的类型，订阅者订阅（Subscribe）后，就会收到该主题的消息内容（Payload）。

（2）Payload，可以理解为消息的内容，是指订阅者具体要使用的内容。

本书以 MQTT 通信协议为例，搭建工业物联网数据采集平台。

Docker Desktop 是适用于 Windows 的 Docker 桌面，是 Docker 设计用于在 Windows 10 上运行。它是一个本地 Windows 应用程序，为构建、交付和运行 Dockerized 应用程序提供易于使用的开发环境。

项目实施

任务名称	任务描述	子任务名称
任务 1　在 Windows 系统上安装 Docker	Docker Desktop 是适用于 Windows 的 Docker 桌面，是 Docker 设计用于在 Windows 10 上运行。它是一个本地 Windows 应用程序，为构建和运行容器应用程序提供便捷的环境。通过此任务我们将学习安装 Docker 和运行一个容器程序	子任务 1-1　安装 Docker Desktop
		子任务 1-2　运行一个 Docker Desktop 容器程序
任务 2　修改 Docker 远程镜像仓库地址	Docker 创建容器时，需要指定容器的镜像文件版本，若本地仓库中存在容器镜像，Docker 会自动加载镜像运行；若本地仓库不存在时，Docker 会从远程镜像仓库下载该镜像到本地镜像仓库。默认远程镜像仓库的路径为境外地址，速度较慢。通过此任务我们可以将容器镜像仓库地址修改为阿里云，加速镜像的下载	子任务 2-1　修改 Docker 远程镜像仓库地址
		子任务 2-2　验证镜像仓库地址
任务 3　Docker 管理	通过 Docker 命令对容器和镜像进行管理	子任务 3-1　镜像管理
		子任务 3-2　容器管理
任务 4　时序数据库的安装与使用	通过 Docker 或专用安装包安装时序数据库 TDengine，掌握 TDengine 的数据库操作	子任务 4-1　时序数据库的安装
		子任务 4-2　时序数据库的创建、写入与查询
任务 5　工业物联网数据采集服务的安装与配置	通过 Docker 或专用安装包安装大规模分布式物联网 MQTT 消息服务器，掌握消息服务器的配置，能将实时消息写入时序数据库中	子任务 5-1　消息服务器的安装
		子任务 5-2　消息服务器的配置
		子任务 5-3　将 EMQX 采集的数据写入时序数据库中

任务 1　在 Windows 系统上安装 Docker

子任务 1-1　安装 Docker Desktop

Docker Desktop 适用于 Windows 的 Docker 系统，是 Docker 设计用于在 Windows 10 上运行的。它是一个本地 Windows 应用程序，为构建、交付和运行 Docker 应用程序提供易于使用的开发环境。Docker Desktop for Windows 使用 Windows 原生 Hyper – V 虚拟化和网络，是 Windows 上开发和使用 Docker 应用程序最快、最可靠的方式。

Windows 系统安装 Docker Desktop 必须满足以下条件：

（1） Windows 11 64 位：专业版 21H2 或更高版本，企业版或教育版 21H2 或更高版本。Windows 10 64 位：Pro21H1（内部版本 19043）或更高版本，企业版或教育版 20H2（内部版本 19042）或更高版本。

（2） 必须启用 Hyper – VWindows 功能。

在 Windows 10 上成功运行 Client Hyper – V 需要以下硬件先决条件：

具有二级地址转换（SLAT）的 64 位处理器（一般 2020 年以后的 CPU）均满足，至少 4 GB 以上物理内存，必须在 BIOS 设置中启用 CPU 硬件虚拟化支持。对于使用 VMWare 安装的 Windows 10 以上系统，必须在虚拟化平台上开启 CPU 的嵌套虚拟化功能。

（1） 首先下载安装 Docker Desktop。

Docker Desktop 下载地址为：

https：//docs. docker. com/desktop/install/windows – install/

Docker Desktop 下载页面如图 1 – 3 所示。

图 1 – 3　Docker Desktop 下载页面

（2） 下载完成后，以管理员身份运行安装包。打开后单击"Ok"按钮开始安装，如图 1 – 4 ~ 图 1 – 6 所示。

图 1 – 4　安装包

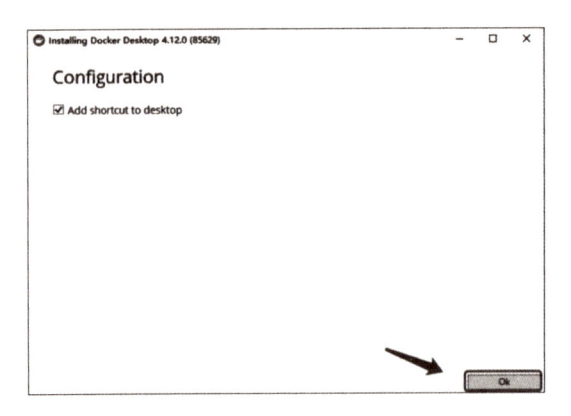

图1-5 开始安装

图1-6 安装过程

(3) 安装完成，单击"Close and restart"重新启动按钮，如图1-7所示。

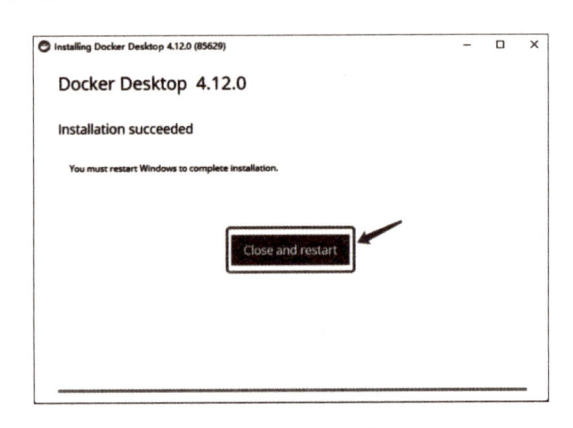

图1-7 安装完成

(4) 等待系统重新启动，重新启动完成后显示使用协议，协议关键点的摘要如下："Docker Desktop 对小型企业（少于250名员工，年收入少于1 000万美元）、个人使用、教育和非商业开源项目是免费的。否则，它需要付费订阅才能用于专业用途。"单击

"Accept"按钮,接受条款后,Docker Desktop 将启动。协议条款如图 1-8 所示。

图 1-8　协议条款

(5)安装后 Docker Desktop 不会自动启动。启动 Docker Desktop,其菜单如图 1-9 所示。

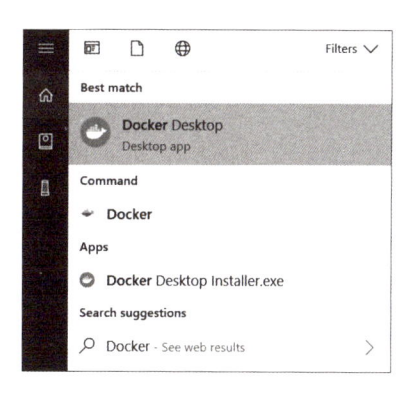

图 1-9　Docker Desktop 启动菜单

(6)等待启动完成,此过程会比较慢,需耐心等待。启动中界面如图 1-10 所示。

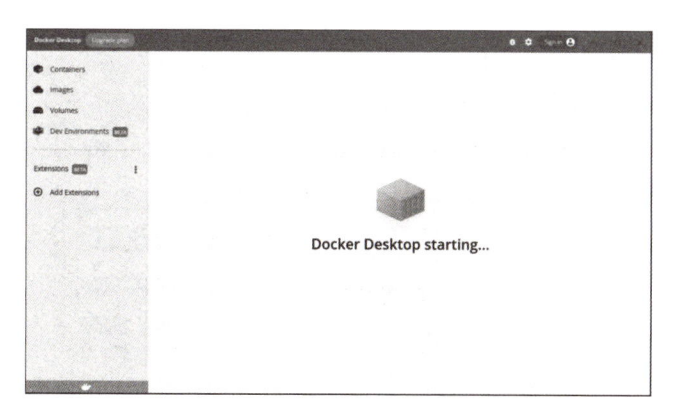

图 1-10　启动中界面

(7)首次启动较慢,等待 2~3 min 后,显示启动完成,如图 1-11 所示,单击"Skip turtorial"跳过教程按钮后,显示 Docker Desktop 主界面,如图 1-12 所示。

图 1-11　启动完成

图 1-12　Docker Desktop 主界面

（8）若出现 Docker Desktop 正常安装，但 Docker 启动出现错误，如图 1-13 所示，请确认计算机的 CPU 是否打开虚拟化功能（虚拟机是否打开 CPU 的嵌套虚拟化）。

图 1-13　Docker Desktop 启动出错

子任务 1–2 运行一个 Docker Desktop 容器程序

（1）验证 Docker Desktop 是否安装成功。打开"开始"菜单，搜索"cmd"，打开命令提示符窗口，在窗口中输入命令"docker version"，查询 Docker 版本号，如图 1–14 所示。

图 1–14 检查 Docker 版本号

（2）运行一个 Docker 程序。打开"开始"菜单，搜索"cmd"，打开命令提示符窗口，在窗口中输入以下命令：

docker run - d - p 80:80 docker/getting - started

该命令运行一个基于"docker/getting – started"最新镜像版本的 Docker 容器，通过访问主机的 80 端口访问容器 80 端口提供的 Docker 教程服务，当本地镜像不存在时，下载该镜像并运行，如图 1–15 所示。

图 1–15 运行 Docker 程序

（3）验证容器启动成功。打开"开始"菜单，搜索"cmd"，打开命令提示符窗口，在窗口中输入命令"docker ps"，出现如图 1–16 所示的信息，表示容器运行正常。

（4）访问容器 http://localhost，出现 Docker 教程页面，如图 1–17 所示。

图 1-16 验证启动成功

图 1-17 访问容器

任务 2　修改 Docker 远程镜像仓库地址

子任务 2-1　修改 Docker 远程镜像仓库地址

当运行容器时，使用的镜像如果在本地中不存在，Docker 就会自动从 Docker 镜像仓库中下载，默认是从 Docker Hub 公共镜像源下载。国内从 Docker Hub 拉取镜像有时会遇到困难，此时可以配置镜像加速器。Docker 官方和国内很多云服务商都提供了国内加速器服务，我们可以将容器镜像仓库地址修改为阿里云来加速镜像的下载。设置步骤如下：

（1）打开 Docker Desktop 主界面，如图 1-18 所示。

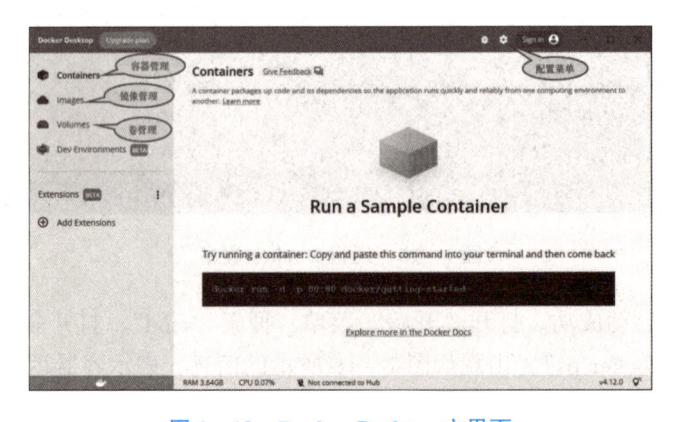

图 1-18　Docker Desktop 主界面

（2）单击界面右上角的"General"图标（配置菜单），运行结果如图 1-19 所示。

图 1-19　Docker 配置界面

（3）单击"Docker Engine"菜单，运行结果如图 1-20 所示。

图 1-20　Docker Engine 配置文件界面

（4）在配置文件编辑区，修改 Docker Engine 的配置文件，在配置文件末尾最后一个大括号前添加阿里云 Docker 镜像站地址。添加内容如下：

，"registry-mirrors":["https://w4g9391s.mirror.aliyun.com"]

请注意添加的内容是以英文字符逗号开头，完成配置结果如图 1-21 所示。

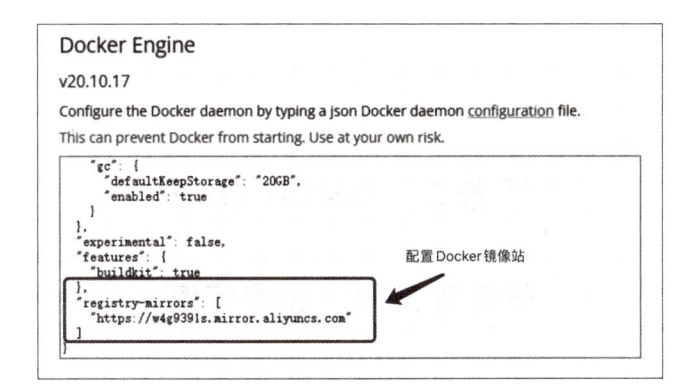

图 1-21　配置 Docker 镜像站

(5) 完成配置后，单击"Apply & Restart"按钮，Docker Engine 将重新启动，如图 1-22 所示。

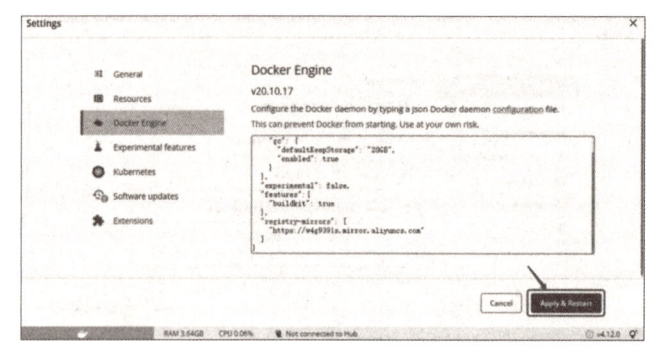

图 1-22　查看镜像站配置

子任务 2-2　验证镜像仓库地址

查看镜像配置，Docker 重启完成后，验证镜像站是否配置成功，运行结果如图 1-23 所示。输入命令"docker info"。

图 1-23　查看镜像源

至此，镜像源就更改完成了。

任务 3　Docker 管理

子任务 3-1　镜像管理

镜像是一个容器的只读模板，专门用来创建容器，相当于一个文件系统，保存着容器运行环境的文件。当运行容器时需要指定镜像，如果本地没有该镜像，则会从前面我们配置的镜像站去下载。默认查找的是 Docker Hub（在国外）。Docker 的镜像每次只能做增量修改，每次创建新的镜像都会在老的镜像上面构建一个增量的层，使用的技术是 AUFS。

一个完整的镜像名称如 ubuntu：14.04，冒号前面的 ubuntu 是仓库名，后面的 14.04 是 Tag，不同的 Tag 可以对应相同的镜像，Tag 通常设置为镜像的版本号。

1. 显示本地镜像列表

命令格式：docker images

打开 Docker 管理客户端，单击"Images"菜单，右侧显示本地镜像列表，或者打开命令行工具，输入"docker images"命令，如图1-24和图1-25所示。

图1-24　管理界面本地镜像列表

图1-25　命令行显示本地镜像列表

2. 搜索仓库镜像

命令格式：docker search 镜像名称

输入"docker search ubuntu"命令搜索镜像仓库中与 ubuntu 相关的 docker 镜像。使用上面的命令，我们可以搜索容器镜像。搜索结果如图1-26所示。

图1-26　仓库搜索结果

3. 下载镜像

命令格式：docker pull <库 ip>：<端口>/<镜像 repository>：<镜像 tag>

docker pull 镜像名称，默认库 ip 为镜像库，可省略。

我们使用命令"docker pull busybox：latest 或 docker pull busybox"下载镜像。

注意：当不加任何 Tag 时，默认使用 latest 作为 Tag 值。

通过上面的命令可以下载指定 Tag 的镜像，然后通过显示镜像命令查询验证镜像下载是否成功，如图 1-27 所示。

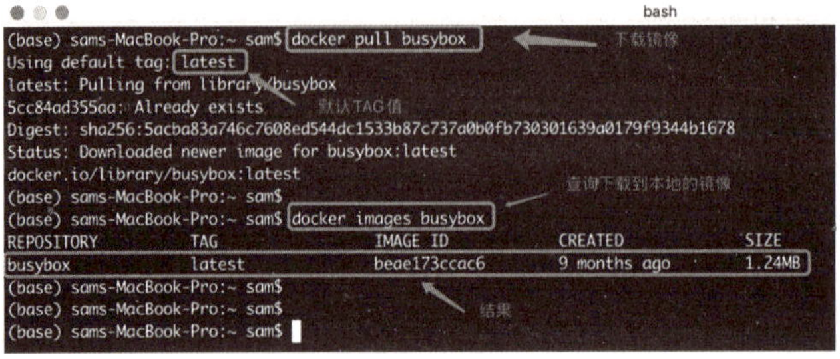

图 1-27　镜像下载

4. 删除本地镜像

命令格式：docker image rm 镜像名称

我们可以使用命令"docker image rm busybox：latest 或 docker image rm busybox"删除本地镜像。

通过上面的命令可以删除指定 Tag（版本）的镜像，如图 1-28 所示。

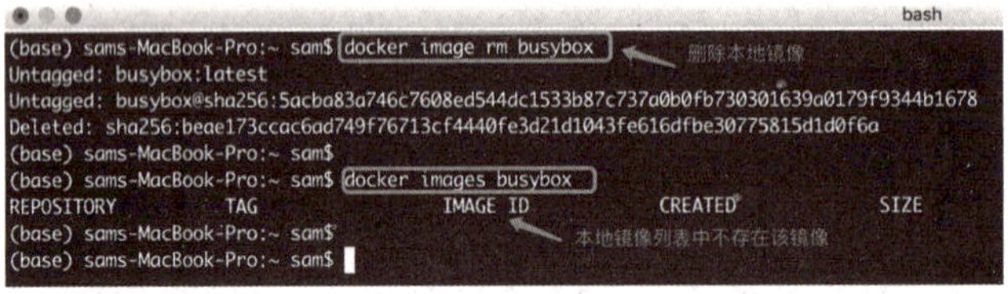

图 1-28　删除本地镜像

5. 其他镜像操作指令帮助

命令格式：docker image 指令 --help

Docker 镜像有着丰富的操作指令（import、load、save、tag 等），具体的操作方法可以通过"--help"在线帮助查询指令使用格式，如图 1-29 所示。

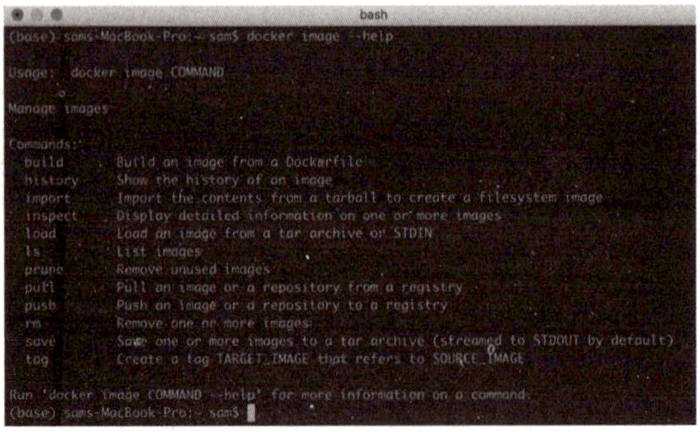

图 1-29　镜像操作指令帮助

子任务 3-2 容器管理

1. 容器查询

命令格式：docker ps 和 docker ps – a

docker ps 显示当前正在运行着的容器。

docker ps – a 显示所有的容器，包含停止运行的容器。

容器查询结果如图 1-30 所示。

图 1-30 容器查询结果

2. 创建容器

命令格式：docker create – – name 容器名称 – it 镜像名称

我们可以执行如下命令：

docker create - - name test - linux - it ubuntu:18.04

当镜像名称不存在时，Docker 会自动下载镜像后再创建容器，创建完成，容器并没有运行，如图 1-31 所示。

图 1-31 创建容器

3. 启动容器

命令格式：docker start 容器名称或容器编号

我们使用命令"docker start test – linux 或 docker start 3981373f7774"启动容器，运行结果如图 1-32 所示。

图 1-32 启动容器

4. 进入容器

命令格式：docker exec – it 容器名称或容器编号 /bin/sh

容器编号只需输入可识别容器的前几位数字即可。这里我们执行如下命令：

docker exec - it test - linux /bin/sh 或 docker exec - it 398 /bin/sh

进入容器后，就进入了一台全新的 Linux 操作系统，如图 1 – 33 所示。

图 1 – 33　进入容器

5. 停止容器

命令格式：docker stop 容器名称或容器编号

容器编号只需输入可识别容器的前几位数字即可。这里我们执行如下命令：

docker stop test - linux 或 docker stop 398

命令执行结果如图 1 – 34 所示。

图 1 – 34　停止容器

6. 删除容器

命令格式：docker rm 容器名称或容器编号

容器编号只需输入可识别容器的前几位数字即可，容器状态在运行状态时不允许被删除。这里我们可以执行如下命令：

docker rm test - linux 或 docker rm 398

命令执行结果如图 1 – 35 所示。

图 1 – 35　删除容器

任务 4　时序数据库的安装与使用

子任务 4-1　时序数据库的安装

1. Docker 方式安装时序数据库

（1）下载镜像。

如果已经安装了 Docker，首先拉取最新的 TDengine 容器镜像或者指定版本的容器镜像，命令运行结果如图 1-36 所示。

命令格式：docker pull tdengine/tdengine：latest

图 1-36　下载镜像文件

（2）启动 TDengine 容器。

命令格式：docker run -d -p 6030：6030 -p 6041：6041 -p 6043-6049：6043-6049 -p 6043-6049：6043-6049/udptdengine/tdengine

注意：TDengine3.0 服务端仅使用 6030TCP 端口。6041 为 taosAdapter 所使用提供 REST 服务端口。6043-6049 为 taosAdapter 提供第三方应用接入所使用端口，可根据需要选择是否打开，此处需打开端口与 EMQX 进行对接。

（3）检查该容器已经启动并且在正常运行，命令运行结果如图 1-37 所示。

命令格式：docker ps

图 1-37　检查容器

（4）进入该容器并执行指令。

命令格式：docker exec -it ＜container name＞ bash

输入命令"docker exec -it 68f bash"，其中 68f 是 docker ps 输出对应容器的唯一 ID 号，

执行结果如图1-38所示。

图1-38 在容器中执行命令

（5）性能测试。

使用TDengine的自带工具taosBenchmark来测试TDengine的写入速度。

首先进入容器后执行命令"taosBenchmark"。

该命令将在数据库Test下面自动创建一张超级表Meters，该超级表下有1万张表，表名为d0～d9999，每张表有1万条记录，每条记录有TS、Current、Voltage、Phase四个字段，时间戳从2017-07-14 10：40：00 000到2017-07-14 10：40：09 999，每张表带有标签Location和Groupid，Groupid被设置为1～10，这条命令很快完成1亿条记录的插入，如图1-39和图1-40所示。

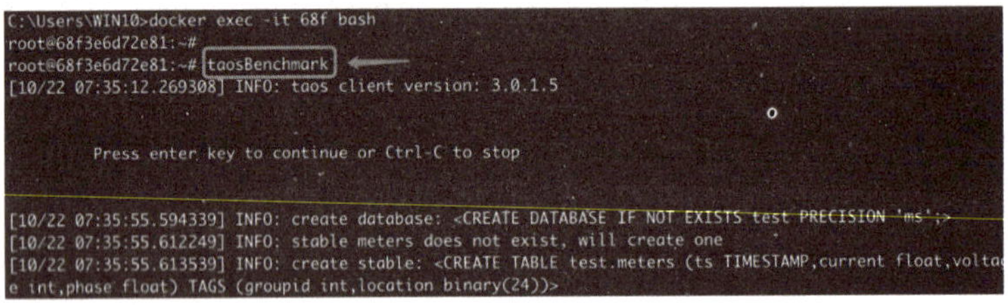

图1-39 测试写入速度

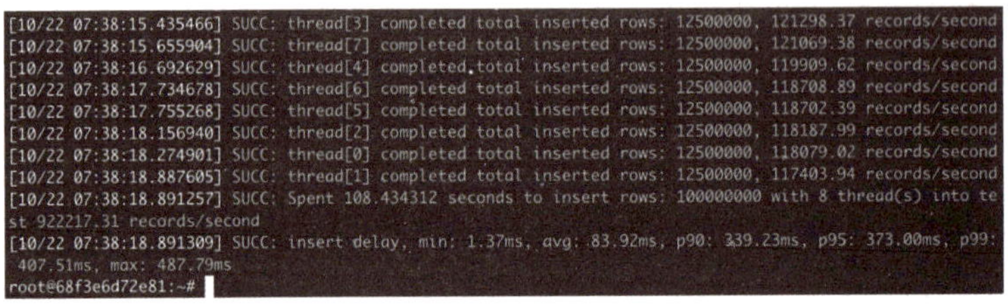

图1-40 测试结果

2. Windows专用安装包方式安装时序数据库

（1）打开TDengine下载页。

从3.0版本开始，TDengine开始原生支持Windows、macOS等操作系统的安装，安装文档地址：https://docs.taosdata.com/get-started/package/，如图1-41所示。

（2）安装与启动。

单击下载Server端，提示要求输入邮箱地址，邮件中下载地址如下：https://www.taosdata.com/assets-download/3.0/TDengine-server-3.0.1.5-Windows-x64.exe。

下载完成后开始安装。首先双击运行安装程序，如图1-42所示。

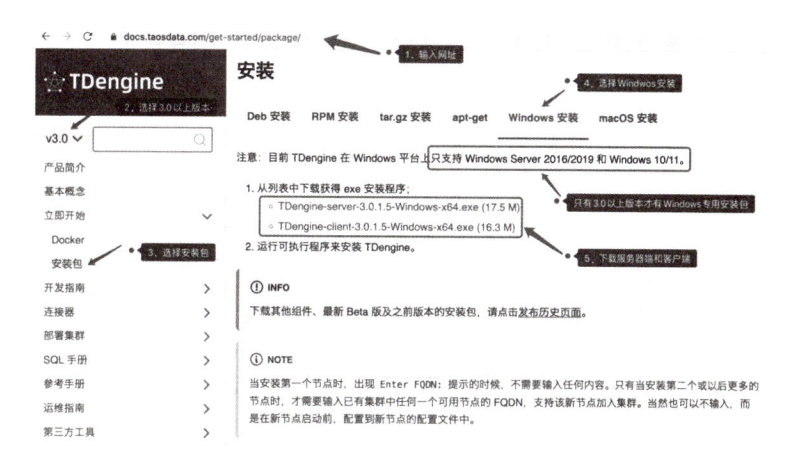

图 1 – 41　TDengine 下载

图 1 – 42　启动安装

然后确认安装路径，并单击"Next"按钮进入下一步，如图 1 – 43 所示。

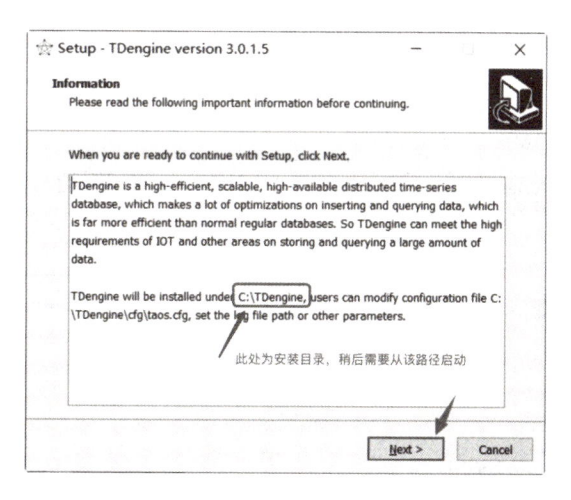

图 1 – 43　确认安装路径

接着单击"Install"按钮开始安装，如图 1 – 44 所示。

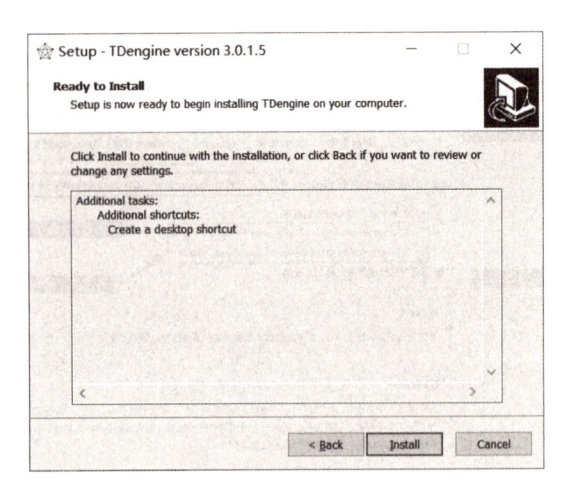

图 1-44 开始安装

根据向导完成安装，如图 1-45 所示。

图 1-45 完成安装

（3）启动 TDengine。

安装后，在 C:\TDengine 目录下，运行 taosd.exe 来启动 TDengine 服务进程，如图 1-46 所示。

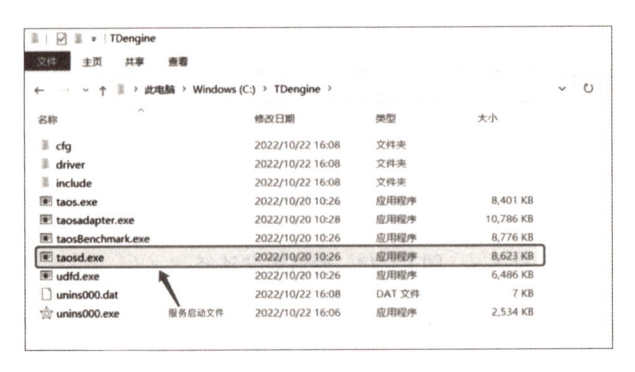

图 1-46 启动 TDengine

启动完成结果如图 1-47 所示。

图 1-47　启动完成结果

（4）运行命令行工具测试。

为便于检查 TDengine 的状态，执行数据库（Database）操作，TDengine 提供命令行（CLI）应用程序 taos，双击打开，如图 1-48 和图 1-49 所示。

图 1-48　打开命令行工具

图 1-49　命令行界面

（5）性能测试。

使用 TDengine 的自带工具 taosBenchmark 来测试 TDengine 的写入速度，双击 "taosBenchmark" 选项运行，如图 1-50~图 1-52 所示。

图 1-50　运行测试工具

图 1-51　运行界面

图 1-52　运行测试结果

子任务 4-2　时序数据库的创建、写入与查询

在典型的工业物联网场景中，一般有多种不同类型的采集设备，不同类型的采集设备可采集不同的物理量。系统需对各种采集的数据汇总，进行计算和分析。对于同一类设备，其采集的数据有着一定的规律性，数据相对比较规则。下面以智能电表（采集量为电流、电压）为例，进行时序数据库建模。

1. 抽象设备数据

超级表是一个公共的表结构，用于描述同一类型的数据采集点，超级表由动态字段（时间序列 + Metric） + 静态字段（Tag）两部分组成，使用超级表将极大地方便同类采集点的数据检索、查询、聚合。

每个采集点建表时将超级表作为模板，在超级表的基础上建立一个子表，使每个采集点对应一张子表。生成子表的规则为采集点编号或名称作为子表名，动态字段存放每个采集点时刻采集的变化数据（速度、温度等），静态字段存放采集点标签值，该值一般不会随时间发生变化（安装地、维护员等）。

2. 建模基本方法

基本步骤为：创建库、使用库、创建超级表、创建子表、写入数据。

创建库：CREATE DATABASE dbname；

使用库：USE dbname；

创建超级表：CREATE TABLE stbname（ts timestamp，other field...）tags（tag fields...）；

创建子表：CREATE TABLE tbname using stbname tags（具体标签值）；

写入数据：INSERT INTO tbname VALUES（now，value...）。

（1）创建库。

可以将数据特征相同的表创建一个库，每个库可以配置不同的存储策略。

命令格式：CREATE DATABASE power KEEP 365

将创建一个名为"power"的库，这个库的数据将保留 365 天。

命令格式：USE power

将当前操作库换为"power"还可使用"库名.表名"来指定操作的表的名字。

上面两条命令的运行结果如图 1-53 所示。

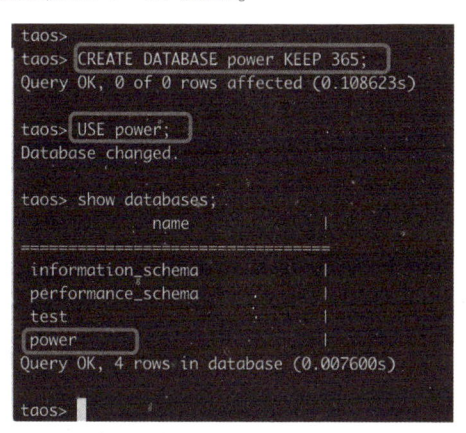

图 1-53 创建库

（2）创建超级表。

创建超级表时，需提供：表名、表结构 Schema、标签 Tag。

命令格式：CREATE TABLE meters（ts timestamp，current float，voltage int）TAGS（location binary（64），groupdId int）

命令运行结果如图 1-54 所示。

超级表中列的最大个数为 4 096，最小个数为 3，至少包含一个时间戳主键、一个数据列和一个 Tag 列。

超级表的列分两部分：动态部分、静态部分。

动态部分是采集数据，第一列为时间戳（TS），其他列为采集到的数据值，如电流（Current）和电压（Voltage）。

图 1-54 创建超级表

静态部分指采集点的静态属性，一般作为标签。如采集点的地理位置（Locatioan）、设备组（Groupid）等。

(3) 创建子表。

创建子表时需要使用超级表做模板，同时指定标签的具体值，一个超级表可包含若干子表，子表数量没有限制。

命令格式：CREATE TABLE d1001 USING meters TAGS（"Beijing.Chaoyang"，2）

因源于超级表（meters）创建而成，所以表（d1001）称为子表。其中，d1001 是子表名（可将数据采集点的全局唯一 ID 作为子表名，如设备序列号），meters 是超级表名，Location 的标签值"Beijing.Chaoyang"和 Groupid 的标签值 2，在创建子表时，需指定标签值。命令运行结果如图 1-55 所示。

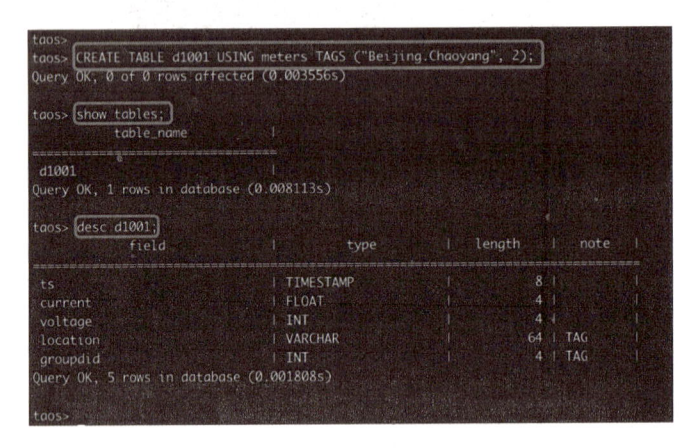

图 1-55 创建子表

在某些特殊场景中，用户在写数据时，并不确定某个子表是否存在。此时，可使用自动建表语法来创建不存在的表，若该表已存在则不会建立新表，命令如下：

INSERT INTO d1001 USING meters TAGS（"Beijing.Chaoyang",2) VALUES（now,10.2,219)

将记录（now，10.2，219）插入表 d1001，如果表 d1001 还未创建，则使用超级表 meters 做模板自动创建子表并打上标签值"Beijing.Chaoyang"，2。

(4) 单列与多列模型。

TDengine 时序数据库既支持多列模型也支持单列模型。

一个超级表中动态部分有多个列，此类模型为多列模型。例如将电流、电压两个量作为两列建在一个超级表中。

一个超级表中动态部分只有一列，此类模型为单列模型。例如将电流、电压两个量分别建两张超级表。

当采集的物理量属于同一数据采集点且这些值能同时采集，这些量就可以使用多列模型。对于有些场景一个采集点的物理量的种类经常变化，这时可采用单列模型。在实际建模时尽可能采用多列模型，因为插入效率以及存储效率更高。

（5）案例：新能源汽车分析。

某车企拟对其生产、销售的新能源汽车进行追踪分析，在每辆车上配置了远程采集终端，采集车辆状态信息：位置（GPS 经纬度）、车速、电池温度、电池电流、环境温度、轮胎胎压等传感器。

后台统计分析需要按车型、销售区域、销售员、电池包容量、电机功率进行分类聚合，根据要求进行建模。

六个采集量中前四个为同时采集，将其放入一张超级表 vehicle_main 中，其余两个测点，温度和胎压采集的频率完全不一样，分别创建两个超级表 vehicle_temp 和 vehicle_tire，每辆车有唯一编码 VIN 码，采用该编码与超级表的表名前缀作为唯一表名。

命令格式：CREATE DATABASE nev KEEP 3650

USE nev

创建超级表 vehicle_main，包括 Longitude（经度）、Latitude（纬度）、Vspeed（速度）、Btemp（电池温度）、Bcurrent（电池电流）。

命令格式：CREATE TABLE vehicle_main（ts timestamp，longitude double，latitude double，vspeed int，btemp int，bcurrent int）TAGS（vin binary（30），model binary（20），szone binary（30），sales int，bcapacity float，mpower float）

基于超级表 vehicle_main 创建子表 vmTS8392EGV062192009。

命令格式：CREATE TABLE vmTS8392EGV062192009 USING vehicle_main TAGS（"TS8392EGV062192009"，"GTS7180"，"Beijing.haidian"，"10060089"，86.0，125.5）

创建超级表 vehicle_temp，vtemp 为温度。

命令格式：CREATE TABLE vehicle_temp（ts timestamp，vtemp int）TAGS（vin binary（30））

基于超级表 vehicle_temp 创建子表 vtpTS8392EGV062192009。

命令格式：CREATE TABLE vtpTS8392EGV062192009 USING vehicle_vtemp TAGS（"TS8392EGV062192009"）

创建超级表 vehicle_tire，vpressure 为轮胎胎压。

命令格式：CREATE TABLE vehicle_tire（ts timestamp，vpressure int）TAGS（vin binary（30））

基于超级表 vehicle_tire 创建子表 vtrTS8392EGV062192009。

命令格式：CREATE TABLE vtrTS8392EGV062192009 USING vehicle_tire TAGS（"TS8392EGV062192009"）

查询车架号为 vtrTS8392EGV062192009 的车辆最近 10 天的运行轨迹。

命令格式：SELECT ts, longtitude, latitude FROM vtrTS8392EGV062192009 where ts > now - 10d

查询各类车型的平均车速、平均电池温度和平均电池电流。

命令格式：SELECT AVG（vspeed），AVG（btemp），AVG（bcurrent）FROM vehicle_main GROUP BY model

计算刚刚过去的10分钟所有 model 3 车型每隔1分钟电池的平均温度。

命令格式：SELECT AVG（btemp）from vehicle_main where model = " model3 " interval (10m) sliding(1m)

任务 5　工业物联网数据采集服务的安装与配置

子任务 5-1　消息服务器的安装

EMQX 是一款大规模可弹性伸缩的云原生分布式物联网设备 MQTT 消息服务器（MQTT Messaging Broker），用于支持各种接入标准 MQTT 协议的设备，实现从设备端到服务器端的消息传递，以及从服务器端到设备端的设备控制消息转发。

EMQX Broker：EMQX 开源版，完整支持 MQTT V3.1.1/V5.0 协议规范，完整支持 TCP、TLS、Websocket 连接，支持百万级连接和分布式集群架构；LDAP，MySQL，Redis 等扩展插件集成，支持插件模式扩展服务器功能；支持跨 Linux、Windows、macOS 平台安装，支持公有云、私有云、K8S/容器部署。

1. Docker 方式安装 EMQX 服务器

（1）下载 EMQX 容器镜像。

命令格式：docker pull emqx/emqx：4.4.10

运行结果如图 1-56 所示。

图 1-56　下载 EMQX 镜像文件

（2）启动 EMQX 容器。

命令格式：docker run - d - - name emqx - p 1883：1883 - p 8081：8081 - p 8083：8083 - p 8084：8084 - p 8883：8883 - p 18083：18083 emqx/emqx：4.4.10

（3）检查该容器已经启动并且在正常运行。

命令格式：docker ps

命令运行结果如图 1–57 所示。

图 1–57 检查 EMQX 运行情况

2. Windows 专用安装包 EMQX 服务器

（1）下载 Windows 版本安装包。

EMQX 安装包有 Windows 版本，本次安装选择 V4.4 版本。首先打开安装说明文档：https://www.emqx.io/zh/downloads?os=Windows，下载对应的安装文件，如图 1–58 所示。

图 1–58 下载 Windows 版本的 EMQX

（2）解压缩下载文件到 C:\EMQX 目录，如图 1–59 和图 1–60 所示。

图 1–59 解压文件

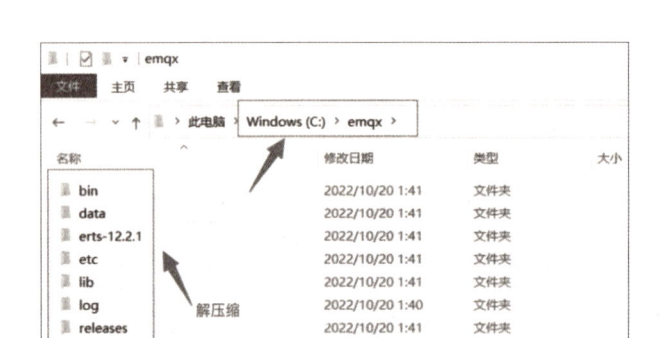

图 1-60　解压完成

(3) 启动 EMQX 服务。

打开命令行工具,进入 C:\EMQX 目录,执行命令"bin\emqx start",不提示任何错误,则启动成功,如图 1-61 所示。

图 1-61　启动 EMQX 服务

子任务 5-2　消息服务器的配置

1. EMQX 消息服务器管理

EMQX 启动完成后,会监听多个端口提供对外服务。其中 1883 端口提供 MQTT 协议数据采集服务,8883 端口提供 SSL 加密模式 MQTTS 协议数据采集服务,8083 端口提供 Websocket 协议,18083 端口提供消息服务器管理。当 EMQX 服务器启动成功后,打开浏览器访问:http://localhost:18083 即可打开 EMQX 的管理端页面。登录默认的账号为"admin",密码为"public"。登录 EMQX 管理界面如图 1-62 所示。

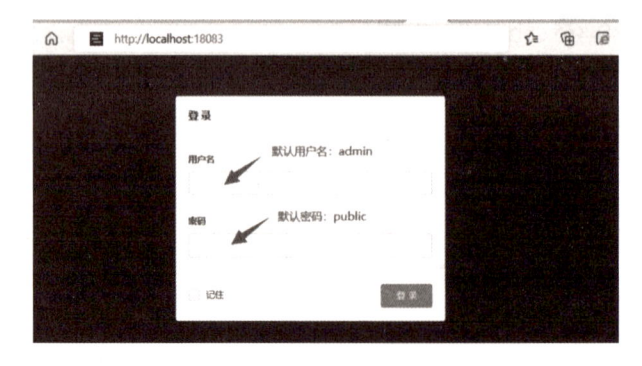

图 1-62　登录 EMQX 管理界面

首次登录成功后,系统提示需要修改密码,如图 1-63 和图 1-64 所示。

图 1-63　提示修改密码

图 1-64　编辑用户信息

2. 下载安装 MQTT 客户端

EMQX 服务器一般为各种工业互联网设备提供数据采集服务,本书采用 MQTT 客户端来模拟设备向 EMQX 服务器发送数据。

MQTT 客户端下载地址:https://mqttx.app/zh。进入下载页面,如图 1-65 所示。

图 1-65　下载页面

下载 MQTT 客户端完成后，双击安装程序进行安装，如图 1-66 所示。

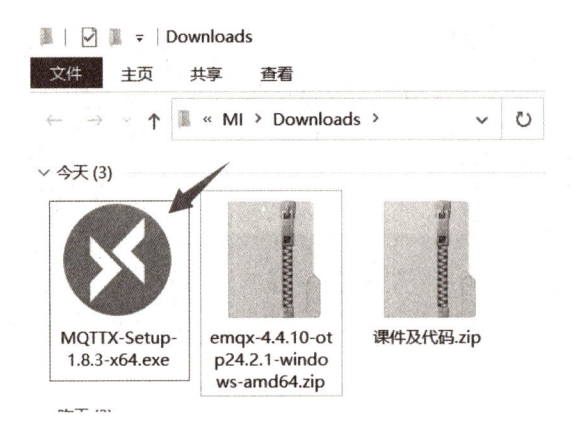

图 1-66　双击安装程序

选择安装路径，如图 1-67 所示。

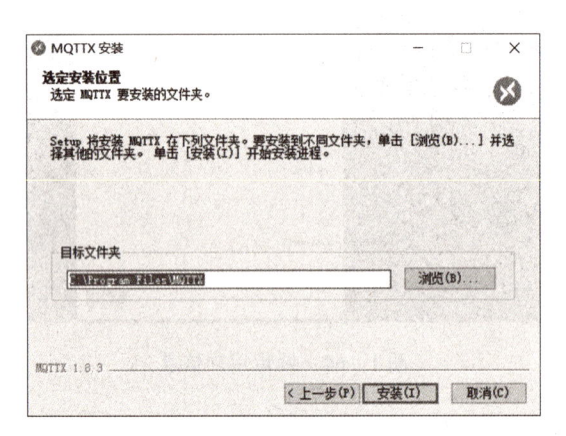

图 1-67　选择安装路径

设置安装选项，如图 1-68 所示。

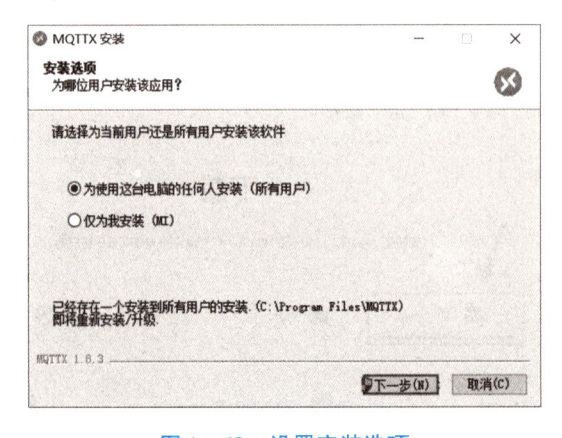

图 1-68　设置安装选项

等待安装完成，如图 1-69 所示。

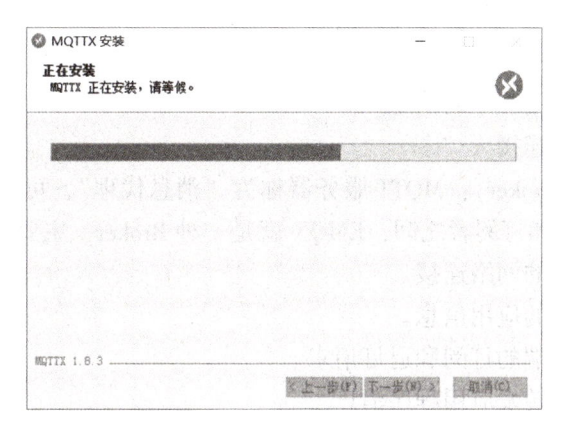

图 1-69　等待安装完成

安装完成，如图 1-70 所示。

图 1-70　安装完成

运行软件，如图 1-71 所示。

图 1-71　运行软件

3. MQTT 客户端连接 EMQX 消息服务器

MQTT 客户端（订阅者/发布者）：一个使用 MQTT 协议的应用程序或者设备，它总是建立到服务器的网络连接，主要完成以下工作：

（1）发布其他客户端可能会订阅的信息。

（2）订阅其他客户端发布的消息。

（3）退订或删除应用程序的消息。

（4）断开与服务器连接。

MQTT 服务器端（Broker）：MQTT 服务器称为"消息代理"，可以是一个应用程序或设备。它位于消息发布者和订阅者之间，EMQX 就是一种 Broker，主要完成以下工作：

（1）接受来自客户的网络连接。

（2）接受客户发布的应用信息。

（3）处理来自客户端的订阅和退订请求。

（4）向订阅的客户转发应用程序消息。

发布/订阅：MQTT 是基于发布（Publish）/订阅（Subscribe）模式来进行通信及数据交换的，订阅者（Subscriber）会向消息服务器（Broker）订阅一个主题（Topic）。成功订阅后，消息服务器会将该主题下的消息转发给所有的订阅者。

主题（Topic）：以"/"为分隔符区分不同的层级。包含通配符"+"或"#"的主题又称为主题过滤器，不含通配符的称为主题名。例如：

chat/room/1；

sensor/10/temperature；

sensor/+/temperature；

＄SYS/broker/metrics/packets/received；

＄SYS/broker/metrics/#。

订阅的主题中"+"：表示通配一个层级，如 a/+，匹配 a/x, a/y。

"#"：表示通配多个层级，如 a/#，匹配 a/x, a/b/c/d。

注意："+"通配一个层级，"#"通配多个层级且必须在末尾，发布者只能向"主题名"发布消息，订阅者则可以通过订阅"主题过滤器"来通配多个主题名称。

会话（Session）：每个客户端与服务器建立连接后就是一个会话，客户端和服务器之间有状态交互。

MQTT 客户端要连接 EMQX Broker 首先需要在客户端配置连接，指定 EMQX 服务端地址、ClientID 及用户名与密码，如图 1-72~图 1-74 所示。

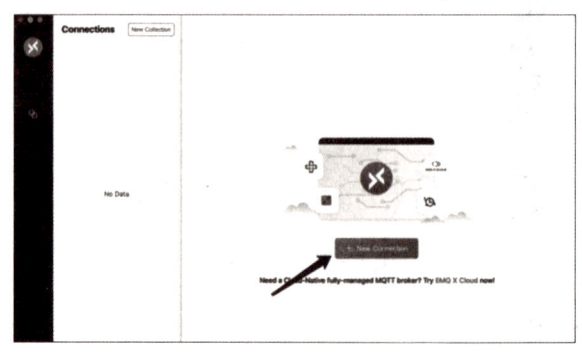

图 1-72　新建连接

图 1-73 配置客户端

图 1-74 连接成功

连接成功后可以设置发布主题及内容，进行数据发送，也可以配置订阅主题。我们设置发布主题和发布内容如下：

发布主题："topic/d1001"（用于发送数据）

发布内容：{

"current":0.5,

"voltage":"220",

"location":"Jiangsu.Changzhou",

"groupid":1

}

发布设置如图 1-75 所示。

图 1-75 添加订阅和发布

我们设置订阅主题："topic/#"（用于接收数据），具体设置如图1-76所示。

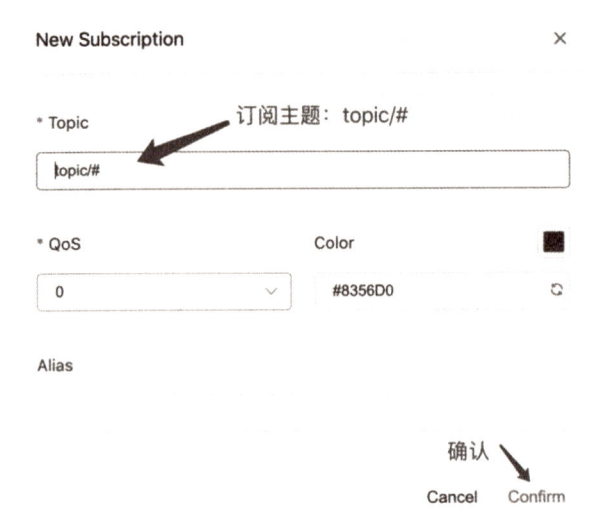

图 1-76 设置订阅主题

完成订阅和发布如图 1-77 所示。

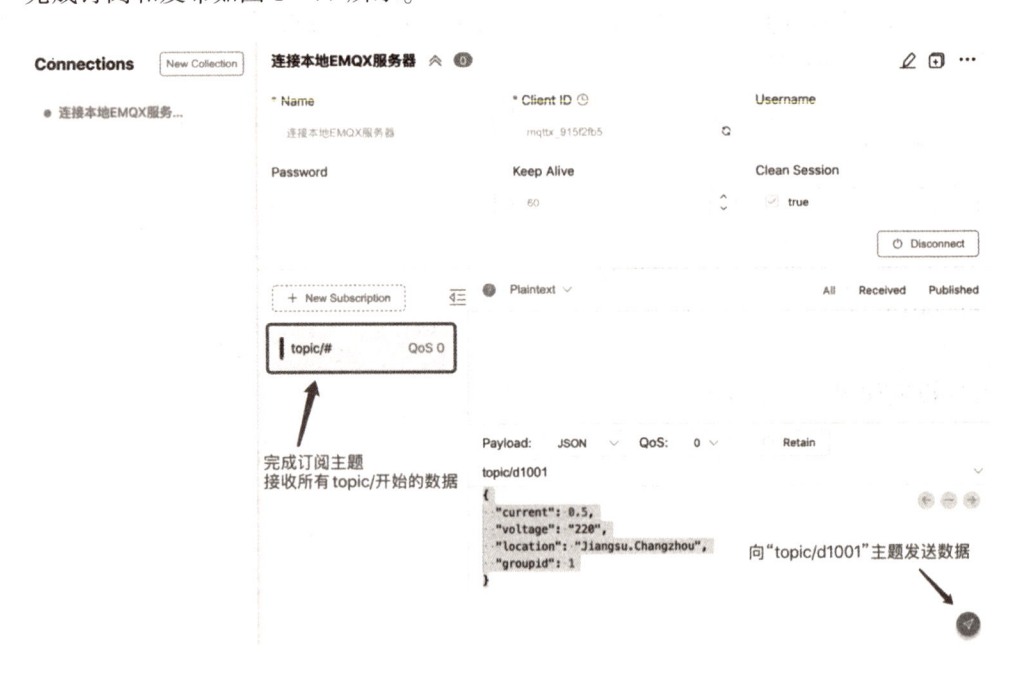

图 1-77 完成订阅和发布

订阅和发布的运行结果如图 1-78 所示。

图 1-78 订阅和发布的运行结果

此时登录 EMQX 管理端，打开"客户端"菜单，则显示连接成功的客户端 ID 号，如图 1-79 所示。

图 1-79 查看连接成功的客户端

4. Websocket 客户端消息收发

登录 EMQX 管理端，打开"工具"—"Websocket"菜单，输入 ws 服务器地址、ws 服务端口、ws 客户端 ID 号，单击"连接"按钮，成功连接，当前状态为"已连接"，如图 1-80 所示。

图 1-80　连接 Websocket

通过 Websocket 进行订阅发布，如图 1-81 所示。

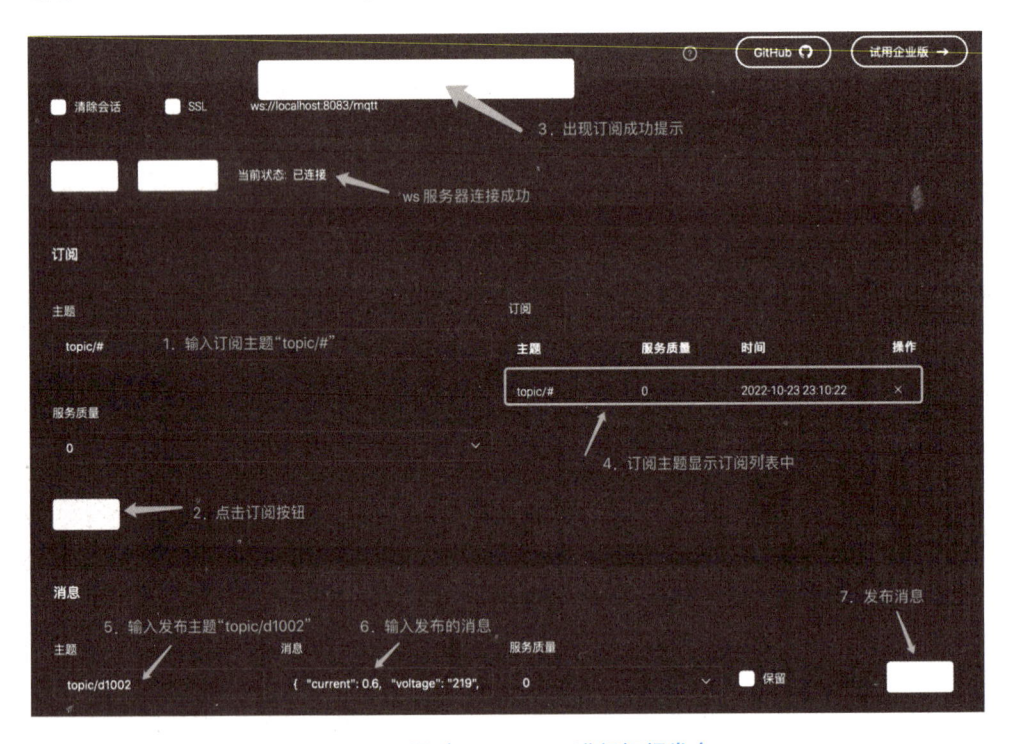

图 1-81　通过 Websocket 进行订阅发布

查看订阅和发布的消息，如图 1-82 所示。

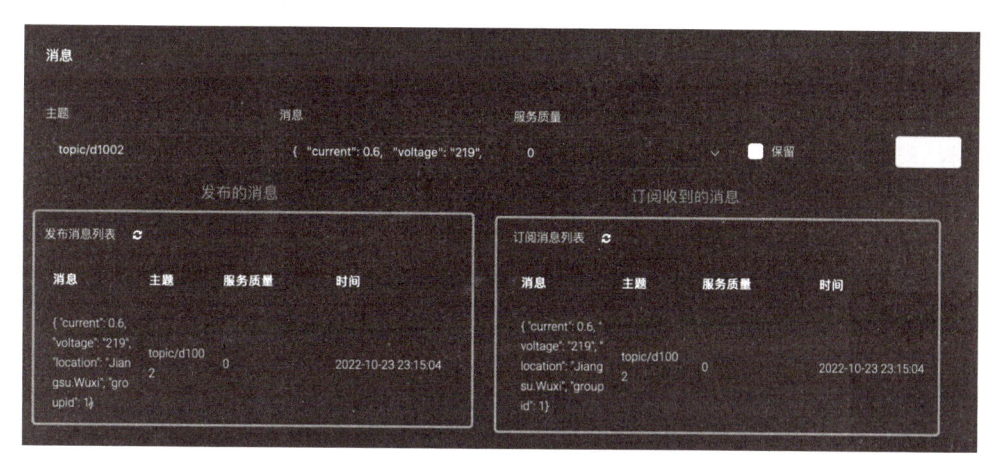

图 1-82　查看订阅和发布的消息

客户端同时也可以接收到 Websocket 的消息，如图 1-83 所示。

图 1-83　客户端收到的 Websocket 消息

子任务 5-3　将 EMQX 采集的数据写入时序数据库中

1. TDengine 启动 RESTful 服务

TDengine Windows 版本运行 taosAdapter 程序提供 RESTful 服务接口，默认服务监听

6041 端口。Docker 版本默认已开启该服务，如图 1-84 所示。

图 1-84 启动 RESTful 服务

2. 测试 TDengine RESTful 服务

测试 RESTful 服务指令如下：

curl - L - H "Authorization：Basic cm9vdDp0YW9zZGF0YQ = = " - d "select * from power. meters;" localhost:6041/rest/sql

其中，"cm9vdDp0YW9zZGF0YQ = = "是账号及密码"root：taosdata"通过 Base64 编码后得到字符串；"select * from power. meters;"是查询 power 库中 meters 表内容；"localhost：6041/rest/sql"是访问 TDengine RESTful 服务的 URL 地址。

运行结果如图 1-85 所示。

图 1-85 测试 RESTful 服务

3. 配置 EMQX 资源

打开 EMQX 服务管理端，打开"规则引擎"中的"资源"菜单，"新建"TDengine 资源，如图 1-86 所示。

在弹出的"资源管理"窗口中选择"WebHook"，如图 1-87 所示。

输入 WebHook 参数，如图 1-88 所示。

图 1-86　新建资源

图 1-87　新建 WebHook

图 1-88　配置 WebHook 参数

完成后显示资源列表，如图 1-89 所示。

图 1-89 资源列表

单击"状态"按钮显示可用资源，如图 1-90 所示。

图 1-90 可用资源

4. 配置规则

规则引擎是标准 MQTT 之上基于 SQL 的核心数据处理与分发组件，可以方便地筛选并处理 MQTT 消息与设备生命周期事件，并将数据分发移动到 HTTP Server 数据库、消息队列，甚至是另一个 MQTT Broker 中，此处采用规则将服务器收到主题为"topic/#"的消息写入 TDengine 中。

打开 EMQX 服务管理端，打开"规则引擎"中的"规则"菜单，"新建"TDengine 规则，如图 1-91 所示。

图 1-91 新建规则

输入 SQL 规则，如图 1-92 所示。

添加"响应动作"，动作选择"发送数据到 Web 服务"，关联资源选择"resource：720664"（刚刚配置的 TDengine 资源），模式选择"POST"，Headers 添加"Authorization"

键和"Basic cm9vdDp0YW9zZGI=="值,Body 为"INSERT INTO ＄{clientid} USING meters TAGS('＄{location}',＄{groupid}) VALUES(now,＄{current},＄{voltage});",如图 1-93 所示。

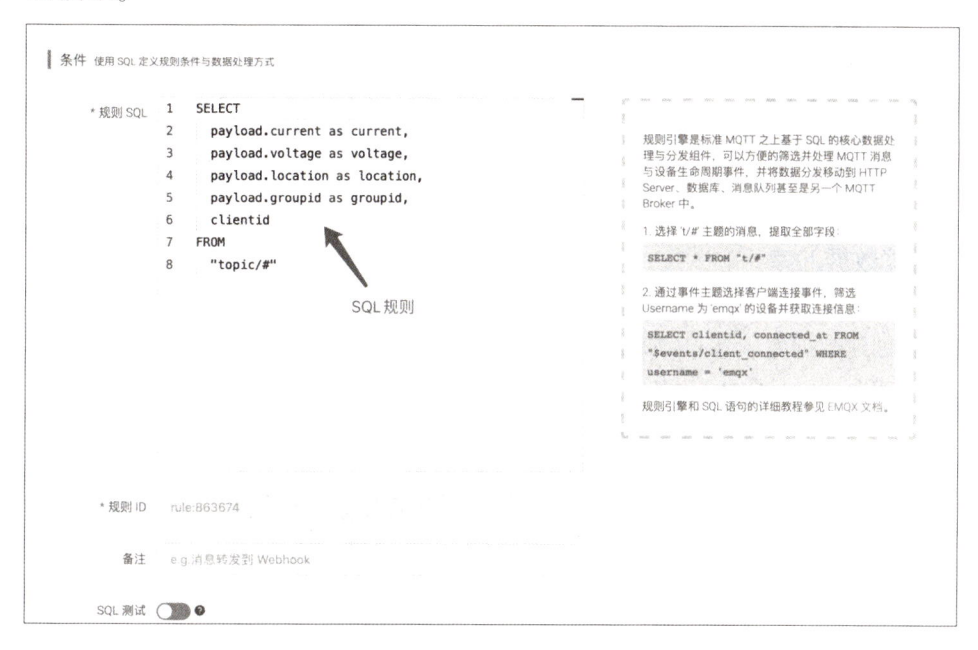

图 1-92 输入 SQL 规则

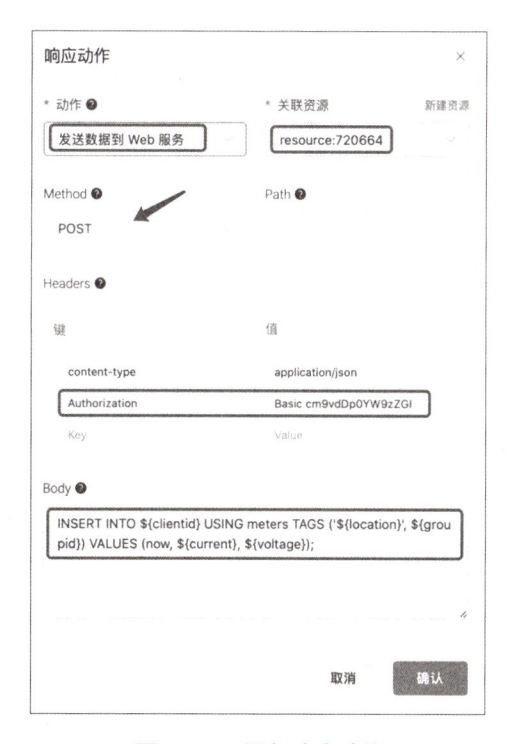

图 1-93 添加响应动作

在规则列表中新增"rule 863674",如图 1-94 所示。

图 1-94　新增规则

5. 测试数据入库

(1) TDengine 建库建表。

首先,创建数据库 power,如图 1-95 所示。

命令格式:create database power

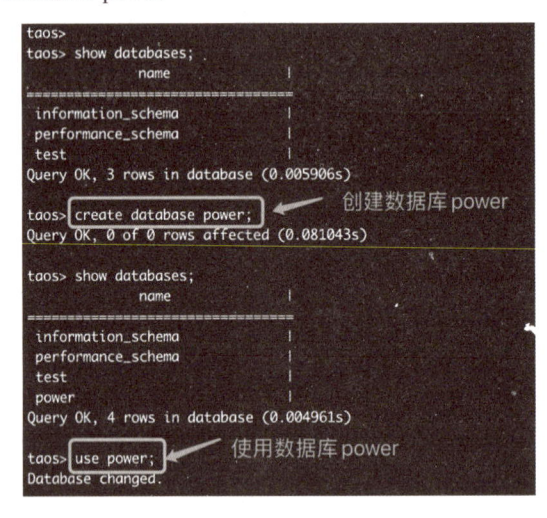

图 1-95　新建数据库

然后,创建超级表 meters,如图 1-96 所示。

图 1-96　新建表

命令格式：CREATE TABLE meters（ts timestamp，current float，voltage int）TAGS（location binary（64），groupdId int）

超级表建完后还没有子表，子表可通过 insert 语句根据 ClientID 的值自动创建，如图 1-97 所示。

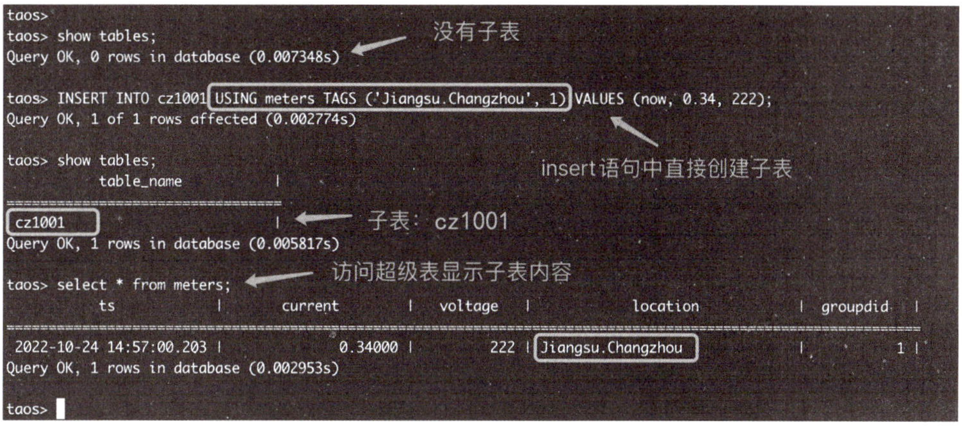

图 1-97　添加数据

命令格式：INSERT INTO cz1001 USING meters TAGS（'Jiangsu.Changzhou'，1）VALUES（now，0.34，222）

该语句自动创建基于 meters 超级表的子表，静态部分的值为 Location = "Jiangsu.Changzhou" 和 Groupid = 1，动态部分为时间戳、电流（0.34）及电压（222）。

（2）配置 MQTT 客户端。

MQTT 客户端配置连接，将 ClientID 修改为 "nj1001"，发布主题为 "topic/power"，发布内容如下：

{
"current":0.7,
"voltage":"220",
"location":"Jiangsu.Nanjing",
"groupid":1
}

配置 MQTT 客户端如图 1-98 所示。

（3）测试 MQTT 客户端发布消息写入时序库。

TDengine 和 MQTT 客户端配置完成后，通过 MQTT 客户端发布消息，如图 1-99 所示。

查看 EMQX 管理端，刷新 "规则引擎" — "规则" 菜单中 "已命中" 次数，如图 1-100 所示。

查询 TDengine 时序数据库，看到了通过 MQTT 发布的数据，如图 1-101 所示。

至此，我们的数据采集平台就搭建完成了。

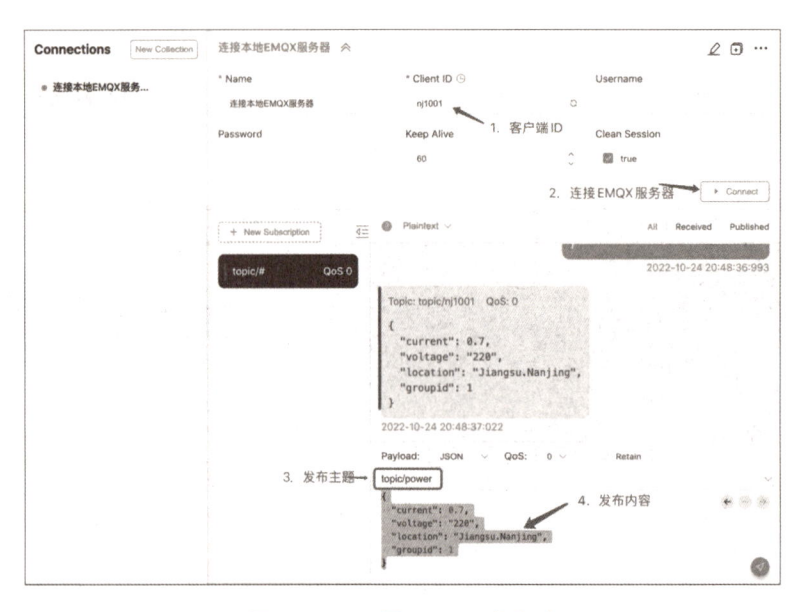

图 1-98　配置 MQTT 客户端

图 1-99　通过 MQTT 客户端发布消息

图 1-100　查看规则

图 1-101　查看采集的数据

项目总结

本项目主要介绍了工业数据采集平台的构建,包括 Docker 的安装和使用、时序数据库的安装和使用,以及工业物联网数据采集服务的安装与配置。数据采集完成后将使用 Python 进行数据分析。

数说中国

2021 年,全国职业本专科招生人数 556.72 万人,在校生人数 1 603.03 万人,分别占普通高等学校招生数、在校生总数的 55.60% 和 45.85%。

如图 1-102 所示,2011—2021 年,全国高职院校毕业生人数从 328 万人增长至 398 万人,增加了 70 万人。

图 1-102　数据汇总

2021 年,全国共有中等职业教育学校(不含技工学校)7 294 所,高职(专科)学校 1 486 所,本科层次职业学校 32 所,其中高职(专科)学校比 2011 年增加 238 所。

全国职业学校专任教师规模从 2012 年的 111 万人增加到 2021 年的 129 万人，增幅达到 17%。

思考练习

一、思考回答

1. MQTT 协议的 QOS 服务品质是什么？分别应用于什么场景？
2. 描述 TDengine 超级表和子表的关系。
3. MQTT（Broker）服务器主要完成哪些工作？
4. 描述主题名与主题过滤器的关系。

二、动手练习

1. 完成 Docker 的安装及配置，将 Docker 的镜像源修改为阿里云网站。
2. 创建、运行、删除容器。
3. 安装部署 TDengine 时序数据库，创建超级表、子表，测试数据增删改查。
4. 安装 EMQX 服务器软件及 MQTT 客户端软件，配置客户端连接服务器进行主题订阅与发布。
5. 通过 MQTT 客户端发布数据，通过 EMQX 服务器写入 TDengine 时序数据库中。

学习评价

学习内容	学习任务完成情况	总结体会	自我评价	同学评价	教师总评
知识点	□知识点 1 □知识点 2 □知识点 3		☆☆☆☆☆	☆☆☆☆☆	知识掌握：
任务 1　在 Windows 系统上安装 Docker	□子任务 1-1 □子任务 1-2		☆☆☆☆☆	☆☆☆☆☆	学习能力：
任务 2　修改 Docker 远程镜像仓库地址	□子任务 2-1 □子任务 2-2		☆☆☆☆☆	☆☆☆☆☆	基本素养：
任务 3　Docker 管理	□子任务 3-1 □子任务 3-2		☆☆☆☆☆	☆☆☆☆☆	评分：
任务 4　时序数据库的安装与使用	□子任务 4-1 □子任务 4-2		☆☆☆☆☆	☆☆☆☆☆	签名：
任务 5　工业物联网数据采集服务的安装与配置	□子任务 5-1 □子任务 5-2 □子任务 5-3		☆☆☆☆☆	☆☆☆☆☆	

项目 2

安装大数据分析软件 Python

学习目标

1. 知识目标
（1）了解 Python 数据分析的优势；
（2）了解 Python 数据分析常用类库。

2. 能力目标
（1）掌握 Python 数据分析环境的安装；
（2）掌握 Jupyter Notebook 的使用。

3. 素质目标
（1）培养学生自主学习的能力；
（2）培养学生解决问题的能力。

项目背景

在数据分析与挖掘领域，Python、R 语言和 SAS 等都是非常受欢迎的编程工具，其中前两者为开源工具，普遍应用于互联网行业，而 SAS 为商业付费软件，堪称金融和医药行业的标准工具。Python 主要有以下优点：
（1）性价比高：Python 是开源软件，是免费的，性价比很高；
（2）资源丰富：Python 有很多第三方包可使用；
（3）简单易学：Python 具有类似自然语言的特性，使其简单易学；
（4）代码简洁：Python 代码具有简洁、易读和易维护的优点；
（5）可扩展嵌入：Python 属于胶水语言，具有强大的可扩展性和可嵌入性。
本书以 Python 为主要工具，介绍工业大数据的分析方法。

知识链接

知识点　了解 Python 数据分析常用类库

1. IPython——科学计算标准工具集的组成部分

IPython 是一个增强的 Python Shell，目的是提高编写、测试、调试 Python 代码的速度。

其主要用于交互式数据并行处理,是分布式计算的基础架构。它提供了一个类似于 Mathematica 的 HTML 笔记本,一个基于 Qt 框架的 GUI 控制台,具有绘图、多行编辑以及语法高亮显示等功能。

2. NumPy(Numerical Python）——Python 科学计算的基础包

NumPy 提供了快速高效的多维数组对象 ndarray,对数组执行元素级的计算以及直接对数组执行数学运算的函数。它是读写硬盘上基于数组的数据集的工具,具有线性代数运算、傅里叶变换,以及随机数生成的功能,是将 C、C++、Fortran 代码集成到 Python 的工具。

3. SciPy——专门解决科学计算中各种标准问题域的模块的集合

SciPy 主要包含了 8 个模块,不同的子模块有不同的应用,如插值、积分、优化、图像处理和特殊函数等。其主要模块及功能如表 2–1 所示。

表 2–1 SciPy 主要模块及功能

模块	功能
scipy.integrate	数值积分例程和微分方程求解器
scipy.linalg	扩展了由 numpy.linalg 提供的线性代数例程和矩阵分解功能
scipy.optimize	函数优化器(最小化器)以及根查找算法
scipy.signal	信号处理工具
scipy.sparse	稀疏矩阵和稀疏线性系统求解器
scipy.special	SPECFUN(这是一个实现了许多常用数学函数的 Fortran 库)的包装器
scipy.stats	检验连续和离散概率分布、各种统计检验方法,以及更好地描述统计法
scipy.weave	利用内联 C++ 代码加速数组计算的工具

4. Pandas——数据分析核心库

Pandas 提供了一系列能够快速、便捷地处理结构化数据的数据结构和函数。它具有高性能的数组计算功能以及电子表格和关系型数据库(如 SQL)灵活的数据处理功能。它具有复杂精细的索引功能,以便便捷地完成重塑、切片和切块、聚合及选取数据子集等操作。

5. Matplotlib——绘制数据图表的 Python 库

Matplotlib 是 Python 的 2D 绘图库,非常适合创建出版物上用的图表。操作比较容易,只需几行代码即可生成直方图、功率谱图、条形图、错误图和散点图等图形。提供了 Pylab 的模块,其中包括了 NumPy 和 Pyplot 中许多常用的函数,方便用户快速进行计算和绘图。其具有交互式的数据绘图环境,绘制的图表也是交互式的。

6. Scikit–Learn——数据挖掘和数据分析工具

Scikit–Learn(简称为 Sklearn)封装了一些常用的算法。它简单有效,可以供用户在各种环境下重复使用。其基本模块主要有数据预处理、模型选择、分类、聚类、数据降维和回归,在数据量不大的情况下,Scikit–Learn 可以解决大部分问题。

7. Spyder——交互式 Python 语言开发环境

它提供高级的代码编辑、交互测试和调试等特性,包含数值计算环境,可用于将调试控制台直接集成到图形用户界面的布局中。模仿 MATLAB 的"工作空间",可以很方便地观察和修改数组的值。

项目实施

任务名称	任务描述	子任务名称
任务 1　在 Windows 系统上安装 Anaconda	Anaconda 是一种比较优秀的数据分析工具，其中包括 Conda、Python 等工具包。通过此任务将学习安装和配置该软件	子任务 1-1　安装 Anaconda
		子任务 1-2　Anaconda 环境配置
任务 2　修改 Conda 下载源	Conda 是一个开源的包、环境管理器，可以用于在同一个机器上安装不同版本的软件包及其依赖项，并能够在不同的环境之间切换。工具包的默认下载路径为境外地址，耗时较多。通过此任务可以将下载地址修改为境内镜像站	
任务 3　创建和管理虚拟环境	Python 版本较多，不同项目之间的工具包容易发生冲突，通过创建虚拟环境可以避免此类问题	子任务 3-1　创建和激活虚拟环境
		子任务 3-2　在虚拟环境中安装和卸载工具包
		子任务 3-3　将虚拟环境添加到 Jupyter Notebook
		子任务 3-4　退出和删除虚拟环境
任务 4　熟悉 Jupyter Notebook 的使用	Jupyter Notebook 是一个可以在浏览器中使用的交互式计算应用程序。该应用程序所有可见的内容，以笔记本文档表示，包括计算的输入和输出、解释文本、数学、图像和对象的富媒体等表示。因此，Jupyter Notebook 可以实现将代码、文字完美结合起来，非常适合从事机器学习、数据分析等数据科学工作的人员。通过此任务将熟悉该工具的使用方法	子任务 4-1　Jupyter Notebook 的常用功能
		子任务 4-2　设置 Jupyter Notebook 的默认路径

任务 1　在 Windows 系统上安装 Anaconda

子任务 1-1　安装 Anaconda

Anaconda 是开源的 Python 发行版本，包含了 Conda、Python 等 180 多个科学包以及依赖项，因此 Anaconda 是数据分析的最佳工具。下面介绍 Anaconda 的安装步骤。

（1）在网址中下载 Anaconda 安装包，Anaconda 官网下载地址如下：
https://www.anaconda.com/products/individual

Anaconda 国内清华镜像下载地址如下：https://mirrors.tuna.tsinghua.edu.cn/anaconda/archive/

（2）下载完成后，以管理员身份运行安装包。打开后单击"Next"按钮，然后单击"I

Agree"按钮，如图 2-1~图 2-3 所示。

图 2-1 安装包

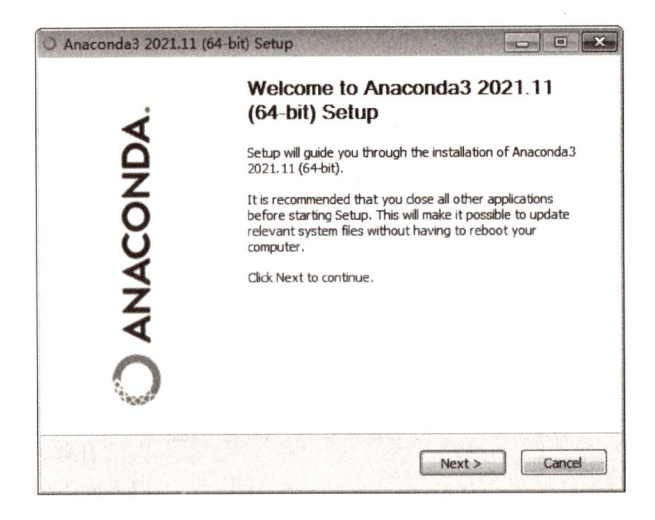

图 2-2 开始安装

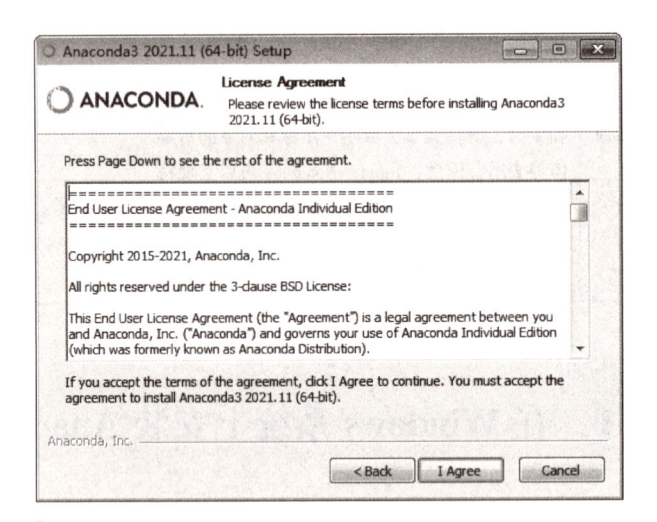

图 2-3 同意许可协议

（3）第三步选择只为自己安装"Just Me"，如图 2-4 所示。

（4）选择软件的安装位置，建议不要安装在 C 盘，记住自己的安装位置，如图 2-5 所示。

（5）在接下来的界面中将两个选项都勾选上，第一个选项是把 Anaconda 添加到环境变量中，第二个选项是安装 Python 最新版本，如图 2-6 所示。

（6）等待进度条的完成，此过程会比较慢，需耐心等待，如图 2-7 所示。

（7）在进度条完成后，单击"Next"按钮，如图 2-8 和图 2-9 所示。

项目 2 安装大数据分析软件 Python

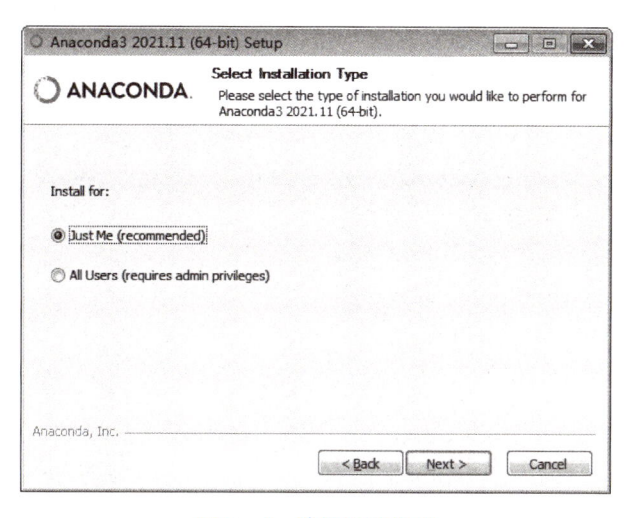

图 2 - 4 选择安装类型

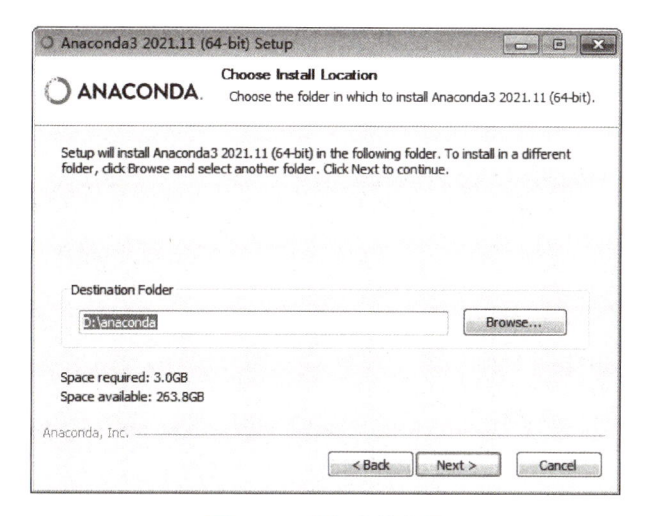

图 2 - 5 选择安装位置

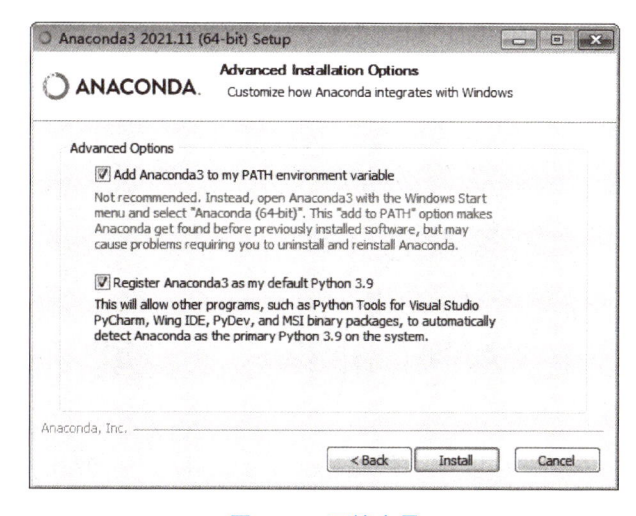

图 2 - 6 环境变量

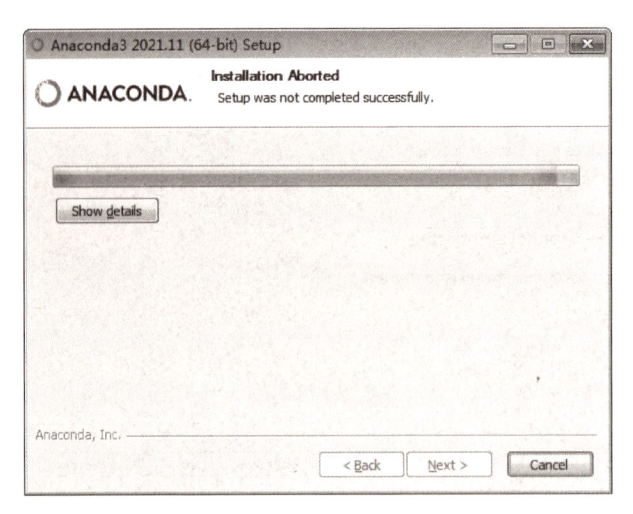

图 2-7　等待安装

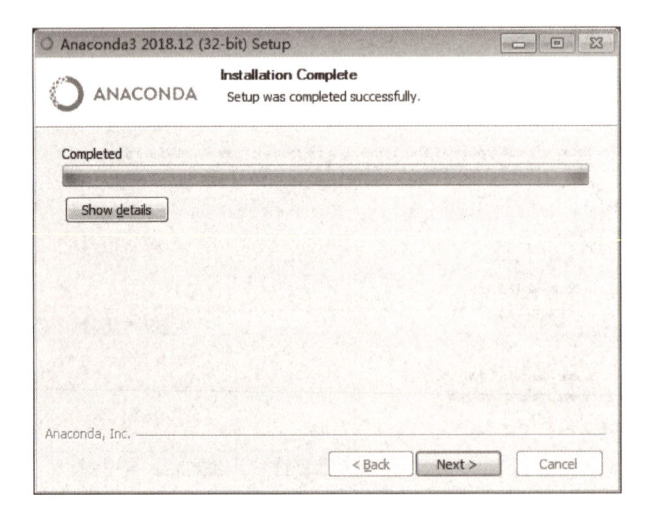

图 2-8　继续安装

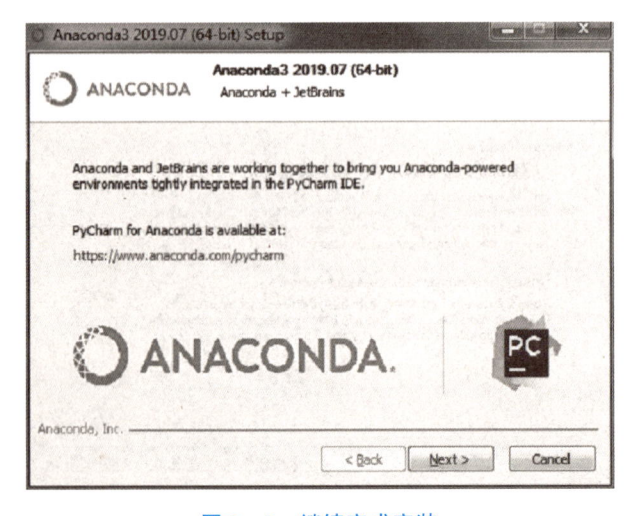

图 2-9　继续完成安装

（8）将勾选的两个选项取消，然后单击"Finish"按钮，如图 2 – 10 所示。

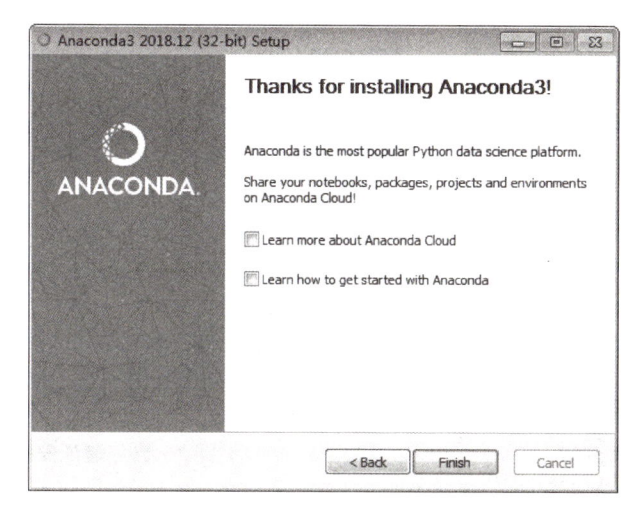

图 2 – 10　取消勾选

子任务 1 – 2　Anaconda 环境配置

（1）打开"系统属性—高级—环境变量—cz 的用户变量—选择 PATH—编辑"，即编辑 PATH 的环境变量。在变量值后面依次添加之前要求记住的自己的安装路径，如图 2 – 11 所示。

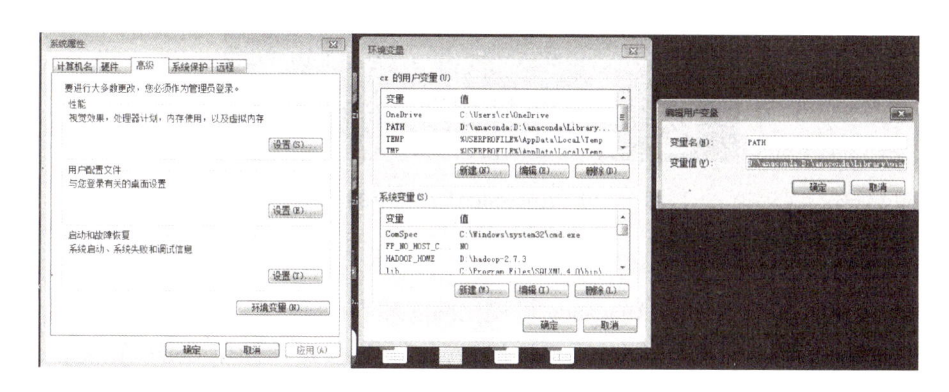

图 2 – 11　编辑环境变量

（2）验证 Anaconda 安装是否成功。单击电脑屏幕左下角的"Windows"图标或者单击键盘上的"Windows"按键，在出来的弹窗最下方输入"cmd"打开命令行，如图 2 – 12 所示。

（3）在打开的命令行中输入"conda"命令，出现如图 2 – 13 所示的信息表示已经安装成功。

（4）Anaconda3 目录下的组件如图 2 – 14 所示。

图 2-12　命令行

图 2-13　验证安装

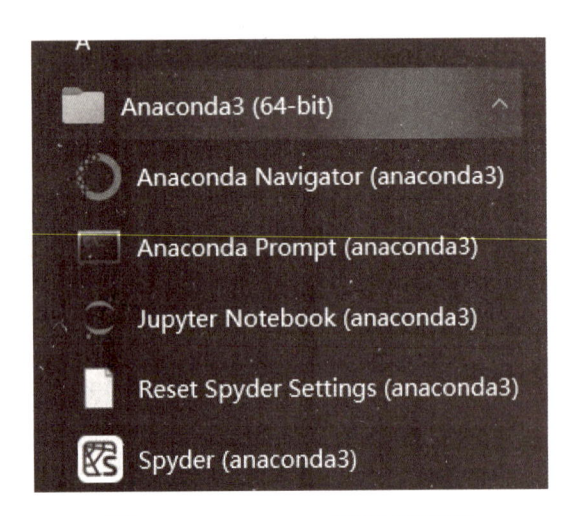

图 2-14　Anaconda3 目录下的组件

各组件作用如下：

（1）Anaconda Navigator 是 Anaconda 可视化的管理界面。

（2）Anaconda Prompt 是一个 Anaconda 的终端，可以便捷地操作 Conda 环境。

（3）Jupyter Notebook 是一个可以在浏览器中使用的交互式的计算应用程序，该应用程序的所有可见的内容，以笔记本文档表示，包括计算的输入和输出、解释文本、数学、图像和对象的富媒体等表示。因此，Jupyter Notebook 可以实现将代码、文字完美结合起来，非常适合从事机器学习、数据分析等数据科学工作的人员。

（4）Spyder 是一个使用 Python 语言的开放源代码跨平台科学运算 IDE（集成开发环境）。Spyder 可以跨平台，也可以使用附加组件扩充，自带交互式工具以处理数据。

任务 2 修改 Conda 下载源

Anaconda 集成了常用的扩展包,能够方便地对这些扩展包进行管理,如安装和卸载包,这些操作都需要 Conda 工具。Conda 是一个跨平台的开源软件包管理系统和环境管理系统,可以快速安装、运行和更新软件包及其依赖项。当用户需要下载某个包时,Conda 首先通过一个工具库搜索工具包,然后自动完成下载和安装。但是默认的工具库是国外地址,所以下载会比较慢。所幸,清华 TUNA 镜像源有 Anaconda 仓库的镜像,我们可以将清华镜像站设置为 Conda 的镜像源。设置步骤如下:

(1) 从 Windows 开始菜单中的 Anaconda 程序目录,打开 Anaconda Prompt 命令行终端,如图 2-15 所示。

图 2-15 Anaconda Prompt 命令行终端

(2) 执行命令,查看自己的镜像源,运行结果如图 2-16 所示。
命令格式:conda config - - show channels

图 2-16 查看镜像源

(3) 执行命令,添加清华镜像源,并再次查看,运行结果如图 2-17 所示。
命令格式:conda config - - add channels 镜像源地址
我们添加以下地址:

http://mirrors.tuna.tsinghua.edu.cn/anaconda/cloud/msys2/

http://mirrors.tuna.tsinghua.edu.cn/anaconda/pkgs/free/

http://mirrors.tuna.tsinghua.edu.cn/anaconda/pkgs/main/

图 2-17 添加镜像源

(4) 由于镜像源是 HTTP，所以必须取消 SSL 认证，执行命令，将 SSL 验证置为 False，运行结果如图 2-18 所示。

命令格式：conda config - - set show_channel_urls false

图 2-18 取消 SSL 认证

(5) 执行命令将默认镜像删除，运行结果如图 2-19 所示。

命令格式：conda config - - remove channels defaults

图 2-19 删除默认镜像

(6) 查看镜像配置，如图 2-20 所示。

命令格式：conda info

图 2-20　查看镜像配置

至此，镜像源就更改完成了。

任务 3　创建和管理虚拟环境

子任务 3-1　创建和激活虚拟环境

由于 Python 的版本比较多，为了避免不同项目中的工具包版本冲突，我们可以创建自己的虚拟环境，这样不同的项目可以使用不同的虚拟环境。

1. 创建虚拟环境

命令格式：conda create --name 环境名 python=版本号

也可以在创建环境的同时，安装一些包。

命令格式：conda create -n 环境名 python=版本号 包名1 包名2…

例如，我们创建一个 Python3.9 的环境，并安装 NumPy，命令及运行结果如图 2-21 和图 2-22 所示。

图 2-21　创建虚拟环境

图 2-22　虚拟环境创建完成

2. 查看已有的虚拟环境

命令格式：conda env list

使用上面的命令，可以看到刚才创建的虚拟环境。其结果如图 2-23 所示。
注意：带 * 的为当前虚拟环境。

图 2-23　查看虚拟环境

3. 激活虚拟环境

命令格式：conda activate 环境名

例如，激活我们刚才创建的虚拟环境，如图 2-24 所示。

图 2-24　激活虚拟环境

子任务 3-2　在虚拟环境中安装和卸载工具包

1. 在虚拟环境中安装工具包

命令格式：conda install -n 环境名 包名

例如，我们在刚才的虚拟环境中安装 Pandas 包，如图 2-25 所示。

图 2-25 安装工具包

2. 在虚拟环境中卸载工具包

命令格式：conda remove – n 环境名 包名

例如，我们要卸载刚才安装的 Pandas 工具包，如图 2-26 所示。

图 2-26 卸载工具包

子任务 3-3 将虚拟环境添加到 Jupyter Notebook

1. 激活虚拟环境

命令格式：conda activate py3

2. 在虚拟环境中安装 ipykernel

命令格式：conda install ipykernel

其结果如图 2-27 所示。

图 2-27 在虚拟环境中安装 ipykernel

3. 在虚拟环境中运行 ipykernel

命令格式：python – m ipykernel install – – name py3

其结果如图 2 – 28 所示。

图 2 – 28　在虚拟环境中运行 ipykernel

子任务 3 – 4　退出和删除虚拟环境

1. 退出当前虚拟环境，回到 Python 默认版本

命令格式：conda deactivate

例如，我们从 py3 虚拟环境退出，运行结果如图 2 – 29 所示。

图 2 – 29　退出当前虚拟环境

2. 删除虚拟环境

命令格式：conda remove – n 环境名 – – all

例如，我们把刚才创建的虚拟环境 py3 删除，运行结果如图 2 – 30 所示。

图 2 – 30　删除虚拟环境

任务 4　熟悉 Jupyter Notebook 的使用

子任务 4-1　Jupyter Notebook 的常用功能

1. 启动 Jupyter Notebook

在安装完成 Python、配置好环境变量并安装了 Jupyter Notebook 之后，在 Windows 系统下的命令行，或者 Linux 系统下的终端中输入命令"jupyter notebook"，即可启动 Jupyter Notebook，如图 2-31 所示。

图 2-31　启动 Jupyter Notebook

2. 新建一个 Notebook

打开 Jupyter Notebook 以后会在系统默认浏览器中出现 Jupyter Notebook 主页，如图 2-32 所示。

图 2-32　Jupyter Notebook 主页

单击右上方的"New"按钮，可出现下拉菜单，选择自己的虚拟环境，创建新文件，如图 2-33 所示。

在下拉菜单中选择需要创建的 Notebook 类型。其中，"TextFile"为纯文本型，"Folder"为文件夹，"Python 3"表示 Python 运行脚本，灰色字体表示不可用项目。单击"Python 3"按钮，进入 Python 脚本编辑状态界面，如图 2-34 所示。

图 2-33 新建 Notebook

图 2-34 Python 脚本编辑状态界面

3. Jupyter Notebook 的界面及其构成

Notebook 文档是由一系列单元（Cell）构成的，主要有两种形式的单元，如图 2-35 所示。

图 2-35 单元构成

（1）代码单元。这里是读者编写代码的地方，通过按"Shift"+"Enter"组合键运行代码，其结果显示在本单元下方。代码单元左边有"In [ ]:"编号，方便使用者查看代码的执行次序。

（2）MarkDown 单元。在这里对文本进行编辑，采用 MarkDown 的语法规范，可以设置文本格式，插入链接、图片甚至数学公式。同样按"Shift"+"Enter"组合键运行 MarkDown 单元来显示格式化的文本。

Jupyter Notebook 编辑界面类似于 Linux 的 Vim 编辑器，在 Notebook 中也有两种模式。

（1）编辑模式：编辑文本和代码。选中单元并按"Enter"键进入编辑模式，此时单元左侧显示竖线，如图 2-36 所示。

图 2-36 编辑模式

(2) 命令模式:用于执行键盘输入的快捷命令。通过"Esc"键进入命令模式,如图 2-37 所示。

图 2-37 命令模式

如果要使用快捷键,首先按"Esc"键进入命令模式,然后按相应的键实现对文档的操作。例如切换成代码单元"Y"或 MarkDown 单元"M"键,或者在本单元的下方增加一单元"B"键,查看所有快捷命令可以按"H"键,如图 2-38 所示。

图 2-38 快捷键

4. 导出功能

Notebook 还有一个强大的特性,就是其导出功能。可以将 Notebook 导出为多种格式,如 HTML、MarkDown、REST、PDF(通过 LaTeX)和 Raw Python 等格式。其中导出 PDF 功能,可以让读者不用写 LaTex 即可创建漂亮的 PDF 文档。读者还可以将 Notebook 作为网页发布在自己的网站上。甚至,可以导出为 REST 格式,作为软件库的文档。导出功能在左上方"File"下拉菜单"Download as"的项目中,如图 2-39 所示。

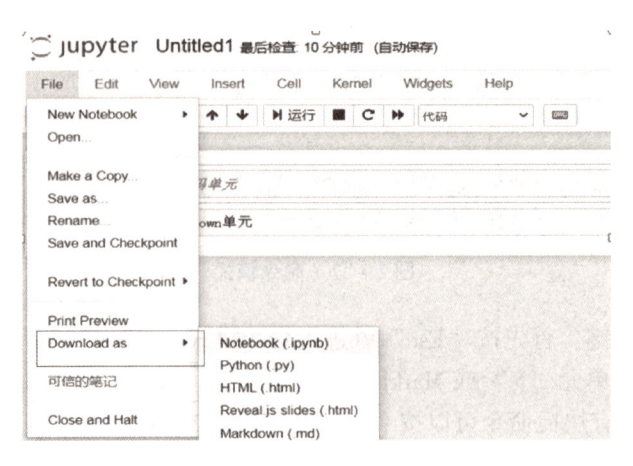

图 2-39 导出功能

子任务 4-2　设置 Jupyter Notebook 的默认路径

一般 Jupyter Notebook 创建的 Python 文件是存放在默认路径下的。如果要将文件存放到自己的路径中，可以进行以下配置。

(1) 从"开始"菜单，单击"Jupyter Notebook"选项，打开文件所在位置，如图 2-40 所示。

(2) 单击"Jupyter Notebook"选项，选择"属性"命令，如图 2-41 所示。

图 2-40　打开 Jupyter Notebook 文件所在位置

图 2-41　Jupyter Notebook 属性

(3) 在"属性"窗口的目标栏中删除"%USERPROFILE%"，如图 2-42 所示。

(4) 打开 cmd 命令窗口，输入命令"jupyter notebook - - generate - config"，生成"jupyter_notebook_config.py"文件，并查看文件所在位置，如图 2-43 所示。

(5) 用文本编辑器打开文件 Jupyter Notebook 配置文件，找到"c.NotebookApp.notebook_dir"，将它前面的注释符"#和空格"去掉，等号后面改成自己的路径，并保存退出，如图 2-44 所示。

项目 2 　安装大数据分析软件 Python

图 2－42　删除%USERPROFILE%

图 2－43　生成 Jupyter Notebook 配置文件

图 2－44　设置 Jupyter Notebook 保存路径

(6) 重新打开 Jupyter Notebook，输入命令进行查看，如图 2－45 所示。

图 2－45 查看保存路径

在 Jupyter Notebook 中可以使用 Tab 键补全代码函数，如图 2－46 所示。

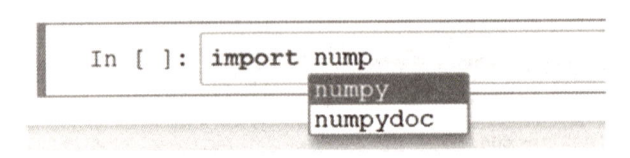

图 2－46 补全代码函数

项目总结

本项目主要介绍了 Python 数据分析工具的优势、Windows 系统上安装 Anaconda 的方法及 Jupyter Notebook 的使用，并进一步介绍了 Python 环境的配置方法。接下来我们就可以使用 Python 开始学习数据分析了。

数说中国

近十年我国累计新增减税降费 8.8 万亿元，如图 2－47 所示。从 2016 年全面实施营改

图 2－47 减税降费在实处

增改革,到逐步建立综合与分类相结合的个人所得税制,从线下搬到线上,"非接触式"办税缴费实现常态化,中国用阶段性措施和制度性安排相结合,真正做到了留住青山,赢得未来。

通过持续减税降费,中国税收占国内生产总值的比值持续下降,市场主体规模稳步增长。2021年年底,中国市场主体总量达1.54亿户,较2012年年底5 500万户增长1.8倍,"一减一增"之间真正实现了"放水养鱼""水多鱼多"的良性循环。

思考练习

一、思考回答

1. Python 数据分析的优势是什么?
2. Notebook 文档的单元格式有哪些?
3. Notebook 的运行模式包括哪两种?

二、动手练习

1. 完成 Anaconda 的安装及配置。
2. 修改下载的镜像源为国内网站。
3. 创建自己的虚拟环境。
4. 使用 Jupyter Notebook 新建 Hello World 文件,内容参考如图 2-48 所示。

这是一个Hello World文件

In [1]: print('Hello World!')
Hello World!

图 2-48 新建 Hello World 文件

学习评价

学习内容	学习任务完成情况	总结体会	自我评价	同学评价	教师总评
知识点			☆☆☆☆☆	☆☆☆☆☆	知识掌握:
任务1 在 Windows 系统上安装 Anaconda	□子任务1-1 □子任务1-2		☆☆☆☆☆	☆☆☆☆☆	学习能力:
任务2 修改 Conda 下载源			☆☆☆☆☆	☆☆☆☆☆	
任务3 创建和管理虚拟环境	□子任务3-1 □子任务3-2 □子任务3-3 □子任务3-4		☆☆☆☆☆	☆☆☆☆☆	基本素养: 评分:
任务4 熟悉 Jupyter Notebook 的使用	□子任务4-1 □子任务4-2		☆☆☆☆☆	☆☆☆☆☆	签名:

项目 3

风机叶片数据分析预测

学习目标

1. 知识目标

(1) 了解基于机器学习大数据分析流程；
(2) 了解机器学习的基本概念及其应用；
(3) 知道随机森林模型的基本思想；
(4) 了解 XGBoost 模型的基本原理。

2. 能力目标

(1) 掌握数据读取和预处理的方法；
(2) 能够进行数据特征分析；
(3) 学会使用数据模型进行训练和评估。

3. 素质目标

(1) 培养学生踏实自律的良好品质；
(2) 培养学生不畏困难、刻苦钻研的精神。

项目背景

风力发电是当今世界使用较为广泛的一种发电方式，风力发电可以有效减少二氧化碳的排放，缓解气候变化。我国更是世界风电装机增长速度最快和累计容量最多的国家。在风电行业大发展的同时，一系列问题也随之而来，寒冷地区的风机叶片结冰现象便是其中之一。我国风能资源主要集中在纬度较高的华北、东北和西北地区，占全国总装机容量的 70% 以上，在寒冷季节风力机上极容易产生覆冰现象。

虽然近年来我国华东、中南、西南地区风电装机量节节攀升，然而机组也多安装于丘陵和浅山地区，且现有风机塔筒高度不断提升，冬季叶片结冰现象同样不可避免。

低温下的风机叶片覆冰会对风力发电机组带来许多不利的影响，主要表现为以下几个方面：

(1) 降低机组发电效率，甚至在叶片覆冰严重的情况下会导致非计划的停机。这不仅会危及电力系统的安全稳定运行，还会造成发电量的巨大损失。瑞典相关机构统计数据显示，在 1998 年到 2003 年期间总共发生了 1 337 起因叶片覆冰导致的停机事件，造成了 8 022 h 的发电量损失。采用数字仿真的方法，模拟风轮直径为 126 m 的 5 MW 风机在气温 −10 ℃、风速 10 m/s、水分含量 0.22 g/cm³ 和液滴体积中径 20 μm 条件下运行 1 h 对风机功率的影响，试验结果显示，在该模拟条件下，风机输出功率降低了27%。

（2）改变叶片的气动特性，进而改变其动态响应行为，同时控制系统也会受到影响。例如，结冰会改变叶片的气动外形，导致叶片失速偏离预期，使电动或者液压变桨控制变得不理想。冰冻还会造成风速仪、风向标故障或者反馈信号误差增大，影响风机正常控制，引起机组出力下降或停机。

（3）减少机组寿命。例如，一般附着在风机叶片上的冰层质量都不会完全相同，这种质量不均衡会激发叶片摆振方向的振动，如果这种不平衡状态持续数周，将会严重影响机组的使用寿命。

（4）安全危害。风机叶片覆冰后，在运行时会抛出冰层碎块或掉落大的冰块，这可能会伤害到风机附近的人或物，特别是位于公路、房舍及输电线路等附近的风机。

因此，对风机叶片覆冰问题进行系统性的研究，尤其是如果能对结冰过程进行精确预测，就能尽早开启除冰系统，从而有效地改善风电设备的使用率和运维成本。

本项目我们将分别使用随机森林模型和XGBoost模型对风机叶片覆冰进行预测分析。

知识链接

知识点1　机器学习基本概念及其应用

1. 什么是机器学习

机器学习是计算机基于数据构建概率统计模型并运行模型对数据进行预测和分析的一门学科，所以也可以称为统计学习。

机器学习是人工智能的一个子集。这项技术的主要任务是指导计算机从数据中学习，然后利用经验来改善自身的性能，不需要进行明确的编程。在机器学习中，算法会不断进行训练，从大型数据集中发现模式和相关性，然后根据数据分析结果做出最佳决策和预测。机器学习应用具有自我演进能力，它们获得的数据越多，准确性会越高。机器学习技术的应用无处不在，例如，我们的家居生活、购物车、娱乐媒体以及医疗保健等。

机器学习的主要特点包括以下几个方面：

（1）计算机和网络是实现机器学习的硬件条件。

（2）它以数据为研究对象，是数据驱动的学科。

（3）它的学习目的是通过对数据的分析建模实现对未来发展趋势的预测。

（4）构建的预测模型是以方法为中心。

（5）它是一门多领域交叉学科，涉及概率论、统计学等多门学科，并随着学科发展形成了独有的理论体系和方法论。

2. 机器学习的发展历程

机器学习发展至今，主要经历了以下几个阶段：

（1）20世纪50年代图灵测试的提出、塞缪尔开发的西洋跳棋程序，标志着机器学习正式进入发展期。

（2）20世纪60年代中到70年代末的发展几乎停滞。

（3）20世纪80年代使用神经网络反向传播（BP）算法训练的多参数线性规划（MLP）理念的提出将机器学习带入复兴时期。

（4）20世纪90年代提出的"决策树"（ID3算法），再到后来的支持向量机（SVM）算法，将机器学习从知识驱动转变为数据驱动的思路。

（5）21世纪初Hinton提出深度学习（Deep Learning），使机器学习研究又从低迷进入蓬勃发展期。

（6）从2012年开始，随着算力提升和海量训练样本的支持，深度学习成为机器学习的研究热点，并带动了产业界的广泛应用。

机器学习发展历程如图3-1所示。

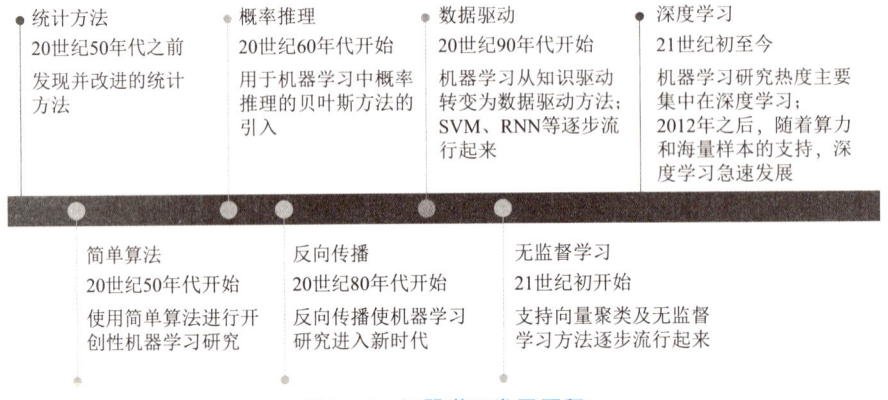

图3-1 机器学习发展历程

3. 机器学习的工作原理

机器学习包含多种使用不同算法的学习模型。根据数据的性质和期望的结果，可以将学习模型分成四种，分别是监督学习、半监督学习、无监督学习和强化学习。而根据使用的数据集和预期结果，每一种模型可以应用一种或多种算法。机器学习算法主要用于对事物进行分类、发现模式、预测结果，以及制定明智的决策。算法一般一次只使用一种，但如果处理的数据非常复杂，难以预测，也可以组合使用多种算法，以尽可能提高准确度。机器学习的基本思路是模仿人类学习行为的过程，如我们在现实中的新问题一般是通过经验归纳，总结规律，从而预测未来的过程。机器学习的基本过程如图3-2所示。

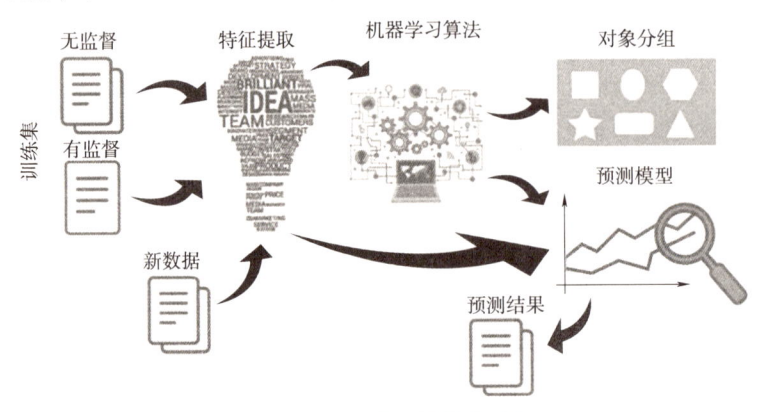

图3-2 机器学习的基本过程

4. 机器学习的分类

机器学习经过几十年的发展，衍生出很多种分类方法，这里按学习模式的不同，可分为监督学习、半监督学习、无监督学习和强化学习。

（1）监督学习。

监督学习（Supervised Learning）是从有标签的训练数据中学习模型，然后对某个给定的新数据利用模型预测它的标签。如果分类标签精确度越高，则学习模型准确度越高，预测结果越精确。

监督学习主要用于回归和分类。回归主要用于预测连续的、具体的数值，分类用于预测非连续的、离散型的数据。回归预测和分类预测分别如图 3-3 和图 3-4 所示。

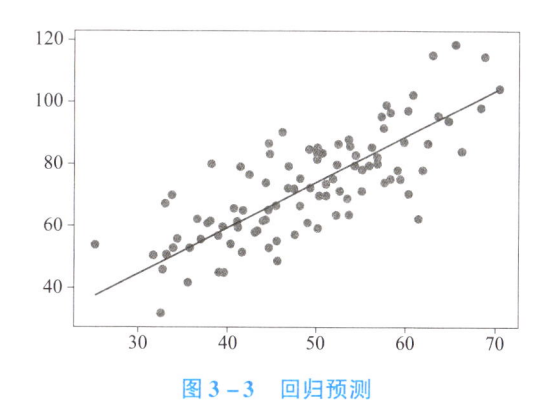

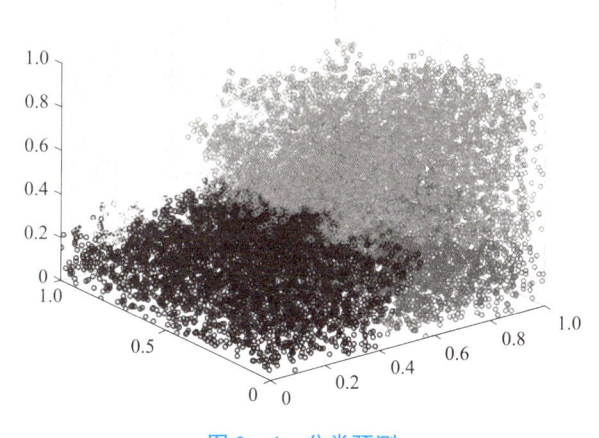

图 3-3　回归预测

图 3-4　分类预测

常见的监督学习的回归算法有线性回归、回归树、K 邻近、AdaBoost、神经网络等。
常见的监督学习的分类算法有朴素贝叶斯、决策树、SVM、逻辑回归等。

（2）半监督学习。

半监督学习（Semi-Supervised Learning）是利用少量标注数据和大量无标注数据进行学习的模式。

半监督学习侧重于在有监督的分类算法中加入无标记样本来实现半监督分类。

常见的半监督学习算法有 Pseudo-Label、Π-Model、Temporal Ensembling、Mean

Teacher、MixMatch 等。

（3）无监督学习。

无监督学习（Unsupervised Learning）是从未标注数据中寻找隐含结构的过程。

无监督学习主要用于关联分析、聚类和降维。

常见的无监督学习算法有稀疏自编码、主成分分析（PCA）、K–Means 算法（K 均值算法）、DBSCAN 算法、最大期望算法等。

（4）强化学习。

强化学习（Reinforcement Learning）类似于监督学习，但未使用样本数据进行训练，而是通过不断试错进行学习的模式。

在强化学习中，有两个可以进行交互的对象：智能体（Agnet）和环境（Environment），还有四个核心要素：策略（Policy）、回报函数（收益信号，Reward Function）、价值函数（Value Function）和环境模型（Environment Model），其中环境模型是可选的。

强化学习常用于机器人避障、棋牌类游戏、广告和推荐等应用场景中。

5. 机器学习在企业中的应用

机器学习算法能够识别模式和相关性，这意味着它们可以快速准确地分析自身的投资回报率。对于投资机器学习技术的企业来说，它们可以利用这个特性，快速评估采用机器学习技术对运营的影响。下面列举了一小部分快速发展的企业机器学习应用领域：

（1）推荐引擎：从 2009 年到 2017 年，订阅流媒体视频服务的美国家庭增加了 450%。2020 年《福布斯》杂志上的一篇文章报道称，流媒体视频服务的使用率进一步增加了 70%。推荐引擎已经广泛应用于各种零售和购物平台。在流媒体音乐和视频服务领域，推荐引擎肯定也会有自己的一席之地。

（2）动态营销：要发掘销售线索并引导其通过销售漏斗的各个阶段，企业需要采集和分析尽可能多的客户数据。从聊天记录到上传的图片，现代消费者产生了大量不同的非结构化数据。借助机器学习应用，营销人员可以更好地理解这些数据，并利用这些数据提供个性化的营销内容，与现有客户和潜在客户开展实时互动。

（3）ERP 和流程自动化：ERP 数据库包含许多不同的数据集，如销售业绩统计信息、消费者评论、市场趋势报告和供应链管理记录等。企业可以利用机器学习算法从这些数据中发现相关性和模式。而这些洞察几乎可以应用于每个业务领域，例如，优化网络内物联网设备的工作流、更高效地将重复性任务或易出错的任务实现自动化。

（4）预测性维护：现代供应链和智能工厂都在更多地利用物联网设备和机器，并且在所有运输队伍和运营团队之间使用云连接。故障和效率低下问题会导致巨大的成本损失和业务中断。如果手动采集维护和维修数据，那么企业几乎不可能预测潜在问题，更不用说自动预测和预防潜在问题。物联网网关传感器甚至可以安装到已有几十年历史的模拟机器上，从而提高整个企业的可视性和效率。

知识点 2　大数据分析主要流程

大数据分析主要分为读取数据、数据预处理、数据特征化、建立模型及评估结果五步。

1. 读取数据

数据准备环节需要梳理分析所需每个条目的数据，为下一步建立模型做好充分预备。这种准备可以分为读取数据和清洗整理数据。

虽然数据清理包含不少常规处理，但是高质量的数据清理工作需要数据准备团队时刻对项目目标了然于心。

2. 数据预处理

工业过程中产生的数据由于传感器故障、人为操作、系统误差、多异构数据源、网络传输乱序等因素极易出现噪声、缺失值、数据不一致的情况，直接用于数据分析会对模型的精度和可靠性产生严重的负面影响。在工业数据分析建模前，需要采用一定的数据预处理技术，对数据进行预处理，来消除数据中的噪声，纠正数据的不一致，识别和删除离群数据，从而提高模型鲁棒性，防止模型过拟合。在实际数据分析工作中涉及的数据预处理技术主要有数据的异常值处理、数据的缺失值处理、数据的归约处理等。

3. 数据特征化

所谓特征，就是能够表征业务问题关键因素的数据字段。原始字段有时不能够有效地表征影响因变量的属性，可采用特征提取技术、特征变换技术，基于原始数据字段加工出有效的高阶特征。特征变换是指对原始数据字段通过映射函数或者某一种特点规则来提取新特征的过程。特征变换的技术主要有概念分层、数据标准化、数据归一化、函数变换等。

4. 建立模型

模型包含分析结构化数据的数据挖掘算法模型、处理非结构化数据的语义引擎、可视化策略等。建立模型时既需要强大的运算能力，又需要专家的主观判断。

5. 评估结果

评估结果阶段主要是评估上述步骤得到的结果是否足够严谨可靠，并确保数据分析结果能够有利于决策。评估结果包括定量评估和定性评估两部分。

（1）定量评估。

定量评估是关注主观标准的可靠性。数据挖掘分析方法在计算上虽然依靠技术，但不少关键节点依靠主观标准。

（2）定性评估。

定性评估的重点是考察大数据分析的结果是否合理、方案是否可行。

在评估大数据分析的结果时，由于定性评估往往需要一段时间之后才能完成，因此将大数据分析结果用于现实时，需要采取审慎步骤。

知识点 3　随机森林模型

1. 决策树算法

（1）决策树算法的基本思想。

决策树思想类似于程序设计中的 if - else 条件分支，属于分类学习方法。

决策树是一种树形结构，其中每个内部节点表示一个属性上的判断，每个分支代表一个判断结果的输出，最后每个叶节点代表一种分类结果，本质上是一棵由多个判断节点组成的树。

例如，决定今天是否去游乐园玩，我们可以画出如图 3-5 所示的一棵决策树。

在决策树中各判断条件的先后顺序可以通过信息论中的信息熵等因素来进行决定。

熵（Entropy）在物理学上是"混乱"程度的量度。系统越有序，熵值越低；系统越混乱或者分散，熵值越高。1948 年香农提出了信息熵的概念。"信息熵"（Information Entropy）是度量样本集合纯度最常用的一种指标。

例如，集合 $A = \{1,2,3,4,5,6,7,8\}$，集合 $B = \{1,1,1,1,2,2,2,2\}$，集合 A 中含有 8 个数字类别，则每个数字类别的概率都是 1/8。而集合 B 中只含有 2 个数字类别，8 个数字中 1 有 4 个，数字 1 的概率为 1/2，数字 2 的概率为 1/2。集合 A 明显比集合 B 更为混乱。

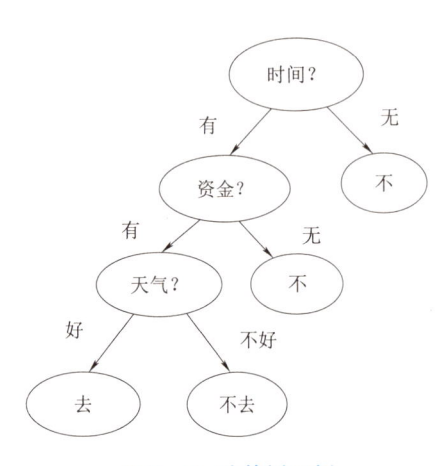

图 3-5 决策树示例

信息熵的计算公式为：

$$\text{Ent}(D) = -\sum_{k=1}^{n} p_k \log_2 p_k$$

其中，p_k 表示第 k 类样本的概率。

因此，对于集合 A，其熵值为：

$$\text{Ent}(A) = -8 \times \left(\frac{1}{8}\log_2 \frac{1}{8}\right) = 3$$

对于集合 B，其熵值为：

$$\text{Ent}(B) = -2 \times \left(\frac{1}{2}\log_2 \frac{1}{2}\right) = 1$$

所以集合 A 的熵大于集合 B 的熵。

（2）决策树的划分依据。

①信息增益（ID3 算法）。

信息增益是指以某特征划分数据集前后的熵的差值。熵可以表示样本集合的不确定性，熵越大，样本的不确定性就越大。因此可以使用划分前后集合熵的差值来衡量使用当前特征对于样本集合 D 划分效果的好坏。

$$\text{信息增益} = \text{Entroy}(\text{前}) - \text{Entroy}(\text{后})$$

特征 a 对训练数据集 D 的信息增益 $\text{Gain}(D,a)$，定义为集合 D 的信息熵 $\text{Ent}(D)$ 与给定特征 a 条件下 D 的信息条件熵 $\text{Ent}(D|a)$ 之差，即公式为：

$$\text{Gain}(D,a) = \text{Ent}(D) - \text{Ent}(D|a) = \text{Ent}(D) - \sum_{v=1}^{V} \frac{D^v}{D}\text{Ent}(D^v)$$

一般而言，属性的信息增益越大，则意味着使用该属性来进行划分的效果越好。因此，我们可用信息增益来进行决策树的划分属性选择，著名的 ID3 决策树学习算法就是以信息增益为准则来选择划分属性。下面举例说明信息增益的计算过程。

如图 3-6 所示，第一列为天气，第二列为温度，第三列为湿度，第四列为风速，最后一列为该活动是否进行。该数据集有四个属性，属性集合 $A = \{$天气，温度，湿度，风速$\}$，类别标签有两个,类别集合 $L = \{进行,取消\}$。

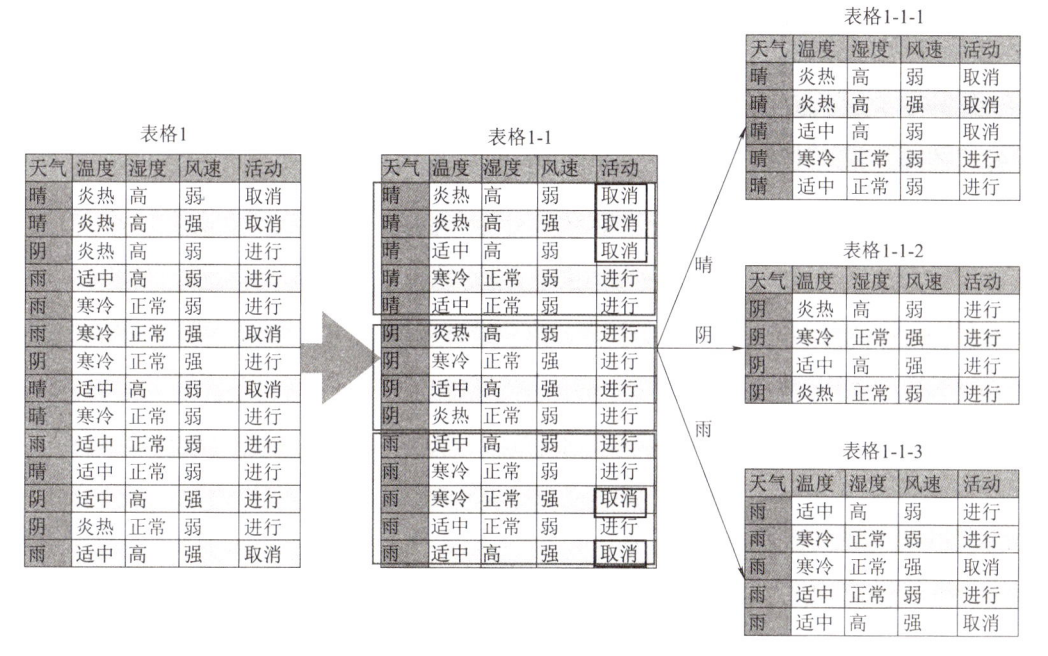

图 3-6 原始分类数据

我们要根据表格数据,判断在对应天气下,活动是否会进行。

首先,我们将数据按照属性重新整理,结果如表 3-1 所示。

表 3-1 整理后的数据

属性	值	进行数量	取消数量	汇总
整体	整体	9	5	14
天气	晴	2	3	5
	阴	4	0	4
	雨	3	2	5
温度	炎热	2	2	4
	适中	4	2	6
	寒冷	3	1	4
湿度	高	3	4	7
	正常	6	1	7
风速	弱	7	2	9
	强	2	3	5

第一步:计算类别信息熵。

类别信息熵表示的是所有样本中各种类别出现的不确定性之和。根据熵的概念,熵越大,不确定性就越大,把事情弄清楚所需要的信息量就越多。

$$\text{Ent}(D) = -\frac{9}{14}\log_2\frac{9}{14} - \frac{5}{14}\log_2\frac{5}{14} = 0.940$$

第二步：计算每个属性的信息熵。

每个属性的信息熵相当于一种条件熵。它表示的是在某种属性的条件下，各种类别出现的不确定性之和。属性的信息熵越大，表示这个属性中拥有的样本类别越不"纯"。

a = "天气"（5 个"晴", 4 个"阴", 5 个"雨"）

$$\text{Ent}(D|a) = \frac{5}{14} \times \left[-\frac{2}{5}\log_2\frac{2}{5} - \frac{3}{5}\log_2\frac{3}{5}\right] + \frac{4}{14} \times \left[-\frac{4}{4}\log_2\frac{4}{4}\right] +$$
$$\frac{5}{14} \times \left[-\frac{2}{5}\log_2\frac{2}{5} - \frac{3}{5}\log_2\frac{3}{5}\right]$$
$$= 0.694$$

a = "温度"（4 个"寒冷", 6 个"适中", 4 个"炎热"）

$$\text{Ent}(D|a) = \frac{4}{14} \times \left[-\frac{2}{4}\log_2\frac{2}{4} - \frac{2}{4}\log_2\frac{2}{4}\right] + \frac{6}{14} \times \left[-\frac{4}{6}\log_2\frac{4}{6} - \frac{2}{6}\log_2\frac{2}{6}\right] +$$
$$\frac{4}{14} \times \left[-\frac{3}{4}\log_2\frac{3}{4} - \frac{1}{4}\log_2\frac{1}{4}\right]$$
$$= 0.911$$

a = "湿度"（7 个"正常", 7 个"高"）

$$\text{Ent}(D|a) = 0.789$$

a = "风速"（9 个"弱", 5 个"强"）

$$\text{Ent}(D|a) = 0.838$$

第三步，计算信息增益。

信息增益 = 熵 - 条件熵，在这里就是类别信息熵 - 属性信息熵，它表示的是信息不确定性减少的程度。如果一个属性的信息增益越大，就表示用这个属性进行样本划分可以更好地减少划分后样本的不确定性，当然，选择该属性就可以更快更好地完成我们的分类目标。信息增益就是 ID3 算法的特征选择指标。

$$\text{Gain}(D, 天气) = 0.940 - 0.694 = 0.246$$
$$\text{Gain}(D, 温度) = 0.940 - 0.911 = 0.029$$
$$\text{Gain}(D, 湿度) = 0.940 - 0.789 = 0.151$$
$$\text{Gain}(D, 风速) = 0.940 - 0.838 = 0.102$$

天气的信息增益比其他特征的信息增益大，也就是说，天气对活动举行的影响比较大。在做特征选择或者数据分析时，我们应该重点考察天气这个指标。

实际上，信息增益准则对可取值数目较多的属性有所偏好，为减少这种偏好可能带来的不利影响，著名的 C4.5 决策树算法不直接使用信息增益，而是使用"增益率"（Gain Ratio）来选择最优划分属性。

假设我们把图 3-6 中表格 1 的数据前面添加一列为"编号"，取值（1~14）。若把"编号"也作为一个候选划分属性，则根据前面的步骤：在计算每个属性的信息熵过程中，我们发现，该属性的值为 0，也就是其信息增益为 0.940。但是很明显这么分类，最后出现的结果不具有泛化效果。此时根据信息增益就无法选择出有效分类特征。所以，C4.5 选择使用信息增益率对 ID3 进行改进。

②信息增益率（C4.5算法）。

增益率是用前面的信息增益 Gain(D, a) 和属性 a 对应的"固有值"（Intrinsic Value）的比值来共同定义的。其计算公式为：

$$\text{Gain\_ratio}(D,a) = \frac{\text{Gain}(D,a)}{IV(a)}$$

其中

$$IV(a) = -\sum_{v=1}^{V} \frac{D^v}{D} \log \frac{D^v}{D}$$

属性 a 的可能取值数目越多（即 V 越大），则 $IV(a)$ 的值通常会越大。

我们仍以上面的天气数据为例，在上面信息增益的基础熵，继续计算其信息增益率。

第四步：计算属性分裂信息度量。

用分裂信息度量来考虑某种属性进行分裂时分支的数量信息和尺寸信息，我们把这些信息称为属性的内在信息。信息增益率用信息增益/内在信息，会导致属性的重要性随着内在信息的增大而减小（也就是说，如果这个属性本身不确定性就很大，那我们就越不倾向于选取它），这样算是对单纯用信息增益有所补偿。

$$IV(\text{天气}) = -\frac{5}{14}\log_2\frac{5}{14} - \frac{5}{14}\log_2\frac{5}{14} - \frac{4}{14}\log_2\frac{4}{14} = 1.577$$

$$IV(\text{温度}) = -\frac{4}{14}\log_2\frac{4}{14} - \frac{6}{14}\log_2\frac{6}{14} - \frac{4}{14}\log_2\frac{4}{14} = 1.556$$

$$IV(\text{湿度}) = -\frac{7}{14}\log_2\frac{7}{14} - \frac{7}{14}\log_2\frac{7}{14} = 1.0$$

$$IV(\text{风速}) = -\frac{9}{14}\log_2\frac{9}{14} - \frac{5}{14}\log_2\frac{5}{14} = 0.940$$

第五步：计算信息增益率。

$$\text{Gain\_ratio}(D, \text{天气}) = \frac{\text{Gain}(D, \text{天气})}{IV(\text{天气})} = \frac{0.246}{1.577} = 0.156$$

$$\text{Gain\_ratio}(D, \text{温度}) = \frac{0.029}{1.556} = 0.019$$

$$\text{Gain\_ratio}(D, \text{湿度}) = \frac{0.151}{1.0} = 0.151$$

$$\text{Gain\_ratio}(D, \text{风速}) = \frac{0.102}{0.940} = 0.109$$

通过计算，我们发现天气的信息增益率最高，选择天气为分裂属性。发现分裂了之后，天气是"阴"的条件下，类别是"纯"的，所以把它定义为叶子节点，选择不"纯"的节点继续分裂。即对天气为晴的节点和天气为雨的节点继续按照上面的五个步骤进行信息增益率的计算，直到所有的叶子节点都变"纯"为止。

③基尼指数（CART算法）。

CART决策树使用"基尼指数"（Gini Index）来选择划分属性。CART 是 Classification and Regression Tree 的简称，这是一种著名的决策树学习算法，分类和回归任务都可用。基尼值 Gini(D)：从数据集 D 中随机抽取两个样本，其类别标记不一致的概率。故，Gini(D) 值越小，数据集 D 的纯度越高。数据集 D 的纯度可用基尼值来度量，其计算公式为：

$$\text{Gini}(D) = \sum_{k=1}^{|y|} \sum_{k' \neq k} p_k p_{k'} = 1 - \sum_{k=1}^{|y|} p_k^2$$

一般,选择使划分后基尼指数最小的属性作为最优化分属性。某个特征的基尼指数计算公式为:

$$\text{Gini\_index}(D,a) = \sum_{v=1}^{V} \frac{D^v}{D} \text{Gini}(D^v)$$

下面我们来看一个以基尼指数为划分依据建立决策树的案例。

表3-2中的数据包含四列信息,分别为是否有房、婚姻状况、年收入及是否拖欠贷款。现在我们根据前三列的信息使用基尼指数来建立决策树,判断客户是否有拖欠贷款的情况。

表3-2 拖欠贷款情况数据

序号	是否有房	婚姻状况	年收入	是否拖欠贷款
1	Yes	Single	125k	No
2	No	Married	100k	No
3	No	Single	70k	No
4	Yes	Married	120k	No
5	No	Divorced	95k	Yes
6	No	Married	60k	No
7	Yes	Divorced	220k	No
8	No	Single	85k	Yes
9	No	Married	75k	No
10	No	Single	90k	Yes

第一次循环:找出基尼指数最小的属性作为决策树的根节点属性。

(a) 计算根节点的基尼值:

$$\text{Gini}(是否拖欠贷款) = 1 - \left(\frac{3}{10}\right)^2 - \left(\frac{7}{10}\right)^2 = 0.42$$

(b) 当根据是否有房来进行划分时,其数据整理如图3-7所示。

	是否拖欠贷款
Yes	3
No	7

		是否有房	
		N1(Yes)	N2(No)
是否拖欠贷款	Yes	0	3
	No	3	4

图3-7 是否有房贷款拖欠情况

其计算过程如下:

$$\text{Gini}(左子节点) = 1 - \left(\frac{0}{3}\right)^2 - \left(\frac{3}{3}\right)^2 = 0$$

$$\text{Gini}(右子节点) = 1 - \left(\frac{3}{7}\right)^2 - \left(\frac{4}{7}\right)^2 = 0.4898$$

$$\text{Gini\_index}(D,是否有房) = \frac{7}{10} \times 0.4898 + \frac{3}{10} \times 0 = 0.343$$

(c) 若按婚姻状况属性来划分，属性婚姻状况有三个可能的取值 {Married, Single, Divorced}，分别计算划分后的基尼系数增益。

分组为 {Married}｜{Single, Divorced} 时，其数据整理如图 3-8 所示。

		是否结婚	
		N1（Yes）	N2（No）
是否拖欠贷款	Yes	0	3
	No	4	3

图 3-8 是否结婚贷款拖欠情况

该分组基尼指数为：

$$\text{Gini\_index}(D,婚姻状况) = \frac{4}{10} \times 0 + \frac{6}{10} \times \left[1 - \left(\frac{3}{6}\right)^2 - \left(\frac{3}{6}\right)^2\right] = 0.3$$

分组为 {Single}｜{Married, Divorced} 时，其数据整理如图 3-9 所示。

		是否单身	
		N1（Yes）	N2（No）
是否拖欠贷款	Yes	2	1
	No	2	5

图 3-9 是否单身贷款拖欠情况

该分组基尼指数为：

$$\text{Gini\_index}(D,婚姻状况) = \frac{4}{10} \times 0.5 + \frac{6}{10} \times \left[1 - \left(\frac{1}{6}\right)^2 - \left(\frac{5}{6}\right)^2\right] = 0.367$$

分组为 {Divorced}｜{Married, Single} 时，其数据整理如图 3-10 所示。

		是否离异	
		N1（Yes）	N2（No）
是否拖欠贷款	Yes	1	2
	No	1	6

图 3-10 是否离异贷款拖欠情况

该分组基尼指数为：

$$\text{Gini\_index}(D,婚姻状况) = \frac{2}{10} \times 0.5 + \frac{8}{10} \times \left[1 - \left(\frac{2}{8}\right)^2 - \left(\frac{6}{8}\right)^2\right] = 0.4$$

对比计算结果，根据婚姻状况属性来划分根节点时取基尼指数最小的分组作为划分结果，即 {Married}｜{Single, Divorced}。

(d) 计算年收入的基尼指数。

对于年收入属性为数值型属性，首先需要对数据按升序排序，然后从小到大依次用相邻值的中间值作为分隔将样本划分为两组。例如当面对年收入为 60 和 70 这两个值时，我们算得其中间值为 65。以中间值 65 作为分割点求出基尼指数。其计算过程为：

节点为65时：{年收入} = $\frac{1}{10} \times 0 - \frac{9}{10} \times \left[1 - \left(\frac{6}{9}\right)^2 - \left(\frac{3}{9}\right)^2\right] = 0.4$

根据年收入计算得到如图 3-11 所示的基尼指数。

是否拖欠贷款	No	No	No	Yes	Yes	Yes	No	No	No	No
年收入	60	70	75	85	90	95	100	120	125	220
相邻值中点	/	65	72.5	80	87.7	92.5	97.5	110	122.5	172.5
基尼指数	/	0.4	0.375	0.343	0.417	0.4	0.3	0.343	0.375	0.4

图 3-11　年收入基尼指数计算结果

根据计算得知，三个属性划分根节点的指数最小的有两个：年收入属性和婚姻状况，它们的指数都为 0.3。此时，选取首先出现的属性 [Married] 作为第一次划分。

第二次循环，采用同样的方法，分别计算剩下属性。

(a) 其中根节点的基尼指数为（此时是否拖欠贷款的各有三个样本）：

$$\text{Gini}(\text{是否拖欠贷款}) = 1 - \left(\frac{3}{6}\right)^2 - \left(\frac{3}{6}\right)^2 = 0.5$$

(b) 对于是否有房属性，可得：

$$\text{Gini\_index}(D, \text{是否有房}) = \frac{2}{6} \times 0 + \frac{4}{6} \times \left[1 - \left(\frac{3}{4}\right)^2 - \left(\frac{1}{4}\right)^2\right] = 0.25$$

(c) 根据年收入情况，计算基尼指数如图 3-12 所示。

是否拖欠贷款	No	Yes	Yes	Yes	No	No
年收入	70	85	90	95	125	220
相邻值中点	/	77.5	87.5	92.5	110	172.5
基尼指数	/	0.4	0.375	0.343	0.417	0.4

图 3-12　第二次年收入基尼指数计算结果

经过本次循环，我们可以发现是否有房的基尼指数小于年收入的基尼指数，因此可以把是否有房作为第二个分类节点，年收入作为最后的分类节点。

经过上面的两次循环，我们可以构建如图 3-13 所示的决策树。

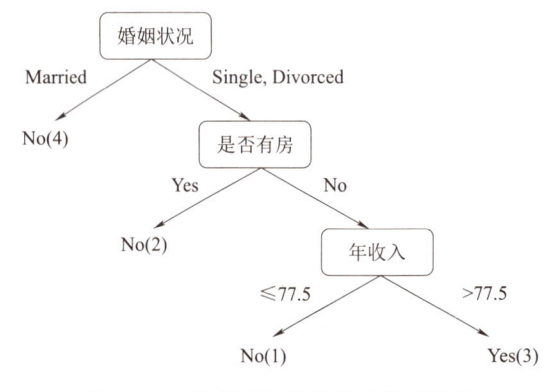

图 3-13　根据基尼指数构建的决策树

上述三种决策树构建算法的对比结果如表 3-3 所示。

表 3-3 三种算法对比

名称	提出时间/年	分支方式	备注
ID3	1975	信息增益	ID3 只能对离散属性的数据集构成决策树
C4.5	1993	信息增益率	优化后解决了 ID3 分支过程中总喜欢偏向选择值较多的属性
CART	1984	基尼指数	可以进行分类和回归，可以处理离散属性，也可以处理连续属性

（3）CART 剪枝方法。

随着决策树节点数目的增加，在训练集上的精度是趋于提升的，但在测试集上的精度却是先提升再下降。其主要原因有以下几个方面：

①噪声、样本冲突，即错误的样本数据。

②特征即属性不能完全作为分类标准。

③巧合的规律性，数据量不够大。

因此我们需要对决策树进行剪枝。常用的剪枝方法有预剪枝和后剪枝。

①预剪枝。

其中的核心思想就是，在每一次实际对节点进行进一步划分之前，先采用验证集的数据来验证如果划分是否能提高划分的准确性。如果不能，就把节点标记为叶节点并退出进一步划分；如果可以就继续递归生成节点。

通过预先设定阈值对决策树进行剪枝，例如：

（a）指定每一个节点所包含的最小样本数目，例如 10，则该节点总样本数小于 10 时，则不再分。

（b）指定树的高度或者深度，例如树的最大深度为 4。

（c）指定节点的熵小于某个值，不再划分。

②后剪枝。

后剪枝则是先从训练集生成一棵完整的决策树，然后自底向上地对非叶节点进行考察，若将该节点对应的子树替换为叶节点能带来泛化性能提升，则将该子树替换为叶节点。

2. Bagging 集成原理

Bagging 全称为 Bootstrap Aggregating，Bagging 的核心在于自助采样（Bootstrap）这一概念，即有放回地从数据集中进行采样，也就是说，同样的一个样本可能被多次进行采样。一个自助采样的小例子是我们希望估计全国所有人口年龄的平均值，那么我们可以在全国所有人口中随机抽取不同的集合（这些集合可能存在交集），计算每个集合的平均值，然后将所有平均值的均值作为估计值。

首先我们随机取出一个样本放入采样集合中，再把这个样本放回初始数据集，重复 K 次采样，最终可以获得一个大小为 K 的样本集合。同样的方法，我们可以采样出 T 个含 K 个样本的采样集合，然后基于每个采样集合训练出一个基学习器，再将这些基学习器进行结合，Bagging 的基本流程如图 3-14 所示。

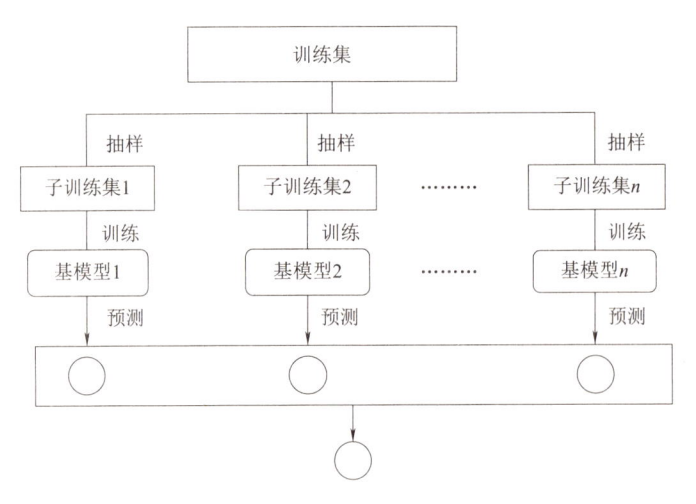

图 3-14 Bagging 的基本流程

对回归问题的预测是通过预测取平均值来进行的。对于分类问题的预测是通过对预测取多数票来进行的。Bagging 方法之所以有效，是因为每个模型都是在略微不同的训练数据集上拟合完成的，这又使每个基模型之间存在略微的差异，使每个基模型拥有略微不同的训练能力。

3. 随机森林算法

在机器学习中，随机森林是一个包含多个决策树的分类器，并且其输出的类别是由个别树输出的类别的众数而定的。图 3-15 展示了随机森林算法的具体流程，其中结合器在分类问题中，选择多数分类结果作为最后的结果，在回归问题中，对多个回归结果取平均值作为最后的结果。

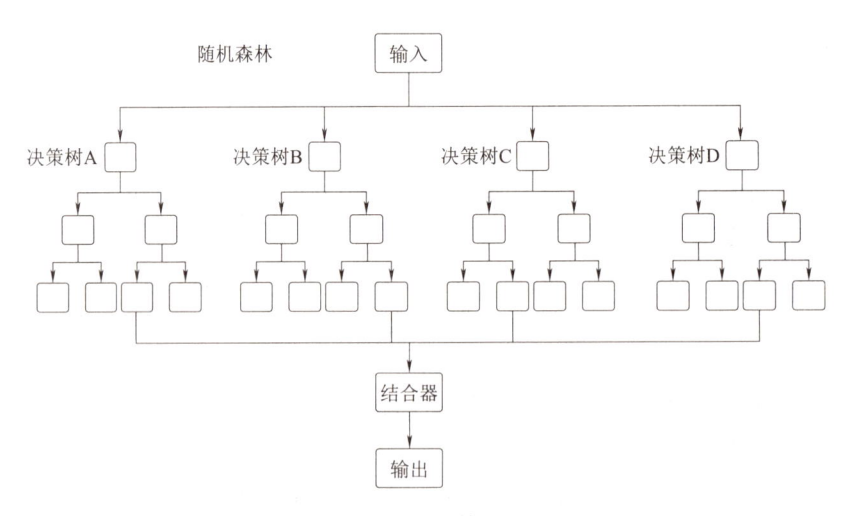

图 3-15 随机森林算法实现流程

随机森林 = Bagging + 决策树。使用 Bagging 算法能减少过拟合的情况，从而带来了更好的性能。单个决策树对训练集的噪声非常敏感，但通过 Bagging 算法降低了训练出的多棵决策树之间的关联性，有效缓解了上述问题。

假设训练集 T 的大小为 N，特征数目为 M，随机森林的大小为 K，随机森林算法的具体步骤如下：

（1）遍历随机森林的大小 K 次。
（2）从训练集 T 中有放回抽样的方式，取样 N 次形成一个新训练集 D。
（3）随机选择 m 个特征，其中 $m < M$。
（4）使用新的训练集 D 和 m 个特征，学习出一棵完整的决策树。

注意：随机森林中取样的样本数和原始样本数一样，并且是有放回地抽样，所以新训练集中会有重复的样本。

随机森林算法有以下优点：
（1）准确率极高。
（2）能够有效地在大数据集上运行。
（3）引入了随机性，不容易过拟合。
（4）随机森林有很好的抗噪声能力，但是在数据噪声比较大的情况下会过拟合。
（5）能处理很高维度的数据，而且不用降维。
（6）不仅能处理离散型数据，还能处理连续型数据，而且不需要将数据集规范化。
（7）训练速度快，能够得到特征重要性排序。
（8）容易实现并行化。
（9）即使对于缺省值问题也能够获得很好的结果。

随机森林算法有以下缺点：
（1）牺牲了决策树的可解释性。
（2）在某些噪声较大的分类或回归问题上会过拟合。
（3）对小数据集无法实现较好的分类。

4. 随机森林 API 介绍

随机森林模型的分类 API 如下：

sklearn. ensemble. RandomForestClassifier（n_estimators = 10，criterion = 'gini'，max_depth = None，max_features = "auto"，bootstrap = True，random_state = None，min_samples_split = 2）

主要参数含义如下：

（1）n_estimators：integer，optional（default = 10）森林里的树的数量，如 120，200，300，500，800，1 200。
（2）criterion：string，可选（default = "gini"）分割特征的测量方法。
（3）max_depth：integer 或 None，可选（默认 = 无）树的最大深度，如 5，8，15，25，30。
（4）max_features = "auto"，每棵决策树的最大特征数量：
如果为 "auto" 或 sqrt，max_features = sqrt（n_features），如果为 "log2"，max_features = log2（n_features），如果为 None，max_features = n_features。
（5）bootstrap：boolean，optional（default = True）是否在构建树时使用放回抽样。
（6）min_samples_split：节点划分最少样本数。
（7）min_samples_leaf：叶子节点的最小样本数。

超参数：n_estimator，max_depth，min_samples_split，min_samples_leaf。

5. 随机森林模型使用案例

下面我们通过随机森林模型对房价进行预测。

```
In[1]:#导入工具包
% matplotlib inline
import matplotlib.pyplot as plt
import pandas as pd
In[2]:#导入数据集,查看数据属性
from sklearn.datasets import fetch_california_housing
housing = fetch_california_housing()
print(housing.DESCR)
Out[2]:
```

```
.. _california_housing_dataset:

California Housing dataset
--------------------------

**Data Set Characteristics:**

    :Number of Instances: 20640

    :Number of Attributes: 8 numeric, predictive attributes and the target

    :Attribute Information:
        - MedInc        median income in block
        - HouseAge      median house age in block
        - AveRooms      average number of rooms
        - AveBedrms     average number of bedrooms
        - Population    block population
        - AveOccup      average house occupancy
        - Latitude      house block latitude
        - Longitude     house block longitude

    :Missing Attribute Values: None

This dataset was obtained from the StatLib repository.
http://lib.stat.cmu.edu/datasets/

The target variable is the median house value for California districts.

This dataset was derived from the 1990 U.S. census, using one row per census
block group. A block group is the smallest geographical unit for which the U.S.
Census Bureau publishes sample data (a block group typically has a population
of 600 to 3,000 people).

It can be downloaded/loaded using the
:func:`sklearn.datasets.fetch_california_housing` function.

.. topic:: References

    - Pace, R. Kelley and Ronald Barry, Sparse Spatial Autoregressions,
      Statistics and Probability Letters, 33 (1997) 291-297
```

In[3]:#查看数据形状
housing.data.shape
Out[3]:
(20640,8)
In[4]:#查看第一行数据
housing.data[0]
Out[4]:
array([8.3252   ,   41.   ,   6.98412698,   1.02380952,
        322.   ,   2.55555556,   37.88   , -122.23   ])
In[5]:#选取两个特征,使用决策树模型进行训练
from sklearn import tree
dtr = tree.DecisionTreeRegressor(max_depth = 2)
dtr.fit(housing.data[:,[1,2]],housing.target)
Out[5]:
DecisionTreeRegressor(max_depth = 2)
In[6]:#要可视化显示,首先需要安装 graphviz,下载地址 http://www.graphviz.org/Download.php
import os
os.environ["PATH"] + = os.pathsep + 'C:/Program Files/Graphviz/bin'
dot_data = \
    tree.export_graphviz(
        dtr,
        out_file = None,
        feature_names = housing.feature_names[1:3],
        filled = True,
        impurity = False,
        rounded = True
)
In[7]:#画出决策树,先要安装 pip install pydotplus
import pydotplus
graph = pydotplus.graph_from_dot_data(dot_data)
from IPython.display import Image
Image(graph.create_png())
Out[7]:

```
                    AveRooms<=6.374
                    samples=20 640
                    value=2.069
                   True /      \ False
         HouseAge<=51.5          HouseAge<=29.5
         samples=16 953          samples=3 687
         value=1.882             value=2.924
         /         \             /         \
samples=15 880  samples=1 073  samples=2 657  samples=1 030
value=1.838     value=2.535    value=2.676    value=3.563
```

```
In[8]:#保存图片
graph.write_png("dtr_white_background.png")
Out[8]:
True
In[9]:#使用决策树模型对房价数据进行预测,并显示模型得分
from sklearn.model_selection import train_test_split
data_train,data_test,target_train,target_test = train_test_split(housing.data,housing.target,test_size = 0.1,random_state = 42)
dtr = tree.DecisionTreeRegressor(random_state = 42)
dtr.fit(data_train,target_train)
dtr.score(data_test,target_test)
Out[9]:
0.6310922690494536
In[10]:
#使用随机森林模型对房价数据进行预测,并显示模型得分
from sklearn.ensemble import RandomForestRegressor
rfr = RandomForestRegressor( random_state = 42)
rfr.fit(data_train,target_train)
rfr.score(data_test,target_test)
Out[10]:
0.8103647255362918
In[11]:
#使用 GridSearchCV 调参预测
from sklearn.model_selection import GridSearchCV
tree_param_grid =
{'min_samples_split':list((3,6,9)),'n_estimators':list((10,50,100))}
grid = GridSearchCV(RandomForestRegressor(),param_grid = tree_param_grid,cv = 5)
grid.fit(data_train,target_train)
grid.cv_results_['mean_test_score'],grid.cv_results_['params']
Out[11]:
(array([0.78730103,0.80409955,0.80761814,0.78596338,0.80501598,
        0.80632349,0.78975351,0.80452165,0.80611021]),
[{'min_samples_split':3,'n_estimators':10},
 {'min_samples_split':3,'n_estimators':50},
 {'min_samples_split':3,'n_estimators':100},
 {'min_samples_split':6,'n_estimators':10},
 {'min_samples_split':6,'n_estimators':50},
 {'min_samples_split':6,'n_estimators':100},
 {'min_samples_split':9,'n_estimators':10},
 {'min_samples_split':9,'n_estimators':50},
 {'min_samples_split':9,'n_estimators':100}])
```

In[12]:
#使用调参结果进行预测
rfr = RandomForestRegressor(min_samples_split = 3,n_estimators = 100,random_state = 42)
rfr. fit(data_train,target_train)
rfr. score(data_test,target_test)
Out[12]:
0. 8096755084021448
In[13]:#按照特征的重要性排序输出
pd. Series(rfr. feature_importances_,index = housing. feature_names). sort_values(ascending = False)
Out[13]:
MedInc   0.524244
AveOccup   0.137907
Latitude   0.090685
Longitude   0.089255
HouseAge   0.053957
AveRooms   0.044554
Population 0.030329
AveBedrms   0.029069
dtype:float64

知识点 4　　XGBoost 简介

1. Boosting 集成原理

之前我们讨论的 Bagging 集成算法是将几个弱分类器通过并行方式采样训练，最后通过平权投票获得最终预测结果的方式。Boosting 是采用串行方式让弱分类器的学习过程逐步增强的集成方法。Bagging 集成方法可以解决机器学习中过拟合的问题，而 Boosting 集成方法主要解决了欠拟合的问题。

Boosting 方法训练过程如下：

（1）在整个数据集上训练模型 h1。

（2）对 h1 预测错误的数据上加权重，预测正确的数据上减权重，调整数据分布，这样错误数据会得到更多关注。然后在调整分布后的数据上训练模型 h2。

（3）重复（2），直到模型达到指定数量 T 为止。

（4）将这 T 个模型的学习结果加权投票得到最终结果。其中准确率高的模型投票权重高，准确率低的模型投票权重低。

2. GBDT 简介

梯度提升决策树（Gradient Boosting Decision Tree，GBDT）是一种迭代的决策树算法，该算法由多棵决策树组成，所有树的结论累加起来为最终答案。它在被提出之初就被认为是泛化能力（Generalization）较强的算法。近些年更因为被用于搜索排序的机器学习模型而引起大家关注。GBDT = 梯度下降 + Boosting + 决策树，其计算过程如图 3-16 所示。

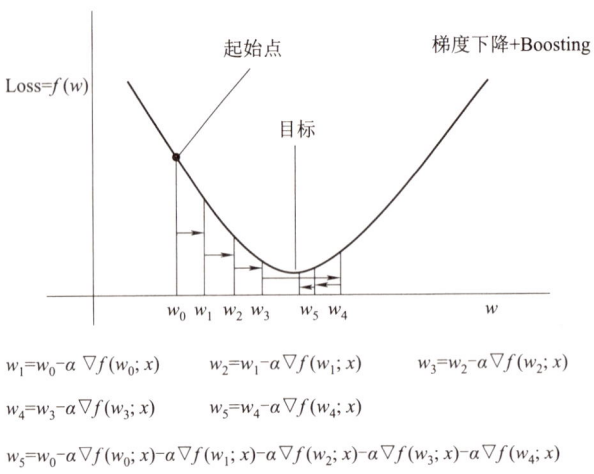

$w_1=w_0-\alpha \nabla f(w_0;x)$ $w_2=w_1-\alpha \nabla f(w_1;x)$ $w_3=w_2-\alpha \nabla f(w_2;x)$

$w_4=w_3-\alpha \nabla f(w_3;x)$ $w_5=w_4-\alpha \nabla f(w_4;x)$

$w_5=w_0-\alpha \nabla f(w_0;x)-\alpha \nabla f(w_1;x)-\alpha \nabla f(w_2;x)-\alpha \nabla f(w_3;x)-\alpha \nabla f(w_4;x)$

图 3-16　GBDT 计算过程

GBDT 算法是模型为加法模型、学习算法为前向分步算法、基函数为 CART 树（树是回归树）、损失函数为平方损失函数的回归问题，为指数函数的分类问题和为一般损失函数的一般决策问题。梯度提升算法是通过算梯度来定位模型的不足。

当 GBDT 的损失函数是平方损失时，即 $L(y,f(x)) = \frac{1}{2}(y-f(x))^2$ 时，则负梯度 $-\frac{\partial L}{\partial f(x)} = y - f(x)$，$y-f(x)$ 即我们所说的残差，而 GBDT 的思想就是在每次迭代中拟合残差来学习一个弱学习器。而残差的方向即我们全局最优的方向。

在 sklearn 中梯度提升回归树有四种可选的损失函数，分别为"ls：平方损失""lad：绝对损失""huber：huber 损失""quantile：分位数损失"；而在 sklearn 中梯度提升分类树有两种可选的损失函数（分类对应的损失函数类别一般是指数函数），一种是"exponential：指数损失"，一种是"deviance：对数损失"。

回归任务中，平方损失函数的 GBDT 算法描述如下：

输入：训练数据集 $T = \{(x_1,y_1),(x_2,y_2),\cdots,(x_N,y_N)\}$，损失函数为 $L(y,f(x)) = (y-f(x))^2$；

输出：回归树 $F(x)$。

（1）初始化（当损失函数为平方损失时，节点的平均值即该节点中使损失函数达到最小值的最优预测值）：

$$f_0(x) = \bar{y}$$

（2）对 $m = 1, 2, \cdots, M$：

①对样本 $i = 1, 2, \cdots, N$，计算伪残差（对于平方损失来说，伪残差就是真残差）：

$$r_{mi} = -\left[\frac{\partial L(y_i,f(x_i))}{\partial f((x_i))}\right]f(x) = f_{m-1}(x) = y - f(x_i)$$

②对 $\{(x_1,r_{m1}),\cdots,(x_N,r_{mN})\}$ 拟合一棵回归树，得到第 m 棵树的叶节点区域 R_{mj}，$j = 1, 2, \cdots, J$。

③对 $j = 1, 2, \cdots, J$，利用线性搜索，估计叶节点区域的值，使损失函数最小化，计

算 $c_{mj} = \frac{1}{K} \sum_{x_i \in R_{mj}} (y_i - f(x_i))$，$K$ 表示第 m 棵树的第 j 个节点中的样本数量（为什么要除以 k？因为节点的平均值为该节点中的最优预测值）。

上式表示 c_{mj} 的取值为第 m 棵树的第 j 个叶节点中伪残差的平均数。

④更新：

$$f_m(x) = f_{m-1}(x) + \sum_{j}^{j=1} c_{mj} I(x \in R_{mj})$$

（3）得到最终的回归树：

$$f(x) = \sum_{m=1}^{M} \sum_{j=1}^{J} c_{mj} I(x \in R_{mj})$$

其中，c_{mj} 为预测值。

下面来看一个预测任务案例。

如表 3-4 所示，是一组人员的年龄、体重和身高值。现在我们要根据前四行数据预测编号为 5 的人员的身高。

表 3-4 初始数据集

编号	年龄/岁	体重/kg	身高/m
1	5	20	1.1
2	7	30	1.3
3	21	70	1.7
4	30	60	1.8
5	25	65	?

第一步：计算损失函数（平方损失），并求出第一个预测值。

损失函数为：

$$\text{Loss} = \frac{1}{2m} \sum_{i=1}^{m} (y - y')^2$$

对 y' 求偏导可得：

$$\frac{\partial \text{Loss}}{\partial y'} = -\frac{1}{m} \sum_{i=1}^{m} (y - y')$$

令偏导为 0，即可求出最佳预测值，如下所示：

$$\frac{\partial \text{Loss}}{\partial y'} = \frac{(1.1 - y') + (1.3 - y') + (1.7 - y') + (1.8 - y')}{4} = 0$$

通过上式，我们可计算出 $y' = 1.475$，即第一次预测值为 $h_0(x) = 1.475$。

根据第一步的计算结果重构目标值，得到如图 3-17 所示的数据集。

真实身高	预测身高	误差值
1.1	1.475	-0.375
1.3	1.475	-0.175
1.7	1.475	0.225
1.8	1.475	0.325

重构目标值 →

编号	年龄	体重	目标值
1	5	20	-0.375
2	7	30	-0.175
3	21	70	0.225
4	30	60	0.325
5	25	65	?

图 3-17 重构数据集

第二步：求解划分点。

我们计算表 3-4 数据集中每个划分点的纯度，如表 3-5 所示。

表 3-5 计算划分点纯度

划分点	小于划分点	大于划分点	纯度（使用方差）
年龄 5	无	1，2，3，4	0.082
年龄 7	1	2，3，4	0.047
年龄 21	1，2	3，4	0.012 5
年龄 30	1，2，3	4	0.062
体重 20	无	1，2，3，4	0.082
体重 30	1	2，3，4	0.047
体重 70	1，2	3，4	0.012 5
体重 60	1，2，4	3	0.086 7

年龄为 5 的划分点纯度计算过程为：

①年龄小于 5 的划分点没有，所以左分支为 0。

②年龄大于 5 的划分点有 4 个，分别为：-0.375，-0.175，0.225，0.325，先计算其平均值为 0，然后计算其均方差为：

$$\frac{(-0.375-0)^2+(-0.175-0)^2+(0.225-0)^2+(0.325-0)^2}{4}=0.082$$

所以年龄为 5 的划分点纯度为 0.082。

年龄为 21 的划分点纯度计算过程为：

①年龄小于 21 的划分点有 2 个，分别为：-0.375 和 -0.175，计算其均值为 -0.275。计算其均方差为：$\frac{(-0.375+0.275)^2+(-0.175+0.275)^2}{2}=0.01$。

②年龄大于 21 的划分点有 2 个，分别为：0.225 和 0.325，计算其均值为 0.275。计算其均方差为：$\frac{(0.225-0.275)^2+(0.325-0.275)^2}{2}=0.002\ 5$。

③年龄为 21 的划分点纯度 = 0.01 + 0.002 5 = 0.012 5。

其余划分点纯度计算方法一样。

第三步：根据划分点构建决策树，重新进行预测。

根据表 3-5 中的数据，我们可以发现纯度值最低的为年龄为 21 的划分点和体重为 70 的划分点。下面我们选择年龄为 21 的划分点构建决策树进行预测，得到新的预测值，计算过程如图 3-18 所示。

通过计算我们可得新的预测值 $h_1(x)$：

$$h_1(x)=\begin{cases}-0.275, & 年龄<21 \\ 0.275, & 年龄\geqslant 21\end{cases}$$

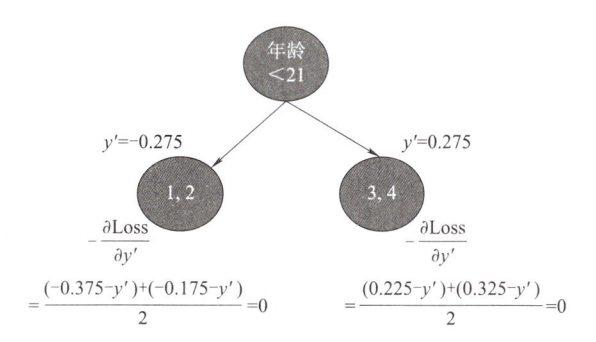

图 3–18 根据划分得到新的预测值

根据新的预测值，重构目标值，得到新的数据集，如图 3–19 所示。

图 3–19 重构目标值

第四步：使用新的数据集进行预测，假设第二次划分点为体重为 30 的节点。与上面类似，我们可以得到新的预测值，如图 3–20 所示。

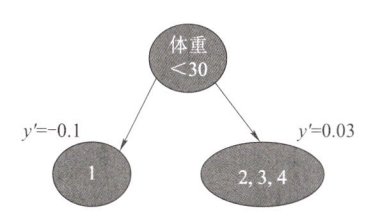

图 3–20 划分点为体重为 30

所以新的预测值为：

$$h_2(x) = \begin{cases} -0.1, & \text{体重} < 30 \\ 0.03, & \text{体重} \geq 30 \end{cases}$$

第五步：综合上面的预测结果得到最终结果。计算公式为：

$$H(x) = h_0(x) + h_1(x) + h_2(x) + h_3(x) + h_4(x) + \cdots$$

即：

$$H(x) = 1.475 + \begin{cases} -0.1, & \text{体重} < 30 \\ 0.03, & \text{体重} \geq 30 \end{cases} + \begin{cases} -0.275, & \text{年龄} < 21 \\ 0.275, & \text{年龄} \geq 21 \end{cases}$$

所以编号为 5 的人员身高为 1.475 + 0.275 + 0.03 = 1.78。

以上就是 GBDT 算法计算回归任务的过程。

3. XGBoost 简介

作为 GBDT 的高效实现,XGBoost 是一个上限特别高的算法,因此在算法竞赛中比较受欢迎。简单来说,对比原算法 GBDT,XGBoost 主要从下面三个方面做了优化:

一是算法本身的优化:在算法的弱学习器模型选择上,对比 GBDT 只支持决策树,还可以使用很多其他弱学习器。在算法的损失函数上,除了本身的损失,还加上了正则化部分。在算法的优化方式上,GBDT 的损失函数只对误差部分做负梯度(一阶泰勒)展开,而 XGBoost 损失函数对误差部分做二阶泰勒展开,更加准确。

二是算法运行效率的优化:对每个弱学习器(例如决策树建立的过程)做并行选择,找到合适的子树分裂特征和特征值。在并行选择之前,先对所有的特征值进行排序分组,方便前面说的并行选择。对分组的特征,选择合适的分组大小,使用 CPU 缓存进行读取加速。将各个分组保存到多个硬盘以提高 IO 速度。

三是算法健壮性的优化:对于缺失值的特征,通过枚举所有缺失值在当前节点是进入左子树还是右子树来决定缺失值的处理方式。算法本身加入了 L1 和 L2 正则化项,可以防止过拟合,泛化能力更强。

4. XGBoost API 参数简介

首先 XGBoost 有两种接口,XGBoost 自带 API 和 Scikit–Learn 的 API,具体用法有细微的差别但不大。我们要想训练出不错的模型,必须给参数传递合适的值。

XGBoost 中封装了很多参数,主要由三种类型构成:通用参数(General Parameters)、提升器参数(Booster Parameters)和任务参数(Task Parameters)。

(1)通用参数:与我们用于提升的提升器有关,通常是树模型或线性模型,具体参数内容如下:

①booster。

gbtree 树模型作为基分类器(默认);

gbliner 线性模型作为基分类器;

verbosity 打印消息日志等级;

verbosity = 0 时,表示静默;

verbosity = 1 时,表示警告(默认);

verbosity = 2 时,表示消息;

verbosity = 3 时,表示调试。

②nthread。

nthread = -1 时,使用全部 CPU 进行并行运算(默认);

nthread = 1 时,使用 1 个 CPU 进行运算。

③scale_pos_weight。

正样本的权重,在二分类任务中,当正负样本比例失衡时,设置正样本的权重,模型效果更好。例如,当正负样本比例为 1:10 时,scale_pos_weight = 10。

(2)提升器参数:取决于选择的 booster 类型,用于控制每一步的 booster(tree,regressiong)。

①n_estimatores。

含义:总共迭代的次数,即决策树的个数。

调参：early_stopping_rounds。

含义：在验证集上，当连续 n 次迭代，分数没有提高后，提前终止训练。

调参：防止 overfitting。

②max_depth。

含义：树的深度，默认值为 6，典型值 3~10。和 GBM 中的参数相同，这个值为树的最大深度。这个值也是用来避免过拟合的。max_depth 越大，模型会学到更具体、更局部的样本。需要使用 cv 函数来进行调优。

调参：值越大，越容易过拟合；值越小，越容易欠拟合。

③min_child_weight。

含义：默认值为 1。决定最小叶子节点样本权重和。和 GBM 的 min_child_leaf 参数类似，但不完全一样。XGBoost 的这个参数是最小样本权重的和，而 GBM 参数是最小样本总数。这个参数用于避免过拟合。当它的值较大时，可以避免模型学习到局部的特殊样本。但是如果这个值过高，会导致欠拟合。这个参数需要使用 cv 来调整。

调参：值越大，越容易欠拟合；值越小，越容易过拟合（值较大时，避免模型学习到局部的特殊样本）。

④max_delta_step。

含义：这个参数限制每棵树权重改变的最大步长。如果这个参数的值为 0，那就意味着没有约束。如果它被赋予了某个正值，那么它会让这个算法更加保守。通常，这个参数不需要设置。但是当各类别的样本十分不平衡时，它对逻辑回归是很有帮助的。这个参数一般用不到，但是你可以挖掘出它更多的用处。

⑤subsample。

含义：训练每棵树时，使用的数据占全部训练集的比例。默认值为 1，典型值为 0.5~1。和 GBM 中的 subsample 参数一模一样。这个参数控制对于每棵树，均采取随机采样的比例。减小这个参数的值，算法会更加保守，避免过拟合。但是，如果这个值设置得过小，它可能会导致欠拟合。

调参：防止 overfitting。

colsample_bytree，colsample_bylevel，colsample_bynode［默认 = 1］这是对列的子采样参数家族，所有的 colsample_by * 参数的范围均为（0，1），默认值为 1。

⑥colsample_bytree。

含义：训练每棵树时，使用的特征占全部特征的比例。默认值为 1，典型值为 0.5~1。和 GBM 里面的 max_features 参数类似，用来控制每棵树随机采样的列数的占比（每一列是一个特征）。

调参：防止 overfitting。

⑦colsample_bylevel。

用来控制树的每一级的每一次分裂，对列数的采样的占比。一般不太用这个参数。

⑧colsample_bynode。

这是每个节点（拆分）的列的子采样率。每次评估新的拆分时，都会发生一次子采样。列是从为当前级别选择的列集中进行二次采样的。

(3) 任务参数：控制训练目标的表现。

①learning_rate。

含义：学习率，控制每次迭代更新权重时的步长，默认 0.3。

调参：值越小，训练越慢。

典型值为 0.01~0.2。

②objective 目标函数。

根据不同任务类型可设置参数如下：

回归任务：

reg：linear（默认）；

reg：logistic。

二分类：

binary：logistic 概率；

binary：logitraw 类别。

多分类：

multi：softmax num_class = n 返回类别；

multi：softprob num_class = n 返回概率；

rank：pairwise。

③eval_metric。

校验数据所需要的评价指标，不同的目标函数将会有缺省的评价指标（rmse for regression，and error for classification，mean average precision for ranking）。

用户可以添加多种评价指标，对于 Python 用户要以 list 传递参数对给程序，而不是 map 参数。

可供的选择如下：

回归任务（默认 rmse）：

rmse——均方根误差；

mae——平均绝对误差。

分类任务（默认 error）：

auc——roc 曲线下面积；

error——错误率（二分类）；

merror——错误率（多分类）；

logloss——负对数似然函数（二分类）；

mlogloss——负对数似然函数（多分类）。

④gamma。

惩罚项系数，指定节点分裂所需的最小损失函数下降值。在节点分裂时，只有分裂后损失函数的值下降了，才会分裂这个节点。gamma 指定了节点分裂所需的最小损失函数下降值。这个参数的值越大，算法越保守。这个参数的值和损失函数息息相关，所以是需要调整的。

调参：

alpha：L1 正则化系数，默认为 1。

lambda：L2 正则化系数，默认为 1。

用于处理 XGBoost 的正则化部分。通常不使用，但可以用来降低过拟合。

lambda_bias：在偏置上的 L2 正则。缺省值为 0（在 L1 上没有偏置项的正则，因为 L1 偏置时不需要）。

5. XGBoost 模型使用案例

代码主要用到的函数包括以下几种：

①载入数据：load_digits（）；
②数据拆分：train_test_split（）；
③建立模型：XGBClassifier（）；
④模型训练：fit（）；
⑤模型预测：predict（）；
⑥性能度量：accuracy_score（）；
⑦特征重要性：plot_importance（）。

（1）基于 XGBoost 原生接口的分类任务。

我们基于 sklearn 自带的 iris 数据集，用 XGBoost 的原生接口完成分类任务。

```
In[1]:#导入工具包
from sklearn.datasets import load_iris
import xgboost as xgb
from xgboost import plot_importance
import matplotlib.pyplot as plt
from sklearn.model_selection import train_test_split
from sklearn.metrics import accuracy_score   # 准确率
In[2]:# 装载样本数据集
iris = load_iris()
X,y = iris.data,iris.target
In[3]:# 数据集分割
X_train,X_test,y_train,y_test =
train_test_split(X,y,test_size = 0.2,random_state = 123457)
In[4]:# 设置算法参数
params = {
    'booster':'gbtree',
    'objective':'multi:softmax',
    'num_class':3,
    'gamma':0.1,
    'max_depth':6,
    'lambda':2,
    'subsample':0.7,
    'colsample_bytree':0.7,
    'min_child_weight':3,
    'verbosity':0
    'eta':0.1,
```

```
        'seed':1000,
        'nthread':4,
}
plst = list(params.items())#将参数转变为列表形式
In[5]:# 构造训练集
dtrain = xgb.DMatrix(X_train,y_train)
num_rounds = 500 #迭代次数,对于分类问题,指每个类别的迭代次数,所以总的基学习器的个数 = 迭代次数 * 类别个数
In[6]:# xgboost 模型训练
model = xgb.train(plst,dtrain,num_rounds)
In[7]:# 对测试集进行预测
dtest = xgb.DMatrix(X_test)
y_pred = model.predict(dtest)
In[8]:# 计算准确率
accuracy = accuracy_score(y_test,y_pred)
print('accuarcy:%.2f%% '% (accuracy* 100))
Out[8]:
accuarcy:93.33%
In[9]:# 显示重要特征
plot_importance(model)
plt.show()
Out[9]:
```

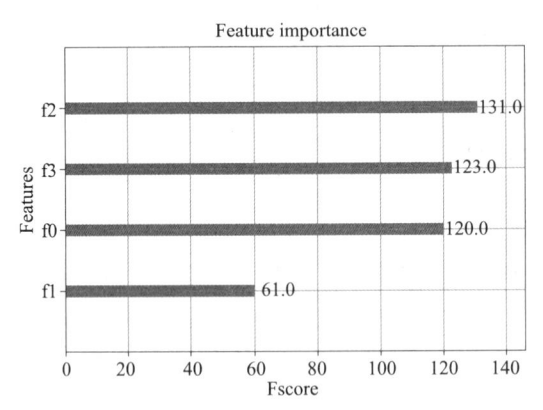

（2）基于 XGBoost 原生接口的回归任务。

使用 XGBoost 原生接口，完成波士顿房价预测任务。

```
In[1]:#导入工具包
import xgboost as xgb
from xgboost import plot_importance
from matplotlib import pyplot as plt
from sklearn.model_selection import train_test_split
from sklearn.datasets import load_boston
from sklearn.metrics import mean_squared_error
In[2]:# 加载数据集,此数据集是做回归的
```

```
boston = load_boston()
X,y = boston.data,boston.target
In[3]:#划分训练集和测试集
X_train,X_test,y_train,y_test =
train_test_split(X,y,test_size = 0.2,random_state = 0)
In[4]:# 设置算法参数
params = {
    'booster':'gbtree',
    'objective':'reg:gamma',
    'gamma':0.1,
    'max_depth':5,
    'lambda':3,
    'subsample':0.7,
    'colsample_bytree':0.7,
    'min_child_weight':3,
    'slient':1,
    'eta':0.1,
    'seed':1000,
    'nthread':4,
}
In[5]:# 构建训练数据集格式,并进行模型训练
dtrain = xgb.DMatrix(X_train,y_train)
num_rounds = 300
plst = list(params.items())
model = xgb.train(plst,dtrain,num_rounds)
In[6]:# 对测试集进行预测
dtest = xgb.DMatrix(X_test)
ans = model.predict(dtest)
ans
Out[6]:
array([24.529696,25.441229,22.997215,10.002153,21.790796,20.116774,
       21.334717,21.267242,23.146925,18.025772,6.931997, 13.457732,
       16.741743,8.761117, 47.216133,33.44642, 20.98024, 35.829884,
       26.045221,22.05004, 23.165943,22.137238,20.782059,25.159426,
       20.614748,18.456858,18.46999, 16.14782, 41.08046, 19.567263,
       16.44596, 17.273933,20.807175,21.076946,24.264149,17.073784,
       8.84175,  19.785372,14.704401,16.886984,23.374744,20.944765,
       23.269962,16.084259,23.651857,22.89256, 19.398863,17.030125,
       16.161797,24.453043,15.771255,18.841145,21.688274,39.280518,
       15.356082,19.237669,20.062798,19.838787,14.127292,19.51451,
       22.711603,20.81823, 32.405396,31.137049,16.178825,29.590216,
       17.876879,18.588127,15.148334,21.441982,21.830774,23.57225,
       25.84675, 30.713459,26.233824,8.762589, 42.28111, 22.475468,
```

```
          24.37052, 20.847168,26.219141,18.113638,17.488657,41.82507,
          41.102375,23.017927,22.905106,14.441028,24.870087,16.07044,
          17.451445,11.756051,23.264183,28.701096,21.126,   21.617641,
          11.613101,24.181229,14.584945,19.623264,24.242413,21.456337],
       dtype=float32)
```
In[7]:# 显示重要特征
plot_importance(model)
plt.show()
Out[7]:

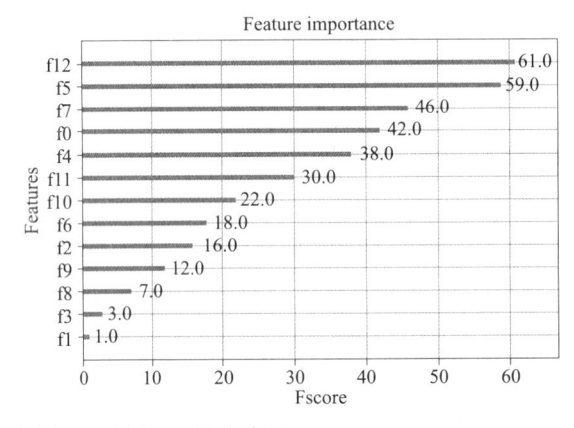

Feature importance
- f12: 61.0
- f5: 59.0
- f7: 46.0
- f0: 42.0
- f4: 38.0
- f11: 30.0
- f10: 22.0
- f6: 18.0
- f2: 16.0
- f9: 12.0
- f8: 7.0
- f3: 3.0
- f1: 1.0

（3）XGBoost 使用 sklearn 的接口分类任务。

下面我们基于 sklearn 接口使用 XGBoost 算法进行 iris 数据分类任务。

In[1]:#导入工具包
```
from sklearn.datasets import load_iris
import xgboost as xgb
from xgboost import plot_importance
from matplotlib import pyplot as plt
from sklearn.model_selection import train_test_split
from sklearn.metrics import accuracy_score
```
In[2]:# 加载样本数据集
```
iris = load_iris()
X,y = iris.data,iris.target
X_train,X_test,y_train,y_test = train_test_split(X,y,test_size=0.2,random_state=1343)
```
In[3]:# 训练模型
```
model = xgb.XGBClassifier(max_depth=5,learning_rate=0.1,n_estimators=160,silent=True,
objective='multi:softmax')
```
Out[3]:
```
XGBClassifier(base_score=0.5,booster='gbtree',callbacks=None,
              colsample_bylevel=1,colsample_bynode=1,colsample_bytree=1,
              early_stopping_rounds=None,enable_categorical=False,
              eval_metric=None,gamma=0,gpu_id=-1,grow_policy='depthwise',
              importance_type=None,interaction_constraints='',
```

```
                        learning_rate = 0.1,max_bin = 256,max_cat_to_onehot = 4,
                        max_delta_step = 0,max_depth = 5,max_leaves = 0,min_child_weight = 1,
                        missing = nan,monotone_constraints = '()',n_estimators = 160,
                        n_jobs = 0,num_parallel_tree = 1,objective = 'multi:softmax',
                        predictor = 'auto',random_state = 0,reg_alpha = 0,...)
In[4]:# 对测试集进行预测
y_pred = model.predict(X_test)
In[5]:#计算准确率
accuracy = accuracy_score(y_test,y_pred)
print('accuracy:% 2.f% % '% (accuracy* 100))
Out[5]:
accuracy:100%
In[6]:# 显示重要特征
plot_importance(model)
plt.show()
Out[6]:
```

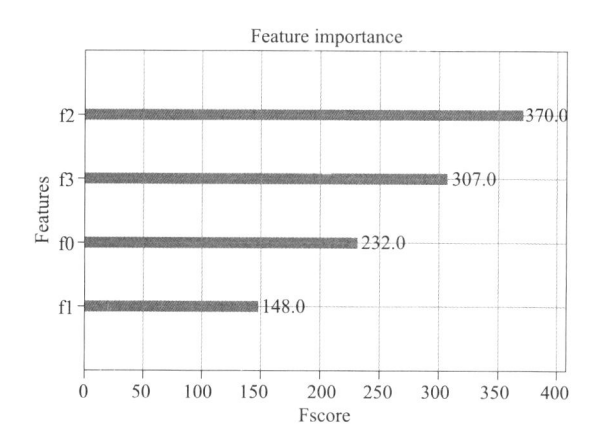

Feature importance

(4) XGBoost 使用 sklearn 的接口回归任务。

下面我们基于 sklearn 接口使用 XGBoost 算法进行 boston 数据集的预测任务。

```
In[1]:#导入工具包
import xgboost as xgb
from xgboost import plot_importance
from matplotlib import pyplot as plt
from sklearn.model_selection import train_test_split
from sklearn.datasets import load_boston
In[2]:# 导入数据集
boston = load_boston()
X,y = boston.data,boston.target
In[3]:# Xgboost 训练过程
X_train,X_test,y_train,y_test = train_test_split(X,y,test_size = 0.2,random_state = 0)
model = xgb.XGBRegressor(max_depth = 5,learning_rate = 0.1,n_estimators = 160,silent = True,
```

```
                        objective = 'reg:gamma')
    model.fit(X_train,y_train)
    Out[3]:
    XGBRegressor(base_score = 0.5,booster = 'gbtree',callbacks = None,
                 colsample_bylevel = 1,colsample_bynode = 1,colsample_bytree = 1,
                 early_stopping_rounds = None,enable_categorical = False,
                 eval_metric = None,gamma = 0,gpu_id = -1,grow_policy = 'depthwise',
                 importance_type = None,interaction_constraints = '',
                 learning_rate = 0.1,max_bin = 256,max_cat_to_onehot = 4,
                 max_delta_step = 0,max_depth = 5,max_leaves = 0,min_child_weight = 1,
                 missing = nan,monotone_constraints = '()',n_estimators = 160,n_jobs = 0,
                 num_parallel_tree = 1,objective = 'reg:gamma',predictor = 'auto',
                 random_state = 0,reg_alpha = 0,...)
In[4]:# 对测试集进行预测
    ans = model.predict(X_test)
    ans
    Out[4]:
    array([23.817768,25.218159,23.56413,  10.29023,  21.5751,
           20.655306,22.015444,20.3243,   22.247723, 17.476227,
            6.0973554,14.955781,16.654171, 8.55257  , 48.65149,
           32.97195, 21.36798, 35.95753,  26.460142, 21.5983,
           23.402554,21.252083,19.976116, 25.356361, 21.142778,
           18.265905,17.303173,16.089518, 43.87975,  18.574486,
           15.7401285,17.084705,19.998655, 20.070879, 24.600021,
           19.38199,  8.258922, 24.333733, 14.268987, 17.31858,
           24.973938,21.517458,23.032755, 16.818962, 22.45641,
           21.626982,19.016459,17.752144, 15.0151005,23.88204,
           17.222977,20.565008,21.02878,  38.10077,  13.964028,
           20.78409, 18.716473,18.5925,   14.225355, 20.31599,
           21.255032,21.568949,34.361164, 28.512274, 19.173267,
           28.673695,18.39603, 21.548044, 14.635083, 23.726292,
           20.089287,22.537321,23.665586, 30.491379, 24.743353,
            9.489401, 42.238773,23.098637, 22.845903, 21.373446,
           25.884052,17.820091,20.183475, 42.25542,  39.760925,
           23.955112,23.152239,14.316653, 26.536713, 16.839853,
           17.104227,11.505395,22.488932, 28.124802, 21.037937,
           22.205694,12.31054, 23.24986,  14.754183, 18.192759,
           25.966465,20.705904 ],dtype = float32)
In[5]:# 显示重要特征
    plot_importance(model)
    plt.show()
    Out[5]:
```

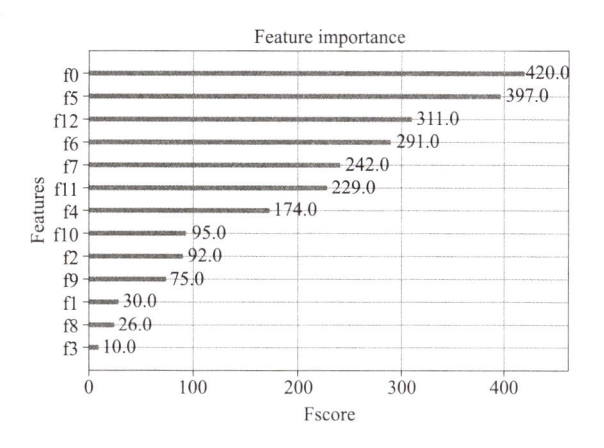

```
                    Feature importance
       f0 |████████████████████████████████| 420.0
       f5 |██████████████████████████████| 397.0
      f12 |███████████████████████| 311.0
       f6 |█████████████████████| 291.0
       f7 |█████████████████| 242.0
      f11 |████████████████| 229.0
Features
       f4 |████████████| 174.0
      f10 |██████| 95.0
       f2 |██████| 92.0
       f9 |█████| 75.0
       f1 |██| 30.0
       f8 |██| 26.0
       f3 |█| 10.0
          0    100    200    300    400
                        Fscore
```

项目实施

任务名称	任务描述	子任务名称
任务1 使用随机森林模型对风机叶片数据进行预测分析	使用随机森林模型对风机叶片数据进行分析预测。主要过程为首先读取数据并标注每条数据的标签，删除无效数据。然后使用 RFECV 进行特征选择，以交叉验证分数决定选取的特征数量，对特征进行排名。最后，使用随机森林模型进行训练，并对模型结果进行评估	子任务1-1 风机叶片数据读取和预处理
		子任务1-2 数据特征分析
		子任务1-3 数据模型训练和评估
任务2 使用 XGBoost 模型对风力发电机叶片结冰进行分类预测	使用 XGBoost 模型对风力发电机叶片结冰进行分类预测。主要过程为首先使用 pd.read_csv 方法和 pickle 方法加载和保存数据，对比两种方法。其次，使用下采样对数据集进行处理，然后分别使用随机森林和 XGBoost 模型对数据进行训练，并对比结果。使用混淆矩阵对模型进行评估，并绘制 ROC 曲线。最后，保存模型，并进行测试，绘制 precision、recall、f1-score、support 报告表	子任务2-1 加载和观察数据
		子任务2-2 数据处理
		子任务2-3 模型训练
		子任务2-4 模型评估
		子任务2-5 模型测试

任务1 使用随机森林模型对风机叶片数据进行预测分析

子任务1-1 风机叶片数据读取和预处理

1. 读取数据

In[1]:
```
import pandas as pd
import numpy as np
data = pd.read_csv("15_data.csv")
```

```
total = len(data)
print("sum of data:% d" %  total)
des = data. describe()
fail_data = pd. read_csv("15_failureInfo. csv")
normal_data = pd. read_csv("15_normalInfo. csv")
Out[1]:
sum of data:393886
```

2. 对时间标签做处理，分类出 label

label = 1:故障时间区域

label = 0:正常时间区域

label = -1:无效数据

（1）转化 data 时间列为 datetime。

```
In[2]:
times = []
for i in range(len(data)):
    dt = pd. to_datetime(data. time[i])
    times. append(dt)
    if(i% 10000 = =0):
        print("complete % d / % d" % (i,len(data)))
times = pd. Series(times)
data. time = times
print("complete all")
Out[2]:
complete 0 / 393886
complete 10000 / 393886
complete 20000 / 393886
complete 30000 / 393886
complete 40000 / 393886
complete 50000 / 393886
complete 60000 / 393886
complete 70000 / 393886
complete 80000 / 393886
complete 90000 / 393886
complete 100000 / 393886
complete 110000 / 393886
complete 120000 / 393886
complete 130000 / 393886
complete 140000 / 393886
complete 150000 / 393886
complete 160000 / 393886
complete 170000 / 393886
complete 180000 / 393886
```

```
complete 190000 / 393886
complete 200000 / 393886
complete 210000 / 393886
complete 220000 / 393886
complete 230000 / 393886
complete 240000 / 393886
complete 250000 / 393886
complete 260000 / 393886
complete 270000 / 393886
complete 280000 / 393886
complete 290000 / 393886
complete 300000 / 393886
complete 310000 / 393886
complete 320000 / 393886
complete 330000 / 393886
complete 340000 / 393886
complete 350000 / 393886
complete 360000 / 393886
complete 370000 / 393886
complete 380000 / 393886
complete 390000 / 393886
complete all
```

（2）转化 normal_data & fail_data 时间列为 datetime。

In[3]:
```
def to_datetime(obj_pd):
    Ser1 = obj_pd.iloc[:,0]
    Ser2 = obj_pd.iloc[:,1]
    for i in range(len(Ser1)):
        Ser1[i] = pd.to_datetime(Ser1[i])
        Ser2[i] = pd.to_datetime(Ser2[i])
    obj_pd.iloc[:,0] = Ser1
    obj_pd.iloc[:,1] = Ser2
    return obj_pd
normal_data = to_datetime(normal_data)
fail_data = to_datetime(fail_data)
```

（3）根据 datetime 创建 labels 列表。

In[4]:
```
labels = []
for i in range(len(times)):
    if(i% 10000 = = 0):
        print("complete % d / % d" % (i,len(times)))
    flag = 0
    for j in range(len(normal_data)):
```

```
            if((times[i] > = normal_data.startTime[j]) and(times[i] < = normal_data.endTime[j])):
                labels.append(0)
                flag = 1
                break
        for j in range(len(fail_data)):
            if(flag = = 1):
                break
            elif((times[i] > = fail_data.startTime[j]) and(times[i] < = fail_data.endTime[j])):
                labels.append(1)
                flag = 1
                break
        if(flag = = 1):
            continue
        labels.append( -1)
print("complete all")
Out[4]:
complete 0 / 393886
complete 10000 / 393886
complete 20000 / 393886
complete 30000 / 393886
complete 40000 / 393886
complete 50000 / 393886
complete 60000 / 393886
complete 70000 / 393886
complete 80000 / 393886
complete 90000 / 393886
complete 100000 / 393886
complete 110000 / 393886
complete 120000 / 393886
complete 130000 / 393886
complete 140000 / 393886
complete 150000 / 393886
complete 160000 / 393886
complete 170000 / 393886
complete 180000 / 393886
complete 190000 / 393886
complete 200000 / 393886
complete 210000 / 393886
complete 220000 / 393886
complete 230000 / 393886
complete 240000 / 393886
complete 250000 / 393886
complete 260000 / 393886
```

```
complete 270000 / 393886
complete 280000 / 393886
complete 290000 / 393886
complete 300000 / 393886
complete 310000 / 393886
complete 320000 / 393886
complete 330000 / 393886
complete 340000 / 393886
complete 350000 / 393886
complete 360000 / 393886
complete 370000 / 393886
complete 380000 / 393886
complete 390000 / 393886
complete all
```

(4) 打印数据信息。

In[5]:
```
def data_judge(labels,total):
    sum_inv = 0
    for i in range(len(labels)):
        if(labels[i] = = -1):
            sum_inv = sum_inv + 1
    print("sum of invalid data :% d,% .2f % % " % ( sum_inv,sum_inv/total* 100))
    sum_nor = 0
    for i in range(len(labels)):
        if(labels[i] = = 0):
            sum_nor = sum_nor + 1
    print("sum of normal data :% d,% .2f % %  " % ( sum_nor,sum_nor/total* 100))
    sum_fail = 0
    for i in range(len(labels)):
        if(labels[i] = = 1):
            sum_fail = sum_fail + 1
    print("sum of failure data :% d,% .2f % %  " % ( sum_fail,sum_fail/total* 100))
data_judge(labels,total)
```
Out[5]:
sum of invalid data :19785,5.02 %
sum of normal data :350255,88.92 %
sum of failure data :23846,6.05 %

3. 删除无效数据

In[6]:
```
y = labels
indexes = []
for i in range(len(y)):
```

```
        if(y[i] = = -1):
            indexes.append(i)
data = data.drop(indexes)
data = data.drop('time',axis = 1)
for i in range(len(y) - 1, -1, -1):
    if(y[i] = = -1):
        y.pop(i)
```

子任务1-2　数据特征分析

1. 选择训练集和测试集

（1）随机选择90%的数据。

In[7]:

from sklearn.model_selection import train_test_split

X_train,X_test,y_train,y_test = train_test_split(data,y,test_size = 0.1,random_state = 666,shuffle = True)

（2）在选择的数据中，选择2/3作为训练集，1/3作为测试集。

In[8]:

X_train,X_test,y_train,y_test = train_test_split(X_train,y_train,test_size = 0.33,random_state = 666,shuffle = False)

2. 数据归一化

In[9]:

from sklearn import preprocessing

min_max_scaler = preprocessing.MinMaxScaler()

X_train_scaled = min_max_scaler.fit_transform(X_train)

X_test_scaled = min_max_scaler.fit_transform(X_test)

3. 特征选择

（1）选取特征。

In[10]:

import matplotlib.pyplot as plt

from sklearn.svm import SVC

from sklearn.model_selection import StratifiedKFold

from sklearn.feature_selection import RFECV

from sklearn.datasets import make_classification

from sklearn.tree import DecisionTreeClassifier

svc = SVC(kernel = "linear")

dt = DecisionTreeClassifier()

rfecv = RFECV(estimator = dt,step = 1,cv = StratifiedKFold(2),scoring = 'accuracy')

rfecv.fit(X_train,y_train)

print("Optimal number of features :% d" % rfecv.n_features_)

print("Ranking of features names:% s" % X_train.columns[rfecv.ranking_ - 1])

```
print("Ranking of features nums:% s" % rfecv.ranking_)
plt.figure()
plt.xlabel("Number of features selected")
plt.ylabel("Cross validation score(nb of correct classifications)")
plt.plot(range(1,len(rfecv.grid_scores_) + 1),rfecv.grid_scores_)
plt.savefig("feature.jpg")
plt.show()
```
Out[10]:
Optimal number of features :1
Ranking of features names:Index(['power','pitch2_speed','wind_direction','acc_y','acc_x',
    'yaw_speed','pitch3_moto_tmp','pitch3_angle','pitch1_angle',
    'yaw_position','pitch2_ng5_DC','pitch3_ng5_DC','group',
    'wind_direction_mean','pitch1_speed','pitch3_speed','pitch3_ng5_tmp',
    'environment_tmp','generator_speed','pitch2_angle','int_tmp',
    'pitch2_moto_tmp','pitch1_moto_tmp','pitch2_ng5_tmp',
    'pitch1_ng5_tmp','pitch1_ng5_DC','wind_speed'],
    dtype = 'object')
Ranking of features nums:[3 12 4 18 17 7 16 10 8 6 25 26 27 5 11 13 23 19 2 9 20 15 14 22 21 24 1]

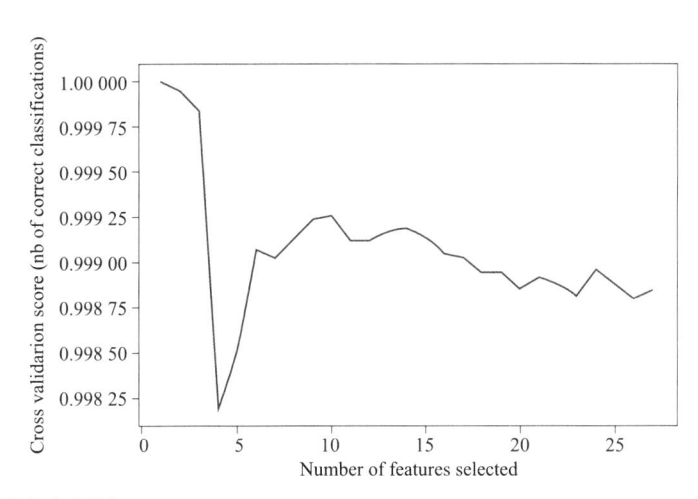

（2）绘制特征对比图。

In[11]:
```
import seaborn as sns
sns.pairplot(X_train,vars = ["wind_speed","generator_speed","power"],
        palette = "husl"
        ,diag_kind = "kde")
plt.savefig("duibi.jpg")
```
Out[11]:

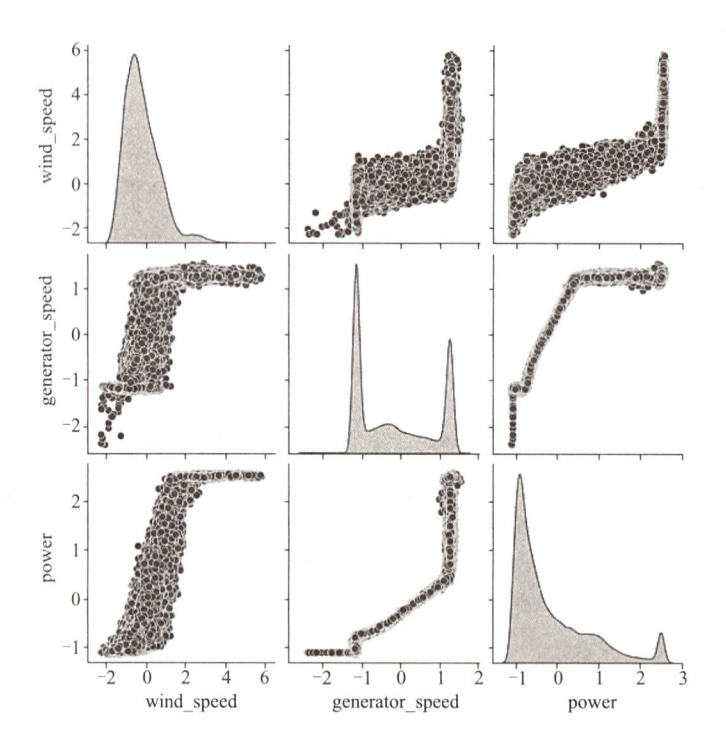

子任务 1-3　数据模型训练和评估

1. 网格搜索随机森林最佳参数

```
In[12]:
def GridsearchCV():
    param_grid = [
        {
            'n_estimators':[i for i in range(500,510)],
            'oob_score':True,
            'random_state':[i for i in range(30,50)],
            'min_samples_split':[i for i in range(2,20)],
            'max_depth':[i for i in range(100,200)],
        }]
    rf_clf = RandomForestClassifier(max_depth = 146,n_estimators = 500,
                                    max_leaf_nodes = 2500,oob_score = True)
    grid_search = GridSearchCV(rf_clf,param_grid,n_jobs = -1)
    grid_search.fit(X,y)
    grid_search.best_score_
grid_search.best_estimator_
```

2. 使用随机森林分类器（直接使用网格搜索的最佳参数）

```
In[13]:
from sklearn.ensemble import RandomForestClassifier
```

```python
rf_clf = RandomForestClassifier(max_depth=146,n_estimators=2500,
                                max_leaf_nodes=2500,oob_score=True,random_state=30,n_jobs=-1)
rf_clf.fit(X_train,y_train)
y_predict = rf_clf.predict(X_test)
print(rf_clf.oob_score_)
```
Out[13]:
0.999991134044383

3. 绘制混淆矩阵

In[14]:
```python
def plot_confusion_matrix(cm,classes,normalize=False,
                          title='Confusion matrix',
                          cmap=plt.cm.Blues):
    """
    Normalization can be applied by setting 'normalize=True'.
    """
    plt.imshow(cm,interpolation='nearest',cmap=cmap)
    plt.title(title)
    plt.colorbar()
    tick_marks = np.arange(len(classes))
    plt.xticks(tick_marks,classes,rotation=45)
    plt.yticks(tick_marks,classes)
    if normalize:
        cm = cm.astype('float') / cm.sum(axis=1)[:,np.newaxis]
        print("Normalized confusion matrix")
    else:
        print("Confusion matrix,without normalization")
    print(cm)
    thresh = cm.max() / 2
    for i,j in itertools.product(range(cm.shape[0]),range(cm.shape[1])):
        plt.text(j,i,cm[i,j],
                 horizontalalignment="center",
                 color="white" if cm[i,j] > thresh else "black")

    plt.tight_layout()
    plt.ylabel('True label')
    plt.xlabel('Predicted label')
    plt.savefig("matrix.jpg")
from sklearn.metrics import confusion_matrix
import itertools
import matplotlib.pyplot as plt
prediction = rf_clf.predict(X_test)
cm = confusion_matrix(y_test,prediction)
```

```
cm_plot_labels = ['normal','failure']
plot_confusion_matrix(cm,cm_plot_labels,title = 'Confusion Matrix')
Out[14]:
Confusion matrix,without normalization
[[103911      0]
 [     4   7193]]
```

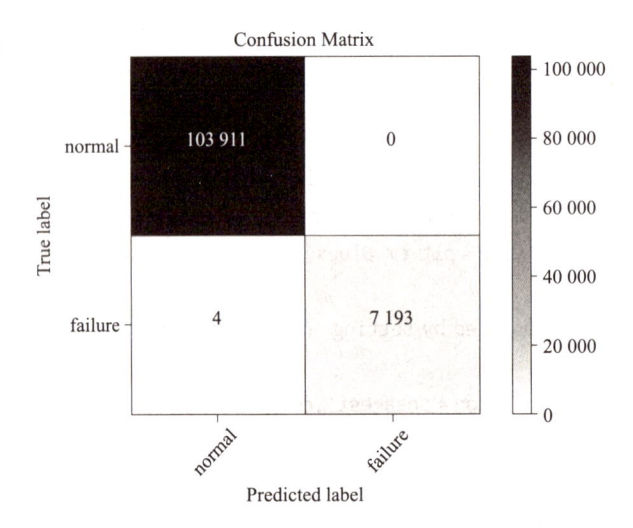

4. 模型评价

```
In[15]:
from sklearn.metrics import classification_report
print(classification_report(y_true = y_test,y_pred = prediction))
Out[15]:
              precision    recall  f1 - score   support
           0       1.00      1.00       1.00      103911
           1       1.00      1.00       1.00        7197
    accuracy                            1.00      111108
   macro avg       1.00      1.00       1.00      111108
weighted avg       1.00      1.00       1.00      111108
```

任务 2　使用 XGBoost 模型对风力发电机叶片结冰进行分类预测

子任务 2-1　加载和观察数据

1. 安装 XGBoost

安装 XGBoost，如图 3-21 所示。

图 3-21 安装 XGBoost

2. 加载数据

压缩包里面含有 3 个 csv 文件：data.csv、failure.csv、normal.csv。

（1）data.csv 文件是带有所有特征字段的数据集；

（2）failure.csv 文件是风力发电机叶片故障时间段，时间段包括 2 个字段：开始时间"startTime"、结束时间"endTime"；

（3）normal.csv 文件是风力发电机叶片正常时间段，时间段包括 2 个字段：开始时间"startTime"、结束时间"endTime"。

首先，使用 pd.read_csv 方法加载数据，代码如下：

In[1]:

import pandas as pd

data_df = pd.read_csv('data.csv',parse_dates = ['time'])

print(data_df.shape)

data_df.head()

Out[1]:

(393886, 28)

	time	wind_speed	generator_speed	power	wind_direction	wind_direction_mean	yaw_position	yaw_speed	pitch1_angle	pitch2_angle	...	acc_y
0	2015-11-01 20:20:16	1.859993	1.223595	2.515790	-2.072739	-2.073627	-0.655343	0.030804	0.555556	0.506667	...	0.061109
1	2015-11-01 20:20:23	1.911625	1.293394	2.313551	-2.010591	-1.615140	-0.655343	0.030804	0.195556	0.133333	...	-1.209522
2	2015-11-01 20:20:30	1.635027	1.280099	2.507799	-2.053750	-0.282742	-0.649566	0.170338	0.964444	0.951111	...	0.061109
3	2015-11-01 20:20:37	1.786234	1.280099	2.349593	-2.007138	-2.234477	-0.655343	-0.004080	0.168889	0.137778	...	0.061109
4	2015-11-01 20:20:47	1.786234	1.263480	2.321566	-2.264365	-1.428959	-0.637917	0.414524	0.182222	0.168889	...	-1.209522

5 rows × 28 columns

利用 pickle 保存和读取数据集的代码如下：

```
In[2]:
import pickle
with open('data_df.pickle','wb') as file:
    pickle.dump(data_df,file)
In[3]:
import pickle
with open('data_df.pickle','rb') as file:
    data_df = pickle.load(file)
```

对比两种加载方法，代码如下：

```
In[4]:
import time
startTime = time.time()
data_df = pd.read_csv('data.csv',parse_dates = ['time'])
readcsv_time = time.time() - startTime
print('readcsv time:%.2f seconds' % readcsv_time)
startTime2 = time.time()with open('data_df.pickle','rb') as file:
    data_df = pickle.load(file)
pickleLoad_time = time.time() - startTime2
print('pickleLoad time:%.3f seconds' % pickleLoad_time)
print('pickleLoad_time / readcs_time = %.3f' % (pickleLoad_time/readcsv_time))
Out[4]:
readcsv time:4.37 seconds
pickleLoad time:0.11 seconds
pickleLoad_time / readcs_time = 0.025
```

从上面的运行结果可以看出，利用 pickle 加载数据花费时间是利用 pd.read_csv 方法加载数据所花费时间的 2.5%。

利用 pickle 库可以保存 Python 中的任何对象，在数据科学实践中可以用来保存重要的模型和数据。

3. 观察数据

查看数据集大小，代码如下：

```
In[5]:
data_df.shape
Out[5]:
(393886,28)
```

查看数据集前 5 行，代码如下：

```
In[6]:
data_df.head()
Out[6]:
```

	time	wind_speed	generator_speed	power	wind_direction	wind_direction_mean	yaw_position	yaw_speed	pitch1_angle	pitch2_angle	...	acc_y
0	2015-11-01 20:20:16	1.859993	1.223595	2.515790	-2.072739	-2.073627	-0.655343	0.030804	0.555556	0.506667	...	0.061109
1	2015-11-01 20:20:23	1.911625	1.293394	2.313551	-2.010591	-1.615140	-0.655343	0.030804	0.195556	0.133333	...	-1.209522
2	2015-11-01 20:20:30	1.635027	1.280099	2.507799	-2.053750	-0.282742	-0.649566	0.170338	0.964444	0.951111	...	0.061109
3	2015-11-01 20:20:37	1.786234	1.280099	2.349593	-2.007138	-2.234477	-0.655343	-0.004080	0.168889	0.137778	...	0.061109
4	2015-11-01 20:20:47	1.786234	1.263480	2.321566	-2.264365	-1.428959	-0.637917	0.414524	0.182222	0.168889	...	-1.209522

5 rows × 28 columns

查看数据字段空缺情况，代码如下：

In[7]:

data_df.info()

Out[7]:

```
<class 'pandas.core.frame.DataFrame'>
RangeIndex: 393886 entries, 0 to 393885
Data columns (total 28 columns):
 #   Column               Non-Null Count   Dtype
---  ------               --------------   -----
 0   time                 393886 non-null  datetime64[ns]
 1   wind_speed           393886 non-null  float64
 2   generator_speed      393886 non-null  float64
 3   power                393886 non-null  float64
 4   wind_direction       393886 non-null  float64
 5   wind_direction_mean  393886 non-null  float64
 6   yaw_position         393886 non-null  float64
 7   yaw_speed            393886 non-null  float64
 8   pitch1_angle         393886 non-null  float64
 9   pitch2_angle         393886 non-null  float64
 10  pitch3_angle         393886 non-null  float64
 11  pitch1_speed         393886 non-null  float64
 12  pitch2_speed         393886 non-null  float64
 13  pitch3_speed         393886 non-null  float64
 14  pitch1_moto_tmp      393886 non-null  float64
 15  pitch2_moto_tmp      393886 non-null  float64
 16  pitch3_moto_tmp      393886 non-null  float64
 17  acc_x                393886 non-null  float64
 18  acc_y                393886 non-null  float64
 19  environment_tmp      393886 non-null  float64
 20  int_tmp              393886 non-null  float64
 21  pitch1_ng5_tmp       393886 non-null  float64
 22  pitch2_ng5_tmp       393886 non-null  float64
 23  pitch3_ng5_tmp       393886 non-null  float64
 24  pitch1_ng5_DC        393886 non-null  float64
 25  pitch2_ng5_DC        393886 non-null  float64
 26  pitch3_ng5_DC        393886 non-null  float64
 27  group                393886 non-null  int64
dtypes: datetime64[ns](1), float64(26), int64(1)
memory usage: 84.1 MB
```

子任务 2-2　数据处理

1. 获取正常时间段

In[8]:

import pandas as pd

```
normalTime_df = pd.read_csv('normal.csv',parse_dates = ['startTime','endTime'])
print(normalTime_df.shape)
normalTime_df.head()
```
Out[8]:

(26, 2)

	startTime	endTime
0	2015-11-01 20:20:16	2015-11-03 23:47:32
1	2015-11-04 14:04:51	2015-11-04 18:26:08
2	2015-11-05 11:06:59	2015-11-09 02:44:31
3	2015-11-09 12:30:09	2015-11-09 19:23:32
4	2015-11-10 00:04:50	2015-11-15 23:03:06

2. 获取故障时间段

In[9]:
```
import pandas as pd
failureTime_df = pd.read_csv('failure.csv',parse_dates = ['startTime','endTime'])
print(failureTime_df.shape)
failureTime_df.head()
```
Out[9]:

(29, 2)

	startTime	endTime
0	2015-11-04 21:37:06	2015-11-04 22:29:33
1	2015-11-09 04:43:09	2015-11-09 06:35:39
2	2015-11-09 21:21:52	2015-11-09 23:14:41
3	2015-11-16 03:51:54	2015-11-16 11:06:26
4	2015-11-16 14:15:53	2015-11-16 16:08:25

3. 取出预测目标值为正常的样本

In[10]:
```
import pandas as pd
normal_list = []for index in normalTime_df.index:
    startTime = normalTime_df.loc[index].startTime
    endTime = normalTime_df.loc[index].endTime
    part_df = data_df[data_df.time.between(startTime,endTime)]
    print(part_df.shape)
    normal_list.append(part_df)
normal_df = pd.concat(normal_list).reset_index(drop = True)
normal_df.shape
```
Out[10]:

(4756,28)
(971,28)
(43020,28)
(3383,28)
(39486,28)
(35032,28)
(14016,28)
(2120,28)
(29550,28)
(1321,28)
(3212,28)
(13254,28)
(6513,28)
(681,28)
(12049,28)
(2967,28)
(19126,28)
(561,28)
(132,28)
(2588,28)
(15450,28)
(18678,28)
(5026,28)
(20051,28)
(8584,28)
(47728,28)

4. 取出预测目标值为故障的样本

In[11]:

```
import pandas as pd
failure_list = []
for index in failureTime_df.index:
    startTime = failureTime_df.loc[index].startTime
    endTime = failureTime_df.loc[index].endTime
    part_df = data_df[data_df.time.between(startTime,endTime)]
    print(part_df.shape)
    failure_list.append(part_df)
failure_df = pd.concat(failure_list).reset_index(drop = True)
failure_df.shape
```

Out[11]:

(443,28)
(265,28)
(951,28)
(1150,28)
(951,28)

(106,28)
(352,28)
(951,28)
(951,28)
(1286,28)
(951,28)
(1254,28)
(148,28)
(951,28)
(616,28)
(951,28)
(951,28)
(797,28)
(951,28)
(951,28)
(1244,28)
(909,28)
(546,28)
(951,28)
(592,28)
(870,28)
(951,28)
(951,28)
(951,28)
(23892,28)

5. 统计正常、故障、无效样本占比

In[12]:

stat_df = pd. DataFrame({'number' :[normal_df. shape[0],failure_df. shape[0],data_df. shape[0] - normal_df. shape[0] - failure_df. shape[0]]},index = ['normal','failure','invalid'])

stat_df['ratio'] = stat_df['number'] / stat_df['number']. sum()

stat_df

Out[12]:

	number	ratio
normal	350255	0.889229
failure	23892	0.060657
invalid	19739	0.050113

6. 数据下采样

因为预测目标值为正常的样本远远多于预测目标值为故障的样本，所以对预测目标值为正常的样本做下采样。下采样是指减少样本或者减少特征，具体方法是选取一部分正常样本，数量为故障样本的 2 倍。

```
In[13]:
import random
normalPart_df = normal_df.loc[random.sample(list(normal_df.index),
k = failure_df.shape[0]* 2)]
normalPart_df.shape
Out[13]:
(47784,28)
```

7. 形成特征矩阵和预测目标值

```
In[14]:
import numpy as np
feature_df = pd.concat([normalPart_df,failure_df]).reset_index(drop = True)
X = feature_df.drop('time',axis = 1).values
print(X.shape)
y = np.append(np.ones(len(normalPart_df)),np.zeros(len(failure_df)))
print(y.shape)
Out[14]:
(71676,27)
(71676,)
```

8. 保存数据

```
In[15]:
import pickle
with open('X.pickle','wb') as file:
    pickle.dump(X,file)
with open('y.pickle','wb') as file:
    pickle.dump(y,file)
```

子任务 2-3　模型训练

1. 加载数据

```
In[16]:
import pickle
with open('X.pickle','rb') as file:
    X = pickle.load(file)
    with open('y.pickle','rb') as file:
    y = pickle.load(file)
```

2. 使用随机森林模型

第5行代码初始化模型对象，参数 n_jobs 设置为 -1 时，会最大化利用电脑的多线程性能；
第6行代码实例化交叉验证对象，参数 n_splits 设置为5，表示会做5折交叉验证；
第7行代码调用 cross_val_score 方法，第1个参数为模型对象，第2个参数为特征矩阵X，第3个参数为预测目标值y，第4个关键字参数 cv 的数据类型为整数或交叉验证对象，方法的返回结果的数据类型为 ndarray 对象；

第 8 行代码，ndarray 对象的 round 方法可以使其中的数保留指定位数。

In[17]:
```
from sklearn.ensemble import RandomForestClassifier
from sklearn.model_selection import ShuffleSplit
from sklearn.model_selection import cross_val_score
rfc_model = RandomForestClassifier(n_jobs = -1)
cv_split = ShuffleSplit(n_splits = 5)
score_ndarray = cross_val_score(rfc_model,X,y,cv = cv_split)
print(score_ndarray.round(4))
print(score_ndarray.mean().round(4))
```
Out[17]:
[0.9997 0.9999 0.9999 1. 0.9999]
0.9999

3. 使用 XGBoost 模型

第 6 行代码忽略警告信息；

第 7 行代码初始化模型对象，参数 nthread 设置为 4 时，利用 4 线程做模型训练；

第 8 行代码实例化交叉验证对象，参数 n_splits 设置为 5，表示会做 5 折交叉验证；

第 9 行代码调用 cross_val_score 方法，第 1 个参数为模型对象，第 2 个参数为特征矩阵 X，第 3 个参数为预测目标值 y，第 4 个关键字参数 cv 的数据类型为整数或交叉验证对象，方法的返回结果的数据类型为 ndarray 对象；

第 10 行代码，ndarray 对象的 round 方法可以使其中的数保留指定位数。

In[18]:
```
from xgboost import XGBClassifier
from sklearn.model_selection import ShuffleSplit
from sklearn.model_selection import cross_val_score
import warnings
warnings.filterwarnings('ignore')
xgb_model = XGBClassifier(nthread = 4)
cv_split = ShuffleSplit(n_splits = 5)
score_ndarray = cross_val_score(xgb_model,X,y,cv = cv_split)
print(score_ndarray.round(4))
print(score_ndarray.mean().round(4))
```
Out[18]:
[0.9831 0.983 0.9805 0.9814 0.9862]
0.9828

子任务 2-4　模型评估

1. 模型得分

In[19]:
```
from sklearn.model_selection import train_test_split
```

```
from xgboost import XGBClassifier
train_X,test_X,train_y,test_y = train_test_split(X,y,test_size = 0.2)
xgb_model = XGBClassifier(thread = 8)
xgb_model.fit(train_X,train_y)
xgb_model.score(test_X,test_y).round(4)
```
Out[19]:
0.9812

2. 混淆矩阵

In[20]:
```
from sklearn.metrics import confusion_matrix
predict_y = xgb_model.predict(test_X)
labels = ['故障','正常']
pd.DataFrame(confusion_matrix(test_y,predict_y),columns = labels,index = labels)
```
Out[20]:

	故障	正常
故障	4597	78
正常	192	9469

3. precision、recall、f1 – score、support 报告表

In[21]:
```
from sklearn.metrics import precision_recall_fscore_support
import numpy as np
def eval_model(y_true,y_pred,labels):
# 计算每个分类的 Precision,Recall,f1,support
    p,r,f1,s = precision_recall_fscore_support(y_true,y_pred)
# 计算总体的平均 Precision,Recall,f1,support
    tot_p = np.average(p,weights = s)
    tot_r = np.average(r,weights = s)
    tot_f1 = np.average(f1,weights = s)
    tot_s = np.sum(s)
    res1 = pd.DataFrame({
u'Label':labels,
u'Precision':p,
u'Recall':r,
u'F1':f1,
u'Support':s
    })
    res2 = pd.DataFrame({
u'Label':['总体'],
u'Precision':[tot_p],
u'Recall':[tot_r],
u'F1':[tot_f1],
```

```
u'Support':[tot_s]
    })
    res2.index = [999]
    res = pd.concat([res1,res2])
return res[['Label','Precision','Recall','F1','Support']]
eval_model(test_y,predict_y,labels)
```
Out[21]:

	Label	Precision	Recall	F1	Support
0	故障	0.959908	0.983316	0.971471	4675
1	正常	0.991830	0.980126	0.985943	9661
999	总体	0.981420	0.981166	0.981224	14336

4. 绘制 ROC 曲线

```
In[22]:
from sklearn.metrics import roc_curve
predict_y_probability = xgb_model.predict_proba(X)
false_predict,true_predict,thresholds = roc_curve(y,predict_y_probability[:,1])
import matplotlib.pyplot as plt
plt.plot([0,1],[0,1],'k - - ')
plt.plot(false_predict,true_predict,label = 'xgboost')
plt.legend()
plt.title('ROC curve')
plt.xlabel('False positive rate')
plt.ylabel('True positive rate')
plt.show()
```
Out[22]:

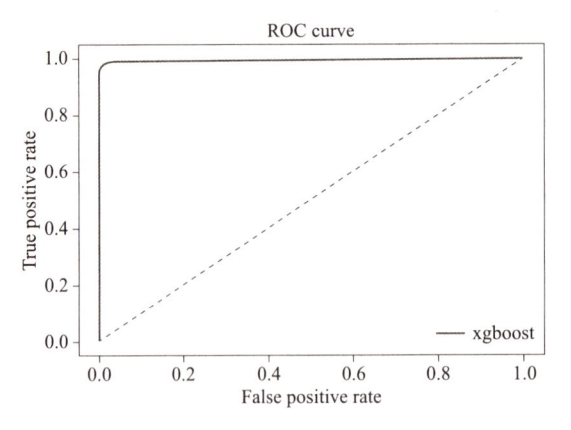

5. 模型保存

利用 pickle 库的 dump 方法保存模型，代码如下：

```
In[23]:
import pickle
with open('xgb_model.pickle','wb') as file:
    pickle.dump(xgb_model,file)
```

子任务 2-5 模型测试

1. 模型加载

模型本书已给出，利用 pickle 库的 load 方法加载模型。

In[24]:
```
import pickle
with open('xgb_model.pickle','rb') as file:
    xgb_model = pickle.load(file)
```

2. 测试数据准备

下载压缩文件解压后为 data_test.df 文件，用文本文件形成特征矩阵和预测目标值。预测目标值是 clf 字段，查看 clf 字段的统计计数情况。

In[25]:
```
test_df['clf'].value_counts()
```
Out[25]:
```
1    168929
2     10927
0     10638
Name: clf, dtype: int64
```

预测目标值为 0 的样本标签值是故障；
预测目标值为 1 的样本标签值是正常；
预测目标值为 2 的样本标签值为无效。
所以保留标签值是故障和正常的样本，去除无效样本。

In[26]:
```
test_df = pd.read_csv('data_test.csv',index_col=0)
y = test_df['clf'].values
X = test_df.drop(['time','clf'],axis=1).values
X = X[y<2]
print(X.shape)
y = y[y<2]
print(y.shape)
```
Out[26]:
```
(179567,27)
(179567,)
```

3. 绘制 precision、recall、f1-score、support 报告表

In[27]:
```
from sklearn.metrics import precision_recall_fscore_support
import numpy as np
def eval_model(y_true,y_pred,labels):
# 计算每个分类的 Precision,Recall,f1,support
    p,r,f1,s = precision_recall_fscore_support(y_true,y_pred)
```

```python
# 计算总体的平均 Precision,Recall,f1,support
    tot_p = np.average(p,weights = s)
    tot_r = np.average(r,weights = s)
    tot_f1 = np.average(f1,weights = s)
    tot_s = np.sum(s)
    res1 = pd.DataFrame({
u'Label':labels,
u'Precision':p,
u'Recall':r,
u'F1':f1,
u'Support':s
    })
    res2 = pd.DataFrame({
u'Label':['总体'],
u'Precision':[tot_p],
u'Recall':[tot_r],
u'F1':[tot_f1],
u'Support':[tot_s]
    })
    res2.index = [999]
    res = pd.concat([res1,res2])
return res[['Label','Precision','Recall','F1','Support']]
predict_exam_y = xgb_model.predict(exam_X)
labels = ['故障','正常']
eval_model(exam_y,predict_exam_y,labels)
Out[27]:
```

	Label	Precision	Recall	F1	Support
0	故障	0.454575	0.261045	0.331641	10638
1	正常	0.954681	0.980276	0.967309	168929
999	总体	0.925053	0.937667	0.929650	179567

总结：
（1）模型在原数据集经过交叉验证取得了优秀的评估指标。
（2）模型在正常样本的预测中取得很高的查准率和查全率。
（3）模型在故障样本的预测中取得很低的查准率和查全率。
（4）模型在新数据集的测试效果差，说明模型泛化能力差，想要提高模型的泛化能力，则需要提取出更多数据中的有效特征。

项目总结

本项目主要介绍了机器学习的基本概念、大数据分析的主要流程，对随机森林模型和 XGBoost 模型进行了详细介绍，并使用这两个模型完成了风机叶片结冰的分类预测。

数说中国

近十年来，人民生活水平全方位提升，如图 3-22 所示。城镇新增就业年均超过 1 300 万人，居民人均可支配收入超过 3.5 万元，比 2012 年增长近 8 成，增速快于经济增长。城乡居民收入比显著缩小至 2.5:1。中等收入群体的规模超过 4 亿人。住房条件显著改善，城镇棚户区改造 3 961 万套，惠及 9 000 多万居民。老旧小区改造惠及 2 000 多万户，1.8 亿左右的农村人口进城成为城镇的常住人口，享受更高质量的城市生活。人民精神生活越来越丰富，文化旅游、健身休闲成为大众消费，自信自强的精神面貌日益彰显。

图 3-22 人民生活水平全方位提升

思考练习

一、思考回答

1. 大数据分析的主要步骤是什么？
2. 随机森林模型的基本步骤是什么？
3. 随机森林算法有哪些优点和缺点？

二、动手练习

试使用随机森林算法和 XGBoost 模型进行数据分析。

学习评价

学习内容	学习任务完成情况	总结体会	自我评价	同学评价	教师总评
知识点	□知识点1 □知识点2 □知识点3 □知识点4		☆☆☆☆☆	☆☆☆☆☆	知识掌握： 学习能力：
任务1 使用随机森林模型对风机叶片数据进行预测分析	□子任务1-1 □子任务1-2 □子任务1-3		☆☆☆☆☆	☆☆☆☆☆	基本素养：
任务2 使用XGBoost模型对风力发电机叶片结冰进行分类预测	□子任务2-1 □子任务2-2 □子任务2-3 □子任务2-4 □子任务2-5		☆☆☆☆☆	☆☆☆☆☆	评分： 签名：

项目 4

火力发电厂工业蒸汽量预测

学习目标

1. 知识目标

（1）了解数据挖掘技术在企业落地的标准实施过程；
（2）了解多元线性回归算法基本原理；
（3）了解支持向量回归算法基本原理；
（4）了解岭回归算法原理；
（5）了解 GBDT 算法基本原理；
（6）了解机器学习在工业蒸汽量中的实际应用。

2. 能力目标

（1）能够通过回归算法对蒸汽量进行预测，实现锅炉蒸汽量的精准预测；
（2）能够通过对所建立模型的部署和应用，实现模型的工程化应用，并对结果进行可视化展示；
（3）能够将所学知识应用到其他预测性问题的实际项目中。

3. 素质目标

（1）培养学生的知识迁移能力；
（2）培养学生分析、挖掘和解决问题的能力。

项目背景

近年来受国家政策、电力结构改革政策和环境污染等问题的影响，我国水利、太阳能、核能等其他清洁发电装置容量迅速增加，火力发电装机容量在整个电力系统容量的占比每年都有所下降，且这一趋势将保持很长一段时间。但在未来很长一段时间内，受我国历史装机容量的影响，国内的发电方式将以火力发电为主，以燃煤为原料的火力发电将占有主要地位。根据相关部门公布的信息，2016 年火力发电比 2015 年增长 2.6%，发电量约为 43 958 亿（kW·h），2017 年比 2016 年增长 4.6%，发电量约为 46 115 亿（kW·h），2018 年增长幅度达到 7.3%，用电量达到 49 336 亿（kW·h），并对未来几年用电量进行了预估，每年的增长量在 3.45% 左右。2022 年，我国火力发电量已突破 56 634 亿（kW·h）。中国火力发电量如图 4-1 所示。

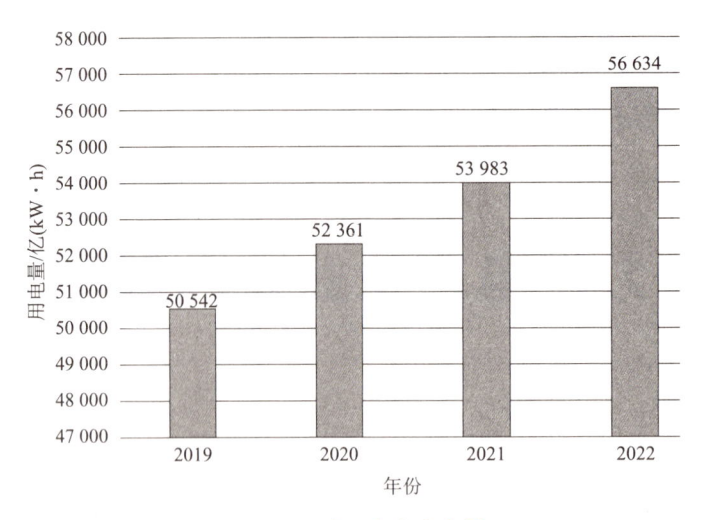

图 4-1 中国火力发电量

从图 4-1 可知，我国火力发电量每年都处于增长状态，在未来的一段时间内火力发电是生产和生活用电的主要来源。受我国当前能源消耗量大、能源分布特点和环境污染的影响，探索高效清洁的发电技术、优化火力发电设备，从而提高能源利用率是当前面临的主要问题。

目前，国内外对火力发电的燃烧效率已有不少研究，但是在验证和测试环节需要通过真实的运行环境来测试该方案的可行性，这就需要耗费大量物质成本和人力成本。火力发电的流程是原料加热产生的水蒸气促使汽轮机旋转，产生电能。在以上过程中燃烧效率是影响发电效率的主要因素。影响锅炉效率的因素很多，包括设备的可变参数，例如产生蒸汽的原料，影响燃烧的给风量；还有设备运行的工况，如锅炉温度、压力、流量的控制等。面对如此复杂的工艺流程，我们面临的主要问题是如何找到最优参数，传统的方法是通过对数据的统计寻找最优参数，但数据统计方法只能研究标准规范的数据，而事实上工业数据大多是非线性、强耦合、不规范的，难以符合传统分析法的前提条件。在实际工程中参数寻优方法大多依赖于工程师的专业知识和实际经验所得。但他们依据的理论知识和实际经验很大一部分是模糊的，从而导致在参数寻优过程中耗费大量时间成本，而且参数的调节需要专业的工程师，这在无形中增加了企业的成本。衡量锅炉稳定性的一个重要指标就是蒸汽参数。因为蒸汽参数直接影响发电过程的稳定运行，所以蒸汽参数是考量锅炉运行的一个重要指标，传统解决方案是设备操作员必须注意力十分集中，每时每刻都要关注蒸汽参数值的变动。

在现在的大数据环境下，火力发电锅炉在运行过程中产生大量数据，利用机器学习技术从大量复杂的数据中提取有价值的信息，以帮助企业更好地优化设备参数，从而提高锅炉运行稳定性、快速性、准确性以及提高设备的能源转化率。机器学习可以应用于各行各业，对我们积累的数据进行分析、整理，实现数据的有效利用。机器学习技术能够处理数据量大且结构复杂的非线性数据。通过某种算法的设计，还能够实现模式的自我学习。机器学习的这些优点，使工业数据的分析找到了新的突破方向。

知识链接

知识点1　火力发电厂蒸汽量预测研究现状及本项目研究思路

1. 火力发电厂蒸汽量预测研究现状

近年来，随着科学技术的不断发展，自动化和智能化在实际工业中展现出自己的优势，成为制造业新的发展方向。火力发电是我国供电系统的主要环节，是促使社会向前发展的有力保证，在火力发电设备控制中，运用机器学习方法优化有非常大的前景，能够提高设备的效率。

国外火力发电设备智能化比较先进，设备各种参数的调节及优化技术比较成熟，智能化算法在设备中的应用也比较早。国外的 Pegasus 公司对锅炉优化主要是通过对锅炉历史运行数据进行分析，采用神经网络算法建立预测模型，不断优化可变参数，从而优化锅炉的控制，提高锅炉的燃烧效率。美国 Ultramax 燃烧优化系统运用多元线性回归算法和朴素贝叶斯等统计方法，通过锅炉运行状态的好坏及燃烧效率的高低判断参数的好坏，从而找到当前状态最优的操作数据，建立适合当前工况下燃烧效率最高的控制模型，给操作工程师提供比较合理的建议。Xi Sun、Horacio 等人利用机器学习算法（PCA）结合当前模型，监视火力发电锅炉不同负荷下的运行状态。

在火力发电锅炉的优化中，国内学者进行了深入的研究。其中，吴海峰提出了优化蒸汽参数，因为稳定的蒸汽参数能保证发电过程的稳定运行，但优化蒸汽参数的方法是通过工作人员观察其参数值的变化，再通过自动化保热装置平衡蒸汽参数值，使其平稳进行。在锅炉燃烧优化控制中刘千提出了运用数据驱动的方法提高电站锅炉燃烧效率，其方法是根据历史运行数据中的运行情况进行稳定性判断和研究，创建一个燃烧的项目库。当在线优化时，根据锅炉运行数据进行分析计算，从而匹配项目库中的工况，快速获得最优参数值，实现燃烧系统的优化。在燃烧优化方面钱家俊采用 BP 神经网络算法建模对飞灰含碳量进行预测，并根据一种新的群体智能算法——狼群算法对锅炉工况进行优化。任锦提出了基于改进最小二乘支持向量机的锅炉烟气含氧量软测量研究，利用主元分析法和灰色关联法选择建立软测量模型的辅助变量，建立机器学习模型，验证所建模型的预测精度和泛化性能。随着信息技术在工业设备现场的普遍应用，大量现场运行数据被存储。在此基础上，李传金运用机器学习算法优化供热锅炉参数，实现了锅炉多工况优化指导。利用机器学习算法 SVM 建立电厂锅炉燃烧模型，并使用非线性预测模型的闭环控制实现锅炉燃烧的控制，调整锅炉的燃烧状况，从而减少污染物的排放。

综上所述，虽然利用各种算法对锅炉进行了不同方面的优化，但同时存在许多问题：

（1）大部分算法只是对单一变量进行调整优化，没有考虑多变量之间的关联性以及各种因素对锅炉燃烧效率的影响。

（2）进行建模分析时，大部分只采用很少的一部分数据，有的甚至使用几十个或上百个样本进行模型的训练，难以反映锅炉真实的运行情况。

（3）大部分利用神经网络和 SVM 算法建模分析，由于这两种算法可解释性差，在锅炉的优化中难以给出优化目标的关键参数。

2. 本项目研究目标

本项目研究基于机器学习的火力发电蒸汽量预测的方法，主要目标是通过机器学习方法提高锅炉燃烧效率。同时，机器学习模型可以实现对火力发电锅炉的虚拟仿真，在设备研发和设计过程中进行模拟验证，从而减少工程设计的更改量，缩短设备研发周期，降低研发成本。通过预测模型得到关键工艺参数，工程师能够很快针对燃烧效率低的时间段进行分析，着重分析调整关键的影响因素，加快处理燃烧效率低的问题，提高整体工艺水平。该模型最终蒸汽量的预测，可以实现能耗的评估和优化，以及对实时操作提供指导意见。

知识点2 机器学习数学模型分析

1. 完整机器学习项目流程

机器学习是一门研究智能化的机器如何完成模仿学习人类的行为，在学习过程中得到新的方法和技能，不断改善自己的技能结构，从而提高自己的认知能力的学科。完整的机器学习项目流程如下：

（1）抽象成数学问题。

在海量数据下模型的训练需要耗费大量时间，所以在训练机器学习模型前，首先要明确研究的问题。

明确研究对象并转化为数学问题是指我们从研究的数据入手，把具体的问题分为机器学习的分类问题、聚类问题或回归问题等。

（2）获取数据。

数据决定模型最终预测结果的上限，算法模型应尽可能接近上限。如果数据选择不好，模型容易过拟合。此外，我们需要对数据的大小进行评估，根据数据的特征和样本量来预估计算资源的消耗，以确保模型训练过程中数据存储能够放得下。如果内存资源不够，就要考虑是否可以改进算法、对特征进行降维或者考虑分布式系统。

（3）特征预处理与特征选择。

提取数据的良好特征才能使数据发挥真正的作用。在提高算法性能的过程中，特征预处理和数据清洗是必要的步骤，决定了最终结果。在数据挖掘过程中，离散化、归一化、消除共线性、因子分解、缺失值处理等会消耗大量的时间。以上工作简单且可重复，对结果的影响也显而易见。需要机器学习工程师反复熟悉业务，筛选出良好的特征，从而有利于提高模型的泛化能力。

（4）训练模型与调优。

由于现在许多机器学习算法已经很好地封装成库供工程师使用，模型的训练与调优才真正考验工程师调参的水平。这就要求我们对机器学习算法的原有深入的理解，对原理理解得非常透彻才能在超参数的调节过程中找到问题的原因，并找到一个好的解决方案。

（5）模型诊断。

模型诊断在机器学习模型训练中是非常重要的一步，在模型诊断中过拟合和欠拟合是判断模型好坏的重要参考指标。我们通常通过绘制学习过程图、误差曲线图及交叉验证数据上模型的预测精度来诊断模型。我们解决过拟合的思路通常是增加训练数据，对模型的复杂度进行约束。解决欠拟合的方法通常是提高数据特征质量和提高模型的复杂度。

（6）模型精度提升。

在实际工程中，提高模型预测能力的方法主要是通过对数据的清洗、特征的选择、特征的构造及各种各样的采样方式和模型后端的模型集成技术。因为以上步骤标准性强、方法通用、预测精度比较高，所以当我们拿到项目时并不是直接进行参数的调节，因为在海量数据训练的过程中需要花费大量时间且不能保证效果。

（7）上线运行。

上线运行主要是在实际工程中的步骤。在实际工程中主要看结果，在线运行是检验模型最有效的方式。它不仅包括预测精度，还要考虑上线的运行时间、占用的内存空间及模型的稳定性。

2. 数据预处理简介

在实际的工业数据中，我们拿到的数据可能脏乱无比，包含大量缺失值、噪声及异常值。这可能是设备故障或人工输入错误导致的，对模型的训练非常不利，对最终的预测结果会起到很大的干扰作用。所以进行数据的清洗是非常有必要的，因为良好的数据清洗工作能使数据规范、有序、整洁，最后提供给机器学习模型和数据挖掘等使用。数据清洗能有效地处理数据的不同问题，主要包括准确性、适用性、及时性、一致性以及权威性等。我们面临的问题各有不同，不同的问题有不同的处理方法，要根据实际情况，提出相应的解决方案。本项目研究的数据不存在缺失值，但存在大量的异常值及噪声。

（1）异常值处理。

在原始数据中存在大量离群点，对于离群点的处理，本项目采用直接删除的方法。例如，在本项目的数据预处理中，发现某原料的用量或参数的变化引起蒸汽量的突然递增或递减，此时可认为该样本属于异常值，可能会对模型的最终预测造成干扰，这时我们可以选择删除该样本。在试验中运用事先设定好的规则对数据进行清洗，主要是为了清洗离群点，假设数据均值为 μ，标准差为 σ，把小于 $\mu-3\sigma$ 的数据替换为 $\mu-3\sigma$；把大于 $\mu+3\sigma$ 的数据替换为 $\mu+3\sigma$。当处理异常值时只对部分特征进行可视化展示，且对数据做过标准化处理。V0 特征可视化和 V10 特征可视化如图 4-2 和图 4-3 所示。

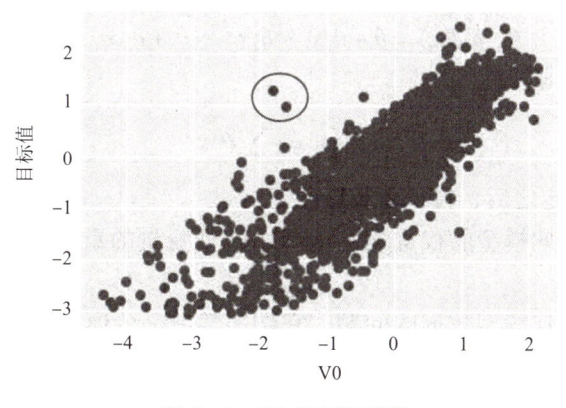

图 4-2 V0 特征可视化

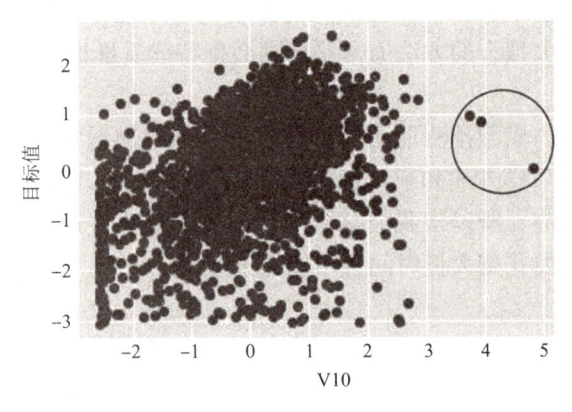

图 4-3 V10 特征可视化

对数据进行清洗后，剩余样本的数量为 2 861。

（2）数据标准化。

数据标准化转换的目的是将数据按一定的比例缩小到一个较小的区间，以便在标准化后对不同的变量进行同等的分析和比较；对于梯度下降，标准化可以达到加速收敛的效果，且不改变原始数据的分布。

Min – Max 标准化，使数据样本在 [0，1] 区间，如下式：

$$x^* = \frac{x - \min}{\max - \min}$$

Score 标准化，使变量符合标准正态分布，以 0 为均值，以 1 为标准差，如下式：

$$x^* = \frac{x - \mu}{\sigma}$$

其中，样本特征的均值为 μ，样本特征的标准差为 σ。

3. 项目主要算法简介

（1）多元线性回归算法。

工业蒸汽量的预测受多种因素的影响。因此，我们对蒸汽量的预测需要进行多元分析。假设影响蒸汽量预测有 d 个属性，d 个属性描述的事例为 $x(x_1, x_2, \cdots, x_d)$，其中，x_i 是 x 在第 i 个属性上的值，进行线性组合来预测的函数，即：

$$h_\theta(x) = \theta + \theta_1 x_1 + \theta_2 x_2 + \cdots + \theta_n x_n$$

一般用向量形式写成：

$$h_\theta(x) = \sum_{i=1}^{n} \boldsymbol{\theta}^\mathrm{T} \boldsymbol{x}$$

其中，$(1, 2, \cdots, n)$ 确定之后，模型就得以确定。

此外，由于线性回归模型的权重 w 代表每个特征变量的重要程度，所以它有很好的解释性。

回归问题就是预测连续型数据的问题，它试图学习一个模型从而可以准确地预测出接近真实结果的数据。但真实预测中肯定存在误差，对于每个样本：

$$y^i = \boldsymbol{\theta}^\mathrm{T} x^{(i)} + \varepsilon^{(i)}$$

由于预测误差 $\varepsilon^{(i)}$ 是独立同分布的，并且符合均值为零、方差为 θ^2 的高斯分布。可得出：
$$p(\varepsilon^{(i)}) = \frac{1}{\sqrt{2\pi}\sigma}\exp\left(-\frac{\varepsilon^{(i)2}}{2\sigma^2}\right)$$

根据样本估计参数值，转化为似然函数为：
$$L(\boldsymbol{\theta}) = \prod_{i=1}^{m} p(y^{(i)} \mid x^{(i)};\boldsymbol{\theta}) = \prod_{i=1}^{m}\frac{1}{\sqrt{2\pi}\sigma}\exp\left(-\frac{(y^{(i)}-\boldsymbol{\theta}^{\mathrm{T}}x^{(i)})^2}{2\sigma^2}\right)$$

由于乘法难以理解及计算，将上式转化为对数似然函数：
$$\log L(\boldsymbol{\theta}) = \log \prod_{i=1}^{m}\frac{1}{\sqrt{2\pi}\sigma}\exp\left(-\frac{(y^{(i)}-\boldsymbol{\theta}^{\mathrm{T}}x^{(i)})^2}{2\sigma^2}\right)$$

展开上式并化简得：
$$\log L(\boldsymbol{\theta}) = \sum_{i=1}^{m}\log\frac{1}{\sqrt{2\pi}\sigma}\exp\left(-\frac{(y^{(i)}-\boldsymbol{\theta}^{\mathrm{T}}x^{(i)})^2}{2\sigma^2}\right)$$
$$= m\log\frac{1}{\sqrt{2\pi}\sigma} - \frac{1}{\sigma^2}\cdot\frac{1}{2}\sum_{i=1}^{m}(y^{(i)}-\boldsymbol{\theta}^{\mathrm{T}}x^{(i)})^2$$

目标是让似然函数越大越好，由此可得到损失函数如下式：
$$J(\boldsymbol{\theta}) = \frac{1}{2}\sum_{i=1}^{m}(y^{(i)}-\boldsymbol{\theta}^{\mathrm{T}}x^{(i)})^2 \quad (\text{最小二乘})$$

现在我们的目标是求解损失函数 $J(\boldsymbol{\theta})$，使误差收敛到一个比较小的范围内，从而求解出参数 $\boldsymbol{\theta}$。有两种方案：正规方程、梯度下降。

正规方程求解，对上式进行展开，可得到下式：
$$J(\boldsymbol{\theta}) = \frac{1}{2}\sum_{i=1}^{m}(h_{\theta}(x^{(i)})-y^{(i)})^2$$
$$= \frac{1}{2}(\boldsymbol{X\theta}-\boldsymbol{y})^{\mathrm{T}}(\boldsymbol{X\theta}-\boldsymbol{y})$$

对目标函数求偏导，可得到下式：
$$\nabla_{\theta}J(\boldsymbol{\theta}) = \nabla_{\theta}\left(\frac{1}{2}(\boldsymbol{X\theta}-\boldsymbol{y})^{\mathrm{T}}(\boldsymbol{X\theta}-\boldsymbol{y})\right)$$
$$= \nabla_{\theta}\left(\frac{1}{2}(\boldsymbol{\theta}^{\mathrm{T}}\boldsymbol{X}^{\mathrm{T}}-\boldsymbol{y}^{\mathrm{T}})(\boldsymbol{X\theta}-\boldsymbol{y})\right)$$
$$= \nabla_{\theta}\left(\frac{1}{2}(\boldsymbol{\theta}^{\mathrm{T}}\boldsymbol{X}^{\mathrm{T}}\boldsymbol{X\theta}-\boldsymbol{\theta}^{\mathrm{T}}\boldsymbol{X}^{\mathrm{T}}\boldsymbol{y}-\boldsymbol{y}^{\mathrm{T}}\boldsymbol{X\theta}+\boldsymbol{y}^{\mathrm{T}}\boldsymbol{y})\right)$$
$$= \frac{1}{2}(2\boldsymbol{X}^{\mathrm{T}}\boldsymbol{X\theta}-\boldsymbol{X}^{\mathrm{T}}\boldsymbol{y}-(\boldsymbol{y}^{\mathrm{T}}\boldsymbol{X})^{\mathrm{T}})$$
$$= \boldsymbol{X}^{\mathrm{T}}\boldsymbol{X\theta}-\boldsymbol{X}^{\mathrm{T}}\boldsymbol{y}$$

令偏导 $\nabla_{\theta}J(\boldsymbol{\theta})$ 等于 0，可解得：
$$\boldsymbol{\theta} = (\boldsymbol{X}^{\mathrm{T}}\boldsymbol{X})^{-1}\boldsymbol{X}^{\mathrm{T}}\boldsymbol{y}$$

梯度下降方法是对每一个参数都进行求偏导，然后选择一个比较合适的学习率与其相乘，其中每次需要训练的样本数为 n，一直重复执行这个过程，直到误差小到某个范围内。小批量梯度下降，由上述式可得：
$$\theta_j' = \theta_j - \alpha\frac{1}{i+n}\sum_{k=i}^{i+n}(h_{\theta}(x^{(k)})-y^{(k)})x_j^{(k)}$$

由上式可知学习率对结果产生巨大影响,一般可以将学习率设置得小一些。批量数据 n(32、64、128)都可以,很多时候考虑内存和效率。学习率可通过观察损失函数变化曲线选取,如图4-4所示。

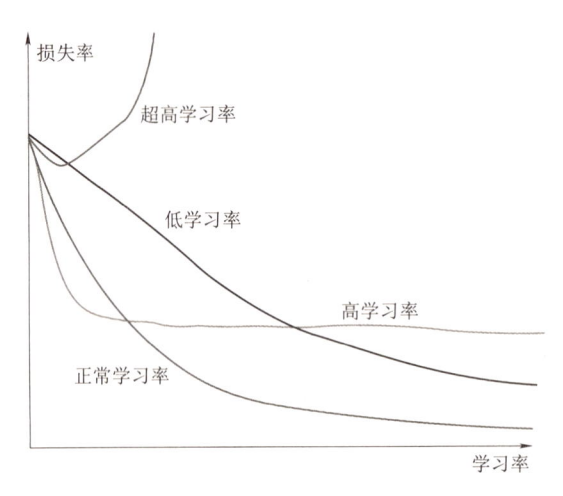

图4-4 不同学习率的损失函数变化曲线

正规方程的求解方式是一次求出最优解,而梯度下降是一直迭代反复寻找最优解。根据工程实际经验及理论推导时间复杂度,得出当训练样本小于1万时,我们采用正规方程方法求解,这个方法非常实用,但该方法有利也有弊。这两种方法的比较如表4-1所示。

表4-1 梯度下降和正规方程的比较

梯度下降	正规方程
需要选学习率	不需要
需要多次迭代	一次运算得出
当特征 n 大时也能较好适用	需要计算 $(X^TX)^{-1}$,如果特征数量 n 较大则运算代价大,因为矩阵逆的计算时间复杂度为 $o(n^3)$,通常当 n 小于1万时还是可以接受的
适用于各种类型的模型	只适用于线性模型,不适合逻辑回归模型等其他模型

多元线性回归算法至今已变得非常成熟,虽然线性回归的算法复杂度不如树模型、支持向量机及神经网络等,但其预测效果并不完全落后于其他复杂算法。多元线性回归算法的特点主要体现在以下方面:

①线性回归模型描述的关系并不仅指线性关系。它可以通过各个变量之间的组合和变换,使输出的预测值与各个变量之间的关系实现非线性变换。

②线性回归算法产生较早,已有许多研究者进行探索研究,线性回归算法已是一种稳定成熟的算法,并且预测误差比较低。

③线性回归的原理很容易理解且可解释性都比较强,还可以通过 L1 和 L2 正则化来避免模型过拟合。该模型运用新数据结合梯度下降很容易求出模型的参数。

④该模型的可解释使其在金融领域、制造业、化学物理学等领域表现出自己独有的特性。

⑤该算法结构简单，因此模型的训练速度非常快。

（2）岭回归算法。

岭回归是一种专用于共线性数据分析的有偏估计回归方法，实质上是一种改良的最小二乘估计法，通过放弃最小二乘法的无偏性，以损失部分信息、降低精度为代价获得回归系数更为符合实际、更可靠的回归方法，对病态数据的拟合要强于最小二乘法。其实就是降低精度来提高泛化性，这种方法较适合用于病态数据的拟合。

在用高阶多项式拟合数据时，有可能会拟合出系数特别大的表达式，即每个特征对输出的影响都很大。除了在训练集上的表现，我们希望模型在测试集上同样具有较好的拟合效果（泛化性），此时就希望训练模型的系数尽可能小（趋向于0）。而岭回归就是对拟合的表达式的系数附加上约束，在岭回归中用到的这种约束称为L2正则化。通过参数alpha来实现系数的调节，而系数的变化其实也就是模型的训练精度和泛化性能之间的权衡。

从机器学习角度来看，岭回归对应着L2正则化。正则化是防止模型过拟合、降低模型泛化误差的一类方法。训练集上训练一个模型，目标是希望模型能够归纳学习出训练集中存在的普遍规律，从而应用到未知的数据集中。然而数据集可能存在噪声、误差、错误等情况。模型很有可能把这些噪声、错误也学进去，也就是模型学习了当前训练集的特有规律，反而没有学到普遍规律。那么假如我们重新采样一批数据来训练，模型可能学到的又是别的东西，这将导致模型预测的结果非常不稳定，也就是具有很高的方差。这种情况下训练出的模型可能在训练集中非常拟合甚至误差为零，但是应用于测试集中效果可能非常差。

解决方法就是在原有的损失函数基础上增加一项对模型参数的惩罚项。可以看作我们提前对模型的参数应该有的样子做了一个假设或是约束。L2正则化下，我们期望模型的参数很小，接近于0。大多情况下，过拟合主要是因为数据太少或者是模型过于复杂，解决方法要么是增加数据，要么是精简模型。参数惩罚相当于后者，它通过参数衰减（极端情况下衰减为0）的方式来使数据中那些不重要的特征几乎不起作用，这样间接实现了精简模型参数的效果。

岭回归即对应着在最小二乘法基础上增加了一个L2正则化。

（3）支持向量回归（SVR）算法。

分类和回归从某种角度上看是相似的。SVM分类是找到一个超平面，使不同类的数据离分类平面的距离达到最远。SVR是找到一个超平面，使样本数据距离该平面的距离之和最小。

在样本空间中，超平面的划分可以通过以下方程来求解：

$$w^T x + b = 0$$

其中，$w = (w_1, w_2, \cdots, w_d)$为法向量，超平面的方向由该向量来确定；显然该平面到原点的距离由b来确定，法向量w和位移b确定了该平面，那么可得(w, b)。样本空间中任意一点x到该平面(w, b)的距离可写为：

$$r = \frac{|w^T x + b|}{\|w\|}$$

假设超平面(w, b)能够将训练样本正确分类，即对于$(x_i, y_i) \in D$，若$y_i = +1$，则有$w^T x_i + b > 0$；若$y_i = -1$，则有$w^T x_i + b < 0$。

令：

$$w^T x_i + b \geqslant +1, \quad y_i = +1$$
$$w^T x_i + b \geqslant -1, \quad y_i = -1$$

如图4-5所示,一些离超平面最近的训练样本点使上面方程保持成立,它们被称为"支持向量"。两个异构向量到该平面的距离之和为:$\gamma = \dfrac{2}{\|w\|}$。它被称为软"间隔"(Margin)。

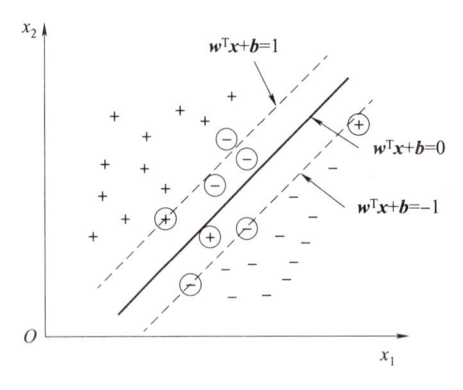

图4-5 超平面示意图

找到具有"最大间距"的分割超平面,即找到满足上面等式中约束的参数 w 和 b,使得最大,即:

$$\max_{w,b} \frac{2}{\|w\|}$$
$$\text{s.t. } y_i(w^T x_i + b) \geqslant 1, i = 1, 2, \cdots, m$$

为了间距最大化,只需使 $\|w\|^{-1}$ 最大,这等于使 $\|w\|^2$ 最小。可将上式改写为:

$$\min_{w,b} \frac{1}{2} \|w\|^2$$
$$\text{s.t. } y_i(w^T x_i + b) \geqslant 1, i = 1, 2, \cdots, m$$

这就是支持向量机的基本型。

在回归问题中,训练数据 $D = \{(x_1, y_1), (x_2, y_2), \cdots (x_n, y_n)\}, y_i \in R_i$,通过训练样本的学习使 $f(x)$ 与 y 接近,从而确定参数 w,b,在这个方程中,只有当 $f(x)$ 与 y 相等时,函数损失才为0,假设SVR允许的最大偏差为 ξ,只有当 $f(x)$ 与 y 偏差值大于 ξ 时,才计算损失,就相当于以 $f(x)$ 为中心,构建一个隔离带,假设宽度为 2ξ,如果训练样本被预测正确,则认为该样本是在此隔离带之内的。隔离带示意图如图4-6所示。

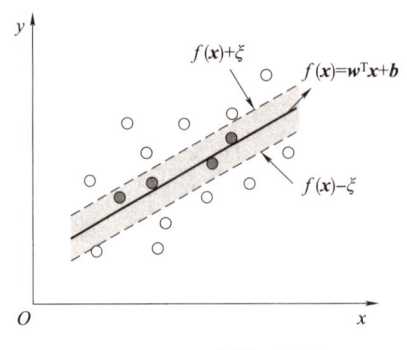

图4-6 隔离带示意图

因此 SVR 问题可转化为下式，其中右边部分为正则化惩罚项：

$$\min_{w,b} \frac{1}{2}\|w\|^2 + C\sum_{i=1}^{m} I_\varepsilon(f(x_i) - y_i)$$

其中，C 为正则化常数。I_ε 为 ε —不敏感损失函数，如图 4-7 所示。

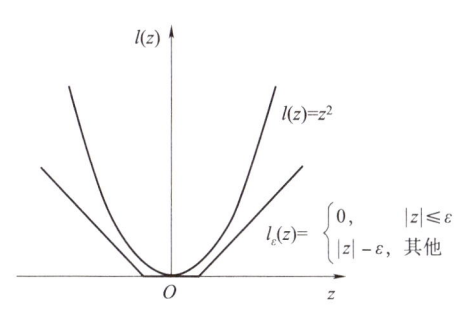

图 4-7 损失函数

$$I_\varepsilon = \begin{cases} 0, & |z| \leq \varepsilon \\ |z| - \varepsilon, & 其他 \end{cases}$$

因此引入了松弛因子，重写上面公式为：

$$\min_{w,b,\xi_i,\hat{\xi}_i} \frac{1}{2}\|w\|^2 + C\sum_{i=1}^{m}(\xi_i + \hat{\xi}_i)$$

$$\text{s.t.} \ f(x_i) - y_i \leq \varepsilon + \xi_i,$$

$$y_i - f(x_i) \leq \varepsilon + \hat{\xi}_i,$$

$$\xi_i \geq 0, \hat{\xi} \geq 0, i = 1,2,\cdots,m$$

最后代入拉格朗日乘子，得拉格朗日方程：

$$L(w,b,a,\hat{a},\xi,\hat{\xi},\mu,\hat{\mu}) = \frac{1}{2}\|w\|^2 + C\sum_{i=1}^{m}(\xi_i + \hat{\xi}_i) - \sum_{i=1}^{m}\mu_i\xi_i - \sum_{i=1}^{m}\hat{\mu}_i\hat{\xi}_i +$$

$$\sum_{i=1}^{m}\alpha_i(f(x_i) - y_i - \varepsilon - \xi_i) + \sum_{i=1}^{m}\hat{\alpha}_i(y_i - f(x_i) - \varepsilon - \hat{\xi}_i)$$

令上式偏导为零，可得：

$$w = \sum_{i=1}^{m}(\hat{\alpha}_i - \alpha_i)x_i$$

$$0 = \sum_{i=1}^{m}(\hat{\alpha}_i - \alpha_i)$$

$$C = \alpha_i + \mu_i$$

通过等式代入，即可得到 SVR 的对偶问题：

$$\max_{\alpha,\hat{\alpha}} \sum_{i=1}^{m} y_i(\hat{\alpha}_i - \alpha_i) - \varepsilon(\hat{\alpha}_i - \alpha_i) - \frac{1}{2}\sum_{i=1}^{m}\sum_{j}^{m}(\hat{\alpha}_i - \alpha_i)(\hat{\alpha}_j - \alpha_j)x_i^T x_j$$

$$\text{s.t.} \sum_{i=1}^{m}(\hat{\alpha}_i - \alpha_i) = 0,$$

$$0 \leq \alpha_i, \hat{\alpha}_i \leq C$$

上述过程满足 KKT 条件，即要求：

$$\alpha_i(f(x_i) - y_i - \varepsilon - \xi_i) = 0$$
$$\alpha_i(y_i - f(x_i) - \varepsilon - \hat{\xi}_i) = 0$$
$$\alpha_i\hat{\alpha}_i = 0, \xi_i\hat{\xi}_i = 0$$
$$(C - \alpha_i)\xi_i = 0, (C - \hat{\alpha}_i)\hat{\xi}_i = 0$$

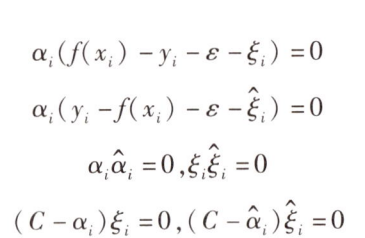

最后可得 SVR 的解为：

$$f(\boldsymbol{x}) = \sum_{i=1}^{m}(\hat{\alpha}_i - \alpha_i)\boldsymbol{x}^{\mathrm{T}}\boldsymbol{x} + \boldsymbol{b}$$

其中 b 为：

$$\boldsymbol{b} = y_i + \varepsilon - \sum_{j=1}^{m}(\hat{\alpha}_j - \alpha_j)x_j^{\mathrm{T}}x_i$$

与传统的统计方法相比，SVR 基本不涉及统计学理论中的大数定律和概率测度等。从本质上看，SVR 有效地完成了从训练数据到预测数据的"转导推理"，从而高效地解决了回归问题转化等。SVR 算法的特点主要体现在以下几个方面：

①支持向量回归算法理论解释并不完善。

②SVR 在针对训练样本量级大时，模型训练时间比较长，收敛速度较慢，难以满足很高的实时性要求。

③SVR 算法的核函数选择和一些超参数的确定没有理论依据，其中大部分仍然是通过试凑法确定的，这仍然是一个需要解决的问题。

（4）KNN 算法。

KNN 简称为 K 近邻算法。中心思想：找到未分类的测试样本附近的 K 个最相近的已分类的样本，然后未分类样本的类别由附近的已分类的 K 个样本投票决定。

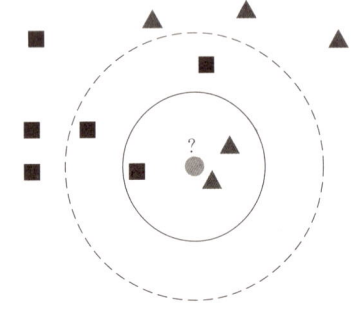

如图 4-8 中，小圆属于未分类的测试样本，如果 $K=3$，那么在实线圆里面可以看到刚刚有两个三角形和一个正方形，因为在这个里面三角形的数目大于正方形的数目。如果把三角形的类别记为 A 类，正方形的类别记为 B 类，则未分类的测试样本（即小圆）属于三角形类，即 A 类。如果 $K=5$，即在虚线圆里面，我们可以看到正方形的个数 3 大于三角形的个数 2，所以未分类的测试样本属于正方形类。

图 4-8　未分类测试样本

（5）GBDT 算法。

GBDT（Gradient Boosting Decision Tree），全名为梯度提升决策树，是一种迭代的决策树算法，又叫 MART（Multiple Additive Regression Tree）。它通过构造一组弱的学习器（树），并把多棵决策树的结果累加起来作为最终的预测输出。该算法将决策树与集成思想进行了有效的结合。

该集成算法体现了三方面的优势，分别是提升（Boosting）、梯度（Gradient）和决策树（Decision Tree）。

"提升"是指将多个弱分类器通过线下组合实现强分类器的过程。"梯度"是指算法在

Boosting 过程中求解损失函数时增强了灵活性和便捷性。"决策树"是指算法所使用的弱分类器为 CART 决策树,该决策树具有简单直观、通俗易懂的特性。

单棵决策树和随机森林相关的知识点以及两者的差异,在可信度和稳定性上,通常随机森林要比单棵决策树更强。随机森林实质上是利用 Bootstrap 抽样技术生成多个数据集,然后通过这些数据集构造多棵决策树,进而运用投票或平均的思想解决分类和预测问题。但是这样的随机性会导致树与树之间并没有太多的相关性,往往会导致随机森林算法在拟合效果上遇到瓶颈,为了解决这个问题,Friedman 等人提出了"提升"的概念,即通过改变样本点的权值和各个弱分类器的权重,并将这些弱分类器完成组合,实现预测准确性的突破。更进一步,为了使提升算法在求解损失函数时更加容易和方便,Friedman 又提出了梯度提升算法,即 GBDT。

GBDT 模型对数据类型不做任何限制,既可以是连续的数值型,也可以是离散的字符型(但在 Python 的落地过程中,需要将字符型变量做数值化处理或哑变量处理)。相对于 SVM 模型来说,较少参数的 GBDT 具有更高的准确率和更少的运算时间,GBDT 模型在面对异常数据时具有更强的稳定性。

4. 模型评估

建立模型之后,我们需要评估模型以确定它是否有用。在实践中,使用不同的度量来评估我们的模型,度量的选择取决于模型的类型以及模型将来做什么。

(1) 均方误差。

均方误差(MSE)是衡量"平均误差"的一种较方便的方法,是参数估计值与真实值之差的平方的期望值。均方误差公式如下:

$$\text{MSE} = \frac{1}{n}\sum_{i=1}^{n}(f_i - y_i)^2$$

其中,f_i 是预测值,y_i 是真实值。

(2) R 平方。

在机器学习中对数据进行线性回归分析,以及利用最小二乘方法进行参数的计算时,R^2 为预测回归平方和与总距离差平方和的比值,这一比值越大,模型预测越精确,回归拟合效果越显著。R^2 的值在 0 和 1 之间,越接近 1,模型拟合效果越好,一般超过 0.8 就认为该模型的拟合效果非常好了。R^2 公式如下:

$$R^2 = 1 - \frac{SS_{\text{res}}}{SS_{\text{tot}}} = 1 - \frac{\sum(f_i - y_i)^2}{\sum(y_i - \bar{y})^2}$$

其中,SS_{res} 为残差平方和,SS_{tot} 为类似方差项。

(3) 交叉验证。

交叉验证,是将数据样本分成多个小子集进行验证的方法,该理论是由 Seymour Geisser 提出的。在给定的模型训练数据中,大部分数据进行模型的训练,剩余小部分数据由新训练的模型进行预测,然后算出小部分数据的预测误差,并记录其误差平方和。把所有样本预测一次,然后把每个样本的预测误差平方求和。

交叉验证的基本原理:在一定意义上对原始数据分组,一部分作为训练数据,另一部分作为验证数据。首先采用训练集数据对模型进行训练,然后利用验证集数据对训练模型进行测试，以评价模型的性能。

项目实施

任务名称	任务描述	子任务名称	
任务1 数据预处理	了解数据构成，对数据进行清洗，并进行特征分析	子任务1-1	了解数据来源及其构成
		子任务1-2	特征工程
任务2 基于机器学习算法的蒸汽量预测	分别使用岭回归、Lasso回归、SVR、XGBoost、ElasticNet回归、K近邻算法、GBDT模型、随机森林模型等算法进行工业蒸汽量预测	子任务2-1	获取训练和测试数据
		子任务2-2	创建评分函数
		子任务2-3	获取异常数据
		子任务2-4	加载数据并加工
		子任务2-5	使用删除异常的数据进行模型训练
		子任务2-6	采用网格搜索训练模型
		子任务2-7	岭回归预测
		子任务2-8	Lasso回归预测
		子任务2-9	SVR预测
		子任务2-10	XGBoost预测
		子任务2-11	ElasticNet回归预测
		子任务2-12	K近邻算法预测
		子任务2-13	GBDT模型预测
		子任务2-14	随机森林模型预测
任务3 结果分析	对各类算法在测试数据上进行对比	子任务3-1	模型对比
		子任务3-2	结果分析

任务1　数据预处理

子任务1-1　了解数据来源及其构成

本项目使用的分析数据为 zhengqi_train.txt。该数据包括 2 888 个样本，蒸汽量预测模型需要应用到的数据信息如下所示：

target：产生的蒸汽量（单位：t/h）；

V0：锅炉床压；

V1：锅炉床温；

V2：给水水量；

V3：返料风；

V4：二次风给量；

V5：炉膛温度；

V6：一次风给量；
V7：过热器温度；
V8：引料风；
V9：炉膛压力；
V10：燃烧给量。

图4-9所示为接收到的蒸汽量预测的部分原始标准化数据。

V0	V1	V2	V3	V4	V5	V6	V7	V8	V9	V10	V11	V12	V13	V14	V15	V16	V17	V18
0.566	0.016	-0.143	0.407	0.452	-0.901	-1.812	-2.36	-0.436	-2.114	-0.94	-0.307	-0.073	0.55	-0.484	0	-1.707	-1.162	-0.573
0.968	0.437	0.066	0.566	0.194	-0.893	-1.566	-2.36	0.332	-2.114	0.188	-0.455	-0.134	1.109	-0.488	0	-0.977	-1.162	-0.571
1.013	0.568	0.235	0.37	0.112	-0.797	-1.367	-2.36	0.396	-2.114	0.874	-0.051	-0.072	0.767	-0.493	-0.212	-0.618	-0.897	-0.564
0.733	0.368	0.283	0.165	0.599	-0.679	-1.2	-2.086	0.403	-2.114	0.011	0.102	-0.014	0.769	-0.371	-0.162	-0.429	-0.897	-0.574
0.684	0.638	0.26	0.209	0.337	-0.454	-1.073	-2.086	0.314	-2.114	-0.251	0.57	0.199	-0.349	-0.342	-0.138	-0.391	-0.897	-0.572
0.445	0.627	0.408	0.22	0.458	-1.056	-1.009	-1.896	0.481	-2.114	-0.511	-0.564	0.294	0.912	-0.345	0.111	-0.333	-1.029	-0.573
0.889	0.416	0.64	0.356	0.224	-0.893	-0.812	-1.823	0.729	-2.114	-0.256	-0.278	0.425	0.632	-0.3	0.111	-0.333	-1.428	-0.586
0.984	0.529	0.704	0.438	0.258	-0.917	-0.682	-1.721	0.753	-2.114	-0.067	-0.24	0.272	0.78	-0.387	0.244	0.065	-1.162	-0.579
0.948	0.85	0.584	0.459	0.591	-0.523	-0.591	-1.524	0.763	-2.114	0.205	0.422	0.387	-0.288	-0.264	0.293	0.166	-1.162	-0.566
1.157	1.055	0.638	0.617	1.483	-0.731	-0.612	-1.524	0.968	-2.114	0.145	0.179	0.688	-0.14	-0.289	0.317	0.195	-0.897	-0.567
1.116	1.112	0.612	0.639	0.919	-0.895	-0.656	-1.418	0.891	-2.114	0.122	-0.275	1.083	0.429	-0.256	1.017	0.161	-0.963	-0.575
1.093	1.12	0.522	0.797	0.953	-0.619	-0.591	-1.39	1.044	-2.114	0.817	0.431	1.472	-0.45	-0.332	1.112	0.282	-1.118	-0.568
-0.632	-0.959	-0.474	1.194	-0.17	-0.572	-0.779	-1.35	-1.034	-2.114	0.025	0.514	-0.419	-0.099	-0.371	1.592	0.293	-0.897	-0.583
-0.999	-1.343	-0.454	1.156	-0.523	-0.786	-0.988	-1.463	-1.948	-2.114	-1.603	0.036	-0.751	0.569	-0.402	2.064	-0.929	-0.897	0.064
-0.234	-0.248	-0.271	0.94	0.174	-0.61	-1.102	-1.463	-0.987	-2.114	-1.004	0.419	0.34	0.436	-0.339	2.064	-1.075	-0.897	-1.304
-0.898	-1.057	-0.655	0.94	-0.544	-0.654	-1.245	-1.634	-1.784	-2.114	-0.25	0.275	-0.247	0.545	-0.258	1.98	-1.261	-0.897	-1.296
-0.403	-0.486	-0.304	0.951	-0.294	-0.488	-1.29	-1.686	-1.105	-2.114	-0.732	0.688	0.357	-0.288	-0.245	1.626	-1.463	-0.897	-1.31
-1.158	-1.538	-0.585	0.797	-0.818	-0.668	-1.416	-1.759	-2.33	-2.114	-0.917	0.248	-0.591	0.59	-0.264	1.626	-1.707	-1.162	-1.306
-0.638	-0.312	-0.059	0.831	-0.223	-0.907	-1.403	-1.878	-1.317	-2.114	-1.014	-0.306	0.189	1.305	-0.29	0.721	-1.66	-1.162	-1.273
0.375	0.422	0.369	0.929	0.132	-1.599	-1.263	-1.878	-0.323	-2.114	-1	-1.372	0.528	1.123	-0.265	0.665	-1.268	-1.162	-0.389
0.211	0.385	0.491	1.182	-0.035	-1.287	-1.127	-1.84	-0.612	-2.114	-0.11	-0.868	0.453	1.147	-0.218	0.055	-1.077	-1.251	-0.388
-0.041	0.093	0.354	1.264	-0.221	-1.078	-1.028	-1.801	-0.749	-2.114	0.205	-0.544	0.201	1.428	-0.294	-0.251	-0.887	-1.428	2.684
0.369	0.479	0.723	1.36	0.072	-0.747	-0.888	-1.746	0.099	-2.114	-0.114	0.071	0.072	1.223	-0.261	-0.251	-0.653	-1.162	3.619

图4-9 原始数据

主要代码如下：

```
In[1]:# 导入包和数据
import warnings
warnings.filterwarnings("ignore")
import matplotlib.pyplot as plt
plt.rcParams.update({'figure.max_open_warning':0})
import seaborn as sns
```

```python
import pandas as pd
import numpy as np
from scipy import stats
from sklearn.model_selection import train_test_split
from sklearn.model_selection import GridSearchCV,RepeatedKFold,cross_val_score,cross_val_predict,KFold
from sklearn.metrics import make_scorer,mean_squared_error
from sklearn.linear_model import LinearRegression,Lasso,Ridge,ElasticNet
from sklearn.svm import LinearSVR,SVR
from sklearn.neighbors import KNeighborsRegressor
from sklearn.ensemble import RandomForestRegressor,GradientBoostingRegressor,AdaBoostRegressor
from xgboost import XGBRegressor
from sklearn.preprocessing import PolynomialFeatures,MinMaxScaler,StandardScaler
from sklearn.model_selection import train_test_split
from sklearn.metrics import make_scorer
from sklearn.preprocessing import StandardScaler
```

In[2]:#加载数据
```python
with open("./zhengqi_train.txt")  as fr:
    data_train = pd.read_table(fr,sep = "\t")
with open("./zhengqi_test.txt") as fr_test:
    data_test = pd.read_table(fr_test,sep = "\t")
```

In[3]:#合并训练集和测试集为data_all,打上oringin的标签方便后续再次还原回data_train和data_test
```python
data_train["oringin"] = "train"
data_test["oringin"] = "test"
data_all = pd.concat([data_train,data_test],axis = 0,ignore_index = True)
#显示前5条数据
data_all.head()
```

Out[3]:

	V0	V1	V10	V11	V12	V13	V14	V15	V16	V17	...	V36	V37	V4	V5	V6	V7	V8	V9	oringin	target
0	0.566	0.016	-0.940	-0.307	-0.073	0.550	-0.484	0.000	-1.707	-1.162	...	-2.608	-3.508	0.452	-0.901	-1.812	-2.360	-0.436	-2.114	train	0.175
1	0.968	0.437	0.188	-0.455	-0.134	1.109	-0.488	0.000	-0.977	-1.162	...	-0.335	-0.730	0.194	-0.893	-1.566	-2.360	0.332	-2.114	train	0.676
2	1.013	0.568	0.874	-0.051	-0.072	0.767	-0.493	-0.212	-0.618	-0.897	...	0.765	-0.589	0.112	-0.797	-1.367	-2.360	0.396	-2.114	train	0.633
3	0.733	0.368	0.011	0.102	-0.014	0.769	-0.371	-0.162	-0.429	-0.897	...	0.333	-0.112	0.599	-0.679	-1.200	-2.086	0.403	-2.114	train	0.206
4	0.684	0.638	-0.251	0.570	0.199	-0.349	-0.342	-0.138	-0.391	-0.897	...	-0.280	-0.028	0.337	-0.454	-1.073	-2.086	0.314	-2.114	train	0.384

5 rows × 40 columns

In[4]:# 查看训练集数据信息
```python
data_train.info()
```
Out[4]:

```
<class 'pandas.core.frame.DataFrame'>
RangeIndex: 2888 entries, 0 to 2887
Data columns (total 39 columns):
 #   Column  Non-Null Count  Dtype
---  ------  --------------  -----
 0   V0      2888 non-null   float64
 1   V1      2888 non-null   float64
 2   V2      2888 non-null   float64
 3   V3      2888 non-null   float64
 4   V4      2888 non-null   float64
 5   V5      2888 non-null   float64
 6   V6      2888 non-null   float64
 7   V7      2888 non-null   float64
 8   V8      2888 non-null   float64
 9   V9      2888 non-null   float64
 10  V10     2888 non-null   float64
 11  V11     2888 non-null   float64
 12  V12     2888 non-null   float64
 13  V13     2888 non-null   float64
 14  V14     2888 non-null   float64
 15  V15     2888 non-null   float64
 16  V16     2888 non-null   float64
 17  V17     2888 non-null   float64
 18  V18     2888 non-null   float64
 19  V19     2888 non-null   float64
 20  V20     2888 non-null   float64
 21  V21     2888 non-null   float64
 22  V22     2888 non-null   float64
 23  V23     2888 non-null   float64
 24  V24     2888 non-null   float64
 25  V25     2888 non-null   float64
 26  V26     2888 non-null   float64
 27  V27     2888 non-null   float64
 28  V28     2888 non-null   float64
 29  V29     2888 non-null   float64
 30  V30     2888 non-null   float64
 31  V31     2888 non-null   float64
 32  V32     2888 non-null   float64
 33  V33     2888 non-null   float64
 34  V34     2888 non-null   float64
 35  V35     2888 non-null   float64
 36  V36     2888 non-null   float64
 37  V37     2888 non-null   float64
 38  target  2888 non-null   float64
dtypes: float64(39)
memory usage: 880.1 KB
```

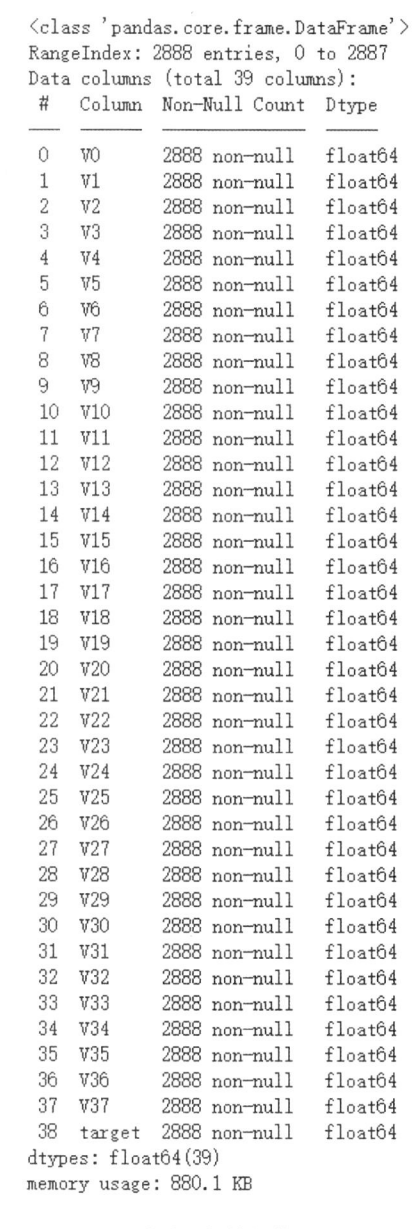

In[5]:#查看测试集数据信息

data_test.info()

Out[5]:

```
<class 'pandas.core.frame.DataFrame'>
RangeIndex: 1925 entries, 0 to 1924
Data columns (total 38 columns):
 #   Column  Non-Null Count  Dtype
---  ------  --------------  -----
 0   V0      1925 non-null   float64
 1   V1      1925 non-null   float64
 2   V2      1925 non-null   float64
 3   V3      1925 non-null   float64
 4   V4      1925 non-null   float64
 5   V5      1925 non-null   float64
 6   V6      1925 non-null   float64
 7   V7      1925 non-null   float64
 8   V8      1925 non-null   float64
 9   V9      1925 non-null   float64
 10  V10     1925 non-null   float64
 11  V11     1925 non-null   float64
 12  V12     1925 non-null   float64
 13  V13     1925 non-null   float64
 14  V14     1925 non-null   float64
 15  V15     1925 non-null   float64
 16  V16     1925 non-null   float64
 17  V17     1925 non-null   float64
 18  V18     1925 non-null   float64
 19  V19     1925 non-null   float64
 20  V20     1925 non-null   float64
 21  V21     1925 non-null   float64
 22  V22     1925 non-null   float64
 23  V23     1925 non-null   float64
 24  V24     1925 non-null   float64
 25  V25     1925 non-null   float64
 26  V26     1925 non-null   float64
 27  V27     1925 non-null   float64
 28  V28     1925 non-null   float64
 29  V29     1925 non-null   float64
 30  V30     1925 non-null   float64
 31  V31     1925 non-null   float64
 32  V32     1925 non-null   float64
 33  V33     1925 non-null   float64
 34  V34     1925 non-null   float64
 35  V35     1925 non-null   float64
 36  V36     1925 non-null   float64
 37  V37     1925 non-null   float64
dtypes: float64(38)
memory usage: 571.6 KB
```

In[6]:# 绘制数据分布

```python
plt.figure(figsize = (30,25))
i = 1
Nu_feature = list(data_test.select_dtypes(exclude = ['object']).columns)
for col in Nu_feature:
    ax = plt.subplot(7,6,i)
    ax = sns.kdeplot(data_train[col],color = 'red')
    ax = sns.kdeplot(data_test[col],color = 'cyan')
    ax.set_xlabel(col)
    ax.set_ylabel('Frequency')
    ax = ax.legend(['train','test'])
    i + = 1
```

Out[6]:

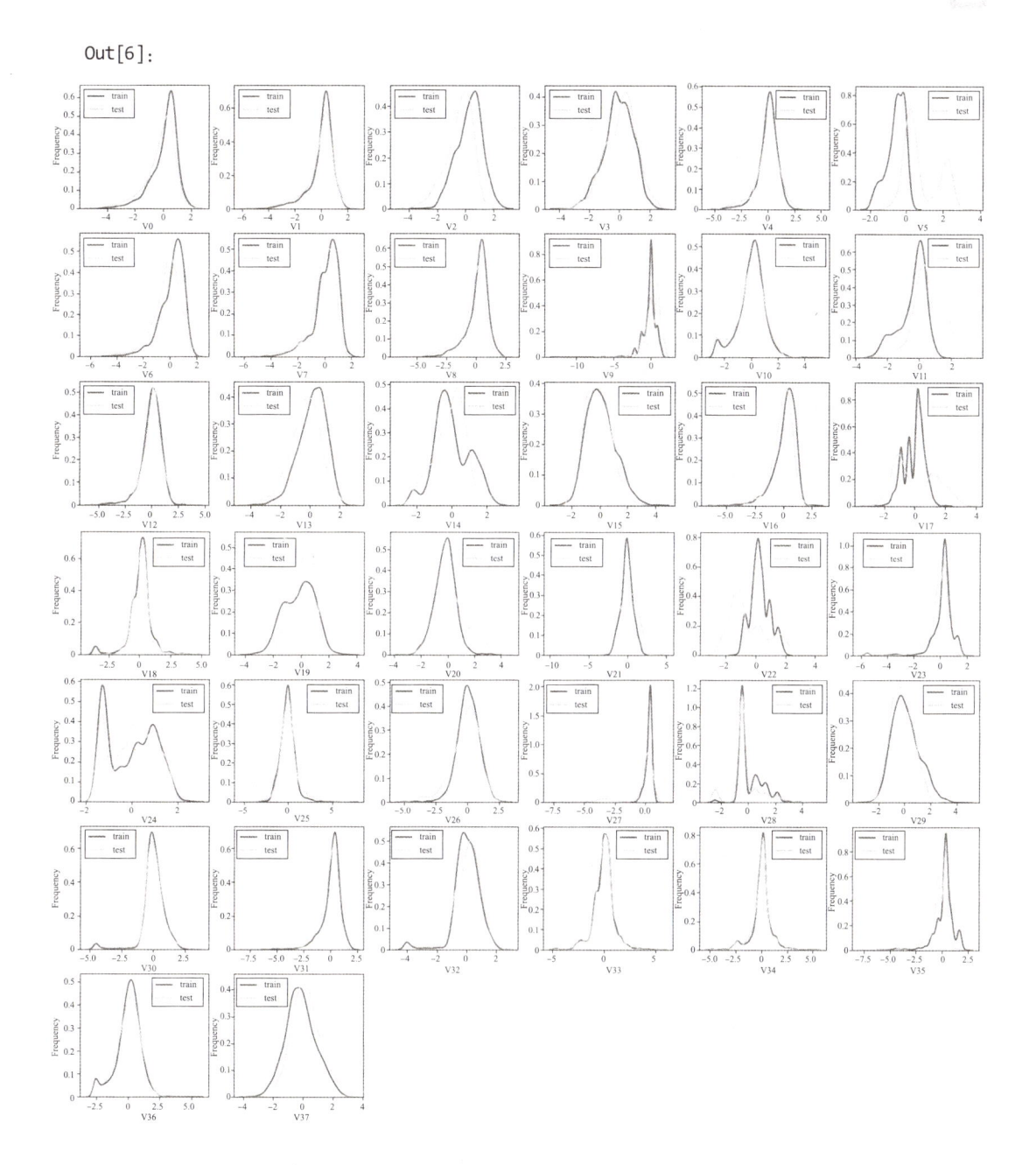

子任务 1-2 特征工程

影响蒸汽量的变量可以分为外部变量和内部变量,其中外部变量主要包括燃料性质、环境温度、设备结构物理特性等;内部变量主要包括锅炉床压、锅炉床温、一二次给风量、炉膛温度、炉膛压力等各种参数。产生蒸汽量的过程是不断调节内部变量来适应外部变量的变化,从而稳定地产生蒸汽。

由于火力发电蒸汽锅炉的各项工艺参数直接或者通过相互作用间接地影响蒸汽量的值,可以看出火力发电产生蒸汽的过程是一个包含了物理、化学等多学科耦合的复杂过程,该过程具有变量多、分布参数非线性以及快慢过程交织的特点,因此要对火力发电设备影响蒸汽量产生的变量进行数据分析,这有助于提高燃烧效率。

特征工程最终决定了模型的拟合程度,较少特征的选择,会导致模型学习能力变差,造成欠拟合,最终预测精度比较差;如果选择较多特征,会导致模型学习能力过强,造成过拟合,在训练集样本表现很好,但在未知样本预测表现很差。

```
In[7]:#绘制数据相关性
import pandas as pd
import numpy as np
import matplotlib.pyplot as plt
import seaborn as sns
import warnings
warnings.filterwarnings('ignore')
with open("./zhengqi_train.txt") as fr:
    df = pd.read_table(fr,sep = "\t")
with open("./zhengqi_test.txt") as fr:
    test = pd.read_table(fr,sep = "\t")
correlation_matrix = df.corr()
plt.figure(figsize = (12,10))
sns.heatmap(correlation_matrix,vmax = 0.9,linewidths = 0.05,cmap = "RdGy")
plt.show()
Out[7]:
```

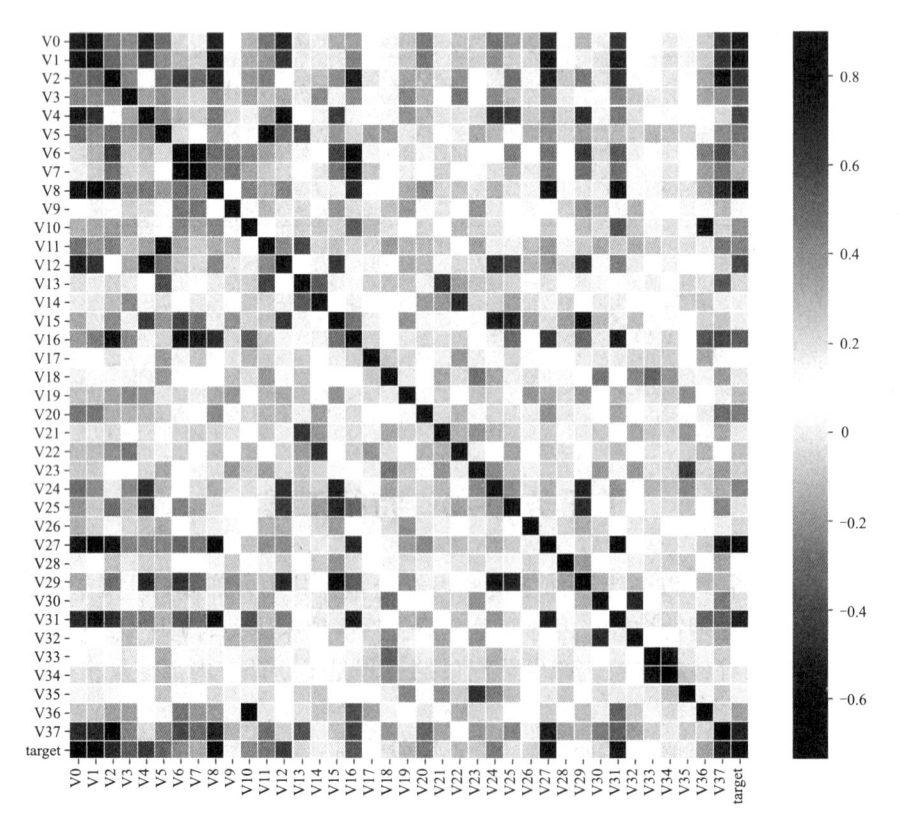

图中颜色代表相关性，其中颜色越深代表相关性越低。从图中可以发现，部分特征存在很高的相关性，如锅炉床温与锅炉压力、炉膛床温与炉膛床压，虽然存在一定的相关性，但是通过逻辑判断并不影响这部分特征入选模型，故不做处理。下面是把特征变量及目标变量全部放在一起做了一个相关系数矩阵。结果如图4-10所示。

	V0	V1	V2	V3	V4	V5	V6	V7	V8	V9	V10	target
V0	1.000	0.908	0.463	0.409	0.781	0.794	0.752	0.348	0.464	0.733	0.675	0.875
V1	0.908	1.000	0.506	0.383	0.658	0.874	0.657	0.436	0.461	0.824	0.770	0.874
V2	0.463	0.506	1.000	0.410	0.057	0.703	0.060	0.783	0.299	0.726	0.654	0.640
V3	0.409	0.383	0.410	1.000	0.315	0.411	0.306	0.395	0.290	0.391	0.422	0.513
V4	0.781	0.658	0.057	0.315	1.000	0.449	0.928	0.024	0.292	0.412	0.447	0.604
V5	0.794	0.874	0.703	0.411	0.449	1.000	0.421	0.681	0.414	0.901	0.878	0.834
V6	0.752	0.657	0.060	0.306	0.928	0.421	1.000	0.026	0.272	0.374	0.442	0.594
V7	0.348	0.436	0.783	0.395	0.024	0.681	0.026	1.000	0.200	0.651	0.779	0.537
V8	0.464	0.461	0.299	0.290	0.292	0.414	0.272	0.200	1.000	0.391	0.327	0.445
V9	0.733	0.824	0.726	0.391	0.412	0.901	0.374	0.651	0.391	1.000	0.790	0.814
V10	0.675	0.770	0.654	0.422	0.447	0.878	0.442	0.779	0.327	0.790	1.000	0.751
target	0.875	0.874	0.640	0.513	0.604	0.834	0.594	0.537	0.445	0.814	0.751	1.000

图4-10 相关系数矩阵

从相关系数矩阵中发现目标变量与锅炉温度、压力相关系数是0.87，相关性很高，说明在一定范围内，温度越高，压力越大，产生的蒸汽量就越多。一次风是空气中的一部分，它通过管道将煤粉送入炉内。它的作用不仅是为燃料燃烧的初始阶段提供大量氧气，而且要使气粉混合物保持一定的浓度以利于输送。二次风进入后慢慢与一次风融合，二次风为原料的燃烧提供足够氧气，促使空气的运动，提高高温烟气的流动，有利于氧气与可燃物的融合，为燃料的完全燃烧做了充分的准备。从图4-10中可以看出一次风与蒸汽量之间的相关系数为0.594，二次风与蒸汽量之间的相关系数为0.604。燃料给量相关系数为0.75，给水水量相关系数为0.64。

从图4-10可分析出，与蒸汽量直接相关的重要参数主要包括燃烧原料，给水水量，一次风、二次风的控制和引料风等。如果涉及锅炉其他方面的优化，还包括锅炉床压、锅炉床温、炉膛温度、炉膛压力、过热器温度以及包括锅炉的可调参数。

对蒸汽量进行预测，使用样本的单一变量并不能得到很好的预测结果，例如仅仅依赖燃烧原料、锅炉温度或锅炉压力是不合理的，因为对最终预测结果的影响不仅包括以上因素，还包括一次风、二次风等各种锅炉可调参数。所以我们需要对数据特征进行变换和构造。

In[8]:#删除分布差异较大的特征
data_all.drop(["V5","V9","V11","V17","V22","V28"],axis = 1,inplace = True)
Out[8]:

	V0	V1	V2	V3	V4	V6	V7	V8	V10	V12	...	V30	V31	V32	V33	V34	V35	V36	V37	target	oringin
0	0.566	0.016	-0.143	0.407	0.452	-1.812	-2.360	-0.436	-0.940	-0.073	...	0.109	-0.615	0.327	-4.627	-4.789	-5.101	-2.608	-3.508	0.175	train
1	0.968	0.437	0.066	0.566	0.194	-1.566	-2.360	0.332	0.188	-0.134	...	0.124	0.032	0.600	-0.843	0.160	0.364	-0.335	-0.730	0.676	train
2	1.013	0.568	0.235	0.370	0.112	-1.367	-2.360	0.396	0.874	-0.072	...	0.361	0.277	-0.116	-0.843	0.160	0.364	0.765	-0.589	0.633	train
3	0.733	0.368	0.283	0.165	0.599	-1.200	-2.086	0.403	0.011	-0.014	...	0.417	0.279	0.603	-0.843	-0.065	0.364	0.333	-0.112	0.206	train
4	0.684	0.638	0.260	0.209	0.337	-1.073	-2.086	0.314	-0.251	0.199	...	1.078	0.328	0.418	-0.843	-0.215	0.364	-0.280	-0.028	0.384	train
...	...	...	...	...	...	...	...	...	...	...	...	...	...	...	...	...	...	...	...	...	...
4808	-1.362	-1.553	-3.096	-0.444	0.381	-4.854	-5.331	-4.074	-2.551	0.396	...	-4.488	-5.793	-4.050	-1.187	-0.852	-2.131	-2.564	0.597	NaN	test
4809	-2.698	-3.452	-3.620	-1.066	-1.385	-4.927	-5.103	-4.393	-2.525	-1.786	...	-0.613	-7.698	-0.674	-1.187	-2.131	-2.564	1.215	NaN	test
4810	-2.615	-3.564	-3.402	-0.422	-1.272	-4.223	-4.315	-5.196	-2.529	-1.151	...	0.125	-6.111	0.275	-1.851	-1.548	-1.537	-2.544	1.612	NaN	test
4811	-2.661	-3.646	-3.271	-0.699	-1.270	-3.716	-3.809	-4.735	-2.560	-1.512	...	1.086	-5.268	0.683	-1.645	-1.471	-1.537	-2.549	1.431	NaN	test
4812	-2.321	-3.037	-3.214	-1.594	-0.910	-3.616	-3.747	-4.368	0.056	-1.154	...	-0.774	-5.211	1.618	-1.703	-1.471	-1.537	-1.123	1.988	NaN	test

4813 rows × 34 columns

```
In[9]:#相关性参数
plt.figure(figsize = (25,20))
colmn = data_train.columns.tolist()
mcorr = data_train.corr()
mask = np.zeros_like(mcorr,dtype = np.bool)
mask[np.triu_indices_from(mask)] = True
cmap = sns.diverging_palette(220,10)
ax = sns.heatmap(mcorr,mask = mask,cmap = cmap,square = True,annot = True)
Out[9]:
```

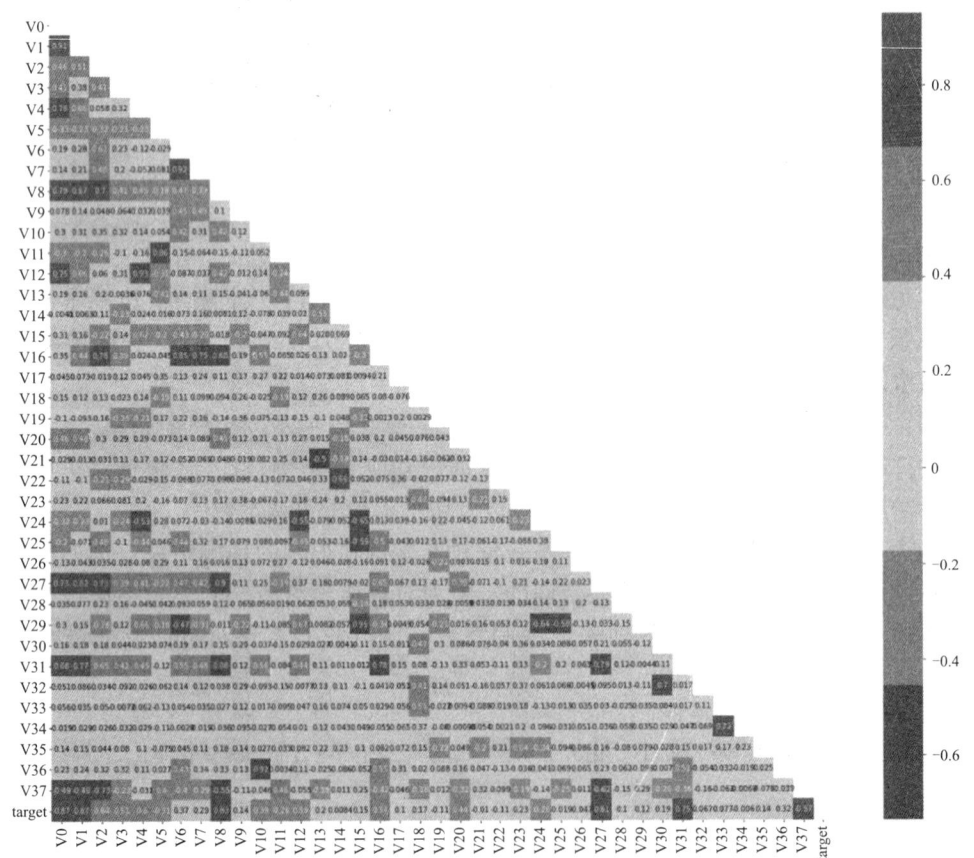

In[10]:#对全量数据中除了标签和origin的特征做归一化
cols_numeric = list(data_all.columns)
cols_numeric.remove("oringin")
def scale_minmax(col):
    return(col - col.min())/(col.max() - col.min())
scale_cols = [col for col in cols_numeric if col! = 'target']
data_all[scale_cols] = data_all[scale_cols].apply(scale_minmax,axis = 0)
Out[10]:

	V0	V1	V2	V3	V4	V6	V7	V8	V10	V12	...	V30	V31	V32	V33	V.
0	0.775775	0.723449	0.582197	0.665193	0.571839	0.508616	0.432852	0.664108	0.221743	0.570828	...	0.603714	0.729379	0.679479	0.000000	0.0000
1	0.833742	0.778785	0.611588	0.689434	0.544381	0.541225	0.432852	0.754813	0.373887	0.564418	...	0.605676	0.796005	0.721792	0.374950	0.4999
2	0.840231	0.796004	0.635354	0.659552	0.535653	0.567603	0.432852	0.762372	0.466415	0.570933	...	0.636673	0.821234	0.610818	0.374950	0.4999
3	0.799856	0.769716	0.642104	0.628297	0.587484	0.589740	0.469177	0.763198	0.350013	0.577028	...	0.643997	0.821440	0.722257	0.374950	0.4772
4	0.792790	0.805205	0.638869	0.635005	0.559600	0.606575	0.469177	0.752687	0.314675	0.599412	...	0.730447	0.826485	0.693583	0.374950	0.4620
...	...	...	...	...	...	...	...	...	...	...	...	...	...	...	...	...
4808	0.497765	0.517219	0.166924	0.535447	0.564283	0.105382	0.038977	0.234440	0.004451	0.620113	...	0.002485	0.196169	0.001085	0.340864	0.3977
4809	0.305119	0.267613	0.093236	0.440616	0.376330	0.095705	0.069203	0.196764	0.007958	0.390815	...	0.509286	0.000000	0.524334	0.340864	0.3977
4810	0.317087	0.252892	0.123893	0.538802	0.388357	0.189024	0.173671	0.101925	0.007418	0.457545	...	0.605807	0.163423	0.671420	0.275069	0.3274
4811	0.310454	0.242114	0.142315	0.496570	0.388570	0.256230	0.240753	0.156372	0.003237	0.419609	...	0.731494	0.250232	0.734656	0.295482	0.3351
4812	0.359481	0.322161	0.150330	0.360116	0.426884	0.269486	0.248973	0.199717	0.356083	0.457230	...	0.488229	0.256101	0.879572	0.289734	0.3351

4813 rows × 34 columns

In[11]:# 特征变换 - 计算分位数 - 画图展示
fcols = 6
frows = len(cols_numeric) - 1
plt.figure(figsize = (4* fcols,4* frows))
i = 0
for var in cols_numeric:
    if var! = 'target':
        dat = data_all[[var,'target']].dropna()
        i + = 1
        plt.subplot(frows,fcols,i)
        sns.distplot(dat[var],fit = stats.norm);#绘制直方图
        plt.title(var + ' Original')
        plt.xlabel('')
        i + = 1
        plt.subplot(frows,fcols,i)
        _ = stats.probplot(dat[var],plot = plt)#绘制QQ图
        plt.title('skew = ' + '{:.4f}'.format(stats.skew(dat[var])))#函数计算数据集的偏度
        plt.xlabel('')
        plt.ylabel('')
        i + = 1
        plt.subplot(frows,fcols,i)
        plt.plot(dat[var],dat['target'],'. ',alpha = 0.5)
        plt.title('corr = ' + '{:.2f}'.format(np.corrcoef(dat[var],dat['target'])[0][1]))
        i + = 1

```python
        plt.subplot(frows,fcols,i)
        trans_var,lambda_var = stats.boxcox(dat[var].dropna()+1)#特征变换
        trans_var = scale_minmax(trans_var)
        sns.distplot(trans_var,fit = stats.norm);
        plt.title(var + ' Tramsformed')
        plt.xlabel('')
        i + = 1
        plt.subplot(frows,fcols,i)
        _ = stats.probplot(trans_var,plot = plt)
        plt.title('skew = ' + '{:.4f}'.format(stats.skew(trans_var)))
        plt.xlabel('')
        plt.ylabel('')
        i + = 1
        plt.subplot(frows,fcols,i)
        plt.plot(trans_var,dat['target'],'.',alpha = 0.5)
plt.title('corr = ' + '{:.2f}'.format(np.corrcoef(trans_var,dat['target'])[0][1]))
Out[11]:
```

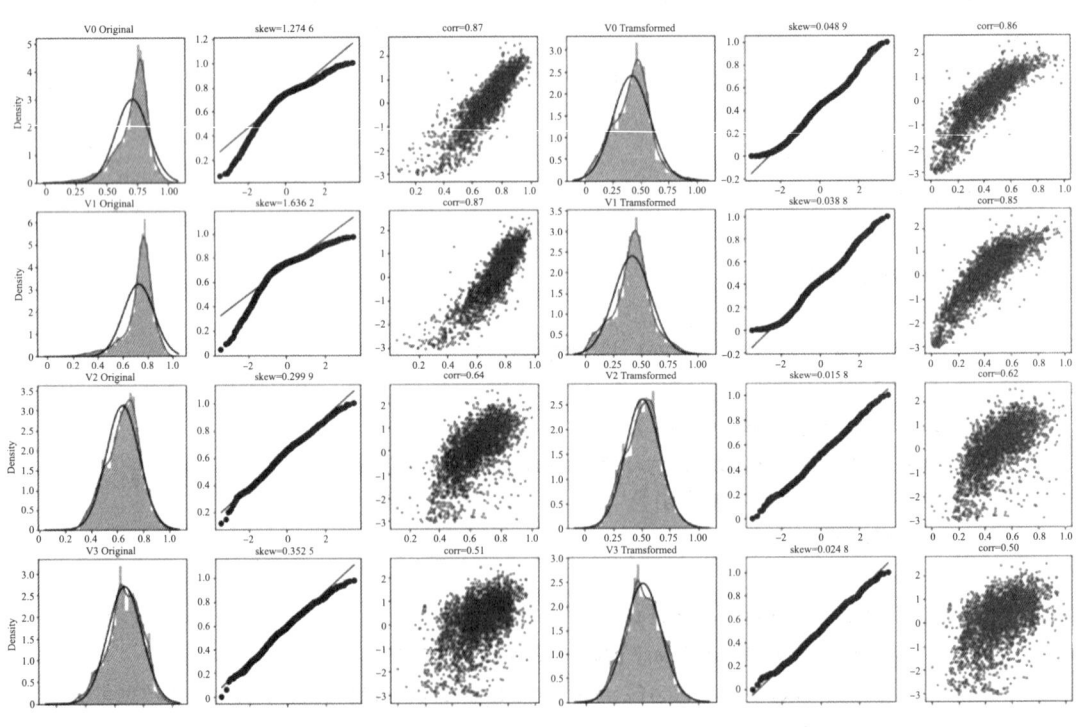

```
In[12]:#Box - Cox 变换，使其满足正态性
cols_transform = data_all.columns[0:-2]
for col in cols_transform:
    data_all.loc[:,col],_ = stats.boxcox(data_all.loc[:,col]+1)
In[13]:#标签数据对数变换数据
sp = data_train.target
```

```
data_train.target1 = np.power(1.5,sp)
print(data_train.target1.describe())
plt.figure(figsize = (12,4))
plt.subplot(1,2,1)
sns.distplot(data_train.target1.dropna(),fit = stats.norm);
plt.subplot(1,2,2)
_ = stats.probplot(data_train.target1.dropna(),plot = plt)
```
Out[13]:
```
count    2888.000000
mean        1.129957
std         0.394110
min         0.291057
25%         0.867609
50%         1.135315
75%         1.379382
max         2.798463
Name: target, dtype: float64
```

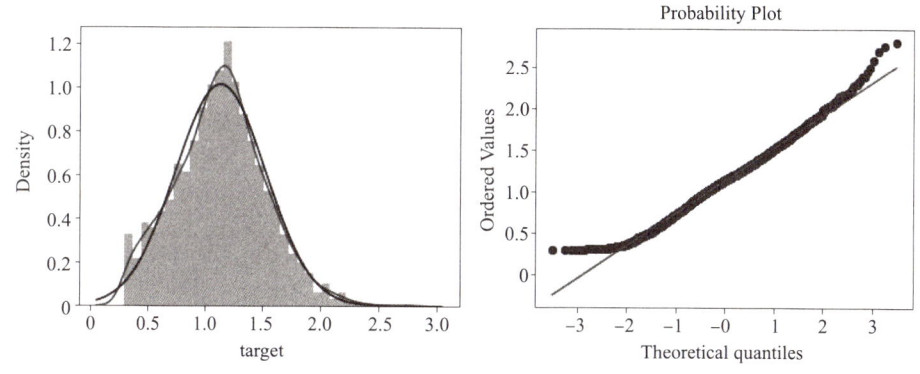

任务2　基于机器学习算法的蒸汽量预测

本项目分别使用岭回归、Lasso 回归、ElasticNet 回归、SVR 回归、K 近邻、GBDT 模型、XGB、随机森林对火力发电蒸汽量预测。本项目的分析通过 K 折交叉验证来对模型进行验证分析，K 的取值为 5。算法采用机器学习库 Scikit-Learn 来实现。

子任务2-1　获取训练和测试数据

In[14]:
```
def get_training_data():
    # 提取训练样本
    from sklearn.model_selection import train_test_split
    df_train = data_all[data_all["oringin"] = = "train"]
    df_train["label"] = data_train.target1
    y = df_train.target
    X = df_train.drop(["oringin","target","label"],axis = 1)
```

```
X_train,X_valid,y_train,y_valid = train_test_split(X,y,test_size = 0.3,random_state = 100)
    return X_train,X_valid,y_train,y_valid
def get_test_data():
    df_test = data_all[data_all["oringin"] = = "test"].reset_index(drop = True)
    return df_test.drop(["oringin","target"],axis = 1)
```

子任务 2 – 2　创建评分函数

In[15]:
```
from sklearn.metrics import make_scorer
# 评估指标
def rmse(y_true,y_pred):
    diff = y_pred - y_true
    sum_sq = sum(diff* * 2)
    n = len(y_pred)
    return np.sqrt(sum_sq/n)
def mse(y_ture,y_pred):
    return mean_squared_error(y_ture,y_pred)
# 评估指标用于模型训练
rmse_scorer = make_scorer(rmse,greater_is_better = False)
mse_scorer = make_scorer(mse,greater_is_better = False)
```

子任务 2 – 3　获取异常数据

In[16]:
```
# 获取异常数据,并画图
# 基于预测检查异常值
def find_outliers(model,X,y,sigma = 3):
    try:
        y_pred = pd.Series(model.predict(X),index = y.index) # 预测 y 值
    except:# 如果未能正常预测,尝试先训练模型再预测
        model.fit(X,y)
        y_pred = pd.Series(model.predict(X),index = y.index)
    resid = y - y_pred # 计算模型预测和真实 y 值之间的残差
    mean_resid = resid.mean()
    std_resid = resid.std()
    # 计算 z 统计量,定义异常值为其中 |z| > sigma
    z = (resid - mean_resid)/std_resid
    outliers = z[abs(z) > sigma].index
    # 输出结果
    print('R2 = ',model.score(X,y))
    print('rmse = ',rmse(y,y_pred))
    print("mse = ",mean_squared_error(y,y_pred))
```

```python
        print('- - - - - - - - - - - - - - - - - - - - - - - - - - - - - - -')
        print('mean of residuals:',mean_resid)
        print('std of residuals:',std_resid)
        print('- - - - - - - - - - - - - - - - - - - - - - - - - - - - - - -')
        print(len(outliers),'outliers:')
        print(outliers.tolist())
        plt.figure(figsize = (15,5))
        ax_131 = plt.subplot(1,3,1)
        plt.plot(y,y_pred,'.')
        plt.plot(y.loc[outliers],y_pred.loc[outliers],'ro')
        plt.legend(['Accepted','Outlier'])
        plt.xlabel('y')
        plt.ylabel('y_pred');
        ax_132 = plt.subplot(1,3,2)
        plt.plot(y,y - y_pred,'.')
        plt.plot(y.loc[outliers],y.loc[outliers] - y_pred.loc[outliers],'ro')
        plt.legend(['Accepted','Outlier'])
        plt.xlabel('y')
        plt.ylabel('y - y_pred');
        ax_133 = plt.subplot(1,3,3)
        z.plot.hist(bins = 50,ax = ax_133)
        z.loc[outliers].plot.hist(color = 'r',bins = 50,ax = ax_133)
        plt.legend(['Accepted','Outlier'])
        plt.xlabel('z')
        plt.savefig('outliers.png')
    return outliers
```

子任务 2-4　加载数据并加工

```python
In[17]:# 获取训练数据
from sklearn.linear_model import Ridge
X_train,X_valid,y_train,y_valid = get_training_data()
test = get_test_data()
# 通过岭回归去除异常值
outliers = find_outliers(Ridge(),X_train,y_train)
X_outliers = X_train.loc[outliers]
y_outliers = y_train.loc[outliers]
X_t = X_train.drop(outliers)
y_t = y_train.drop(outliers)
```

```
Out[17]:
R2= 0.8794138468263232
rmse= 0.3451033885354636
mse= 0.11909634877865909
------------------------------------
mean of residuals: 6.965674394976242e-17
std of residuals: 0.3451887995969211
------------------------------------
23 outliers:
[2655, 2159, 1164, 2863, 1145, 2697, 2528, 2645, 691, 1085, 1874, 2647, 776, 2625, 884, 2696,
 2668, 1310, 1901, 2769, 2002, 2669, 1040]
```

子任务2-5　使用删除异常的数据进行模型训练

In[18]:
```
def get_trainning_data_omitoutliers():
    y1 = y_t.copy()
    X1 = X_t.copy()
    return X1,y1
```

子任务2-6　采用网格搜索训练模型

In[19]:
```
from sklearn.preprocessing import StandardScaler
def train_model(model,param_grid = [],X = [],y = [],
            splits = 5,repeats = 5):
    # 使用未调整的训练数据
    if len(y) = = 0:
        X,y = get_trainning_data_omitoutliers()
        #poly_trans = PolynomialFeatures(degree = 2)
        #X = poly_trans.fit_transform(X)
        #X = MinMaxScaler().fit_transform(X)
    # 创建交叉验证方法
    rkfold = RepeatedKFold(n_splits = splits,n_repeats = repeats)
    # 如有 param_grid,行网格搜索
```

```python
    if len(param_grid) > 0:
        # 设置网格搜索参数
        gsearch = GridSearchCV(model, param_grid, cv = rkfold,
                               scoring = "neg_mean_squared_error",
                               verbose = 1, return_train_score = True)
        gsearch.fit(X, y)
        # 从网格中提取最佳模型
        model = gsearch.best_estimator_
        best_idx = gsearch.best_index_
        # 获取最佳模型的评分
        grid_results = pd.DataFrame(gsearch.cv_results_)
        cv_mean = abs(grid_results.loc[best_idx, 'mean_test_score'])
        cv_std = grid_results.loc[best_idx, 'std_test_score']
# 无网格搜索,只需对给定模型进行交叉评分
else:
        grid_results = []
        cv_results = cross_val_score(model, X, y, scoring = "neg_mean_squared_error", cv = rkfold)
        cv_mean = abs(np.mean(cv_results))
        cv_std = np.std(cv_results)
# 得分转换为 Series
cv_score = pd.Series({'mean':cv_mean, 'std':cv_std})
# 用训练好的模型进行预测
y_pred = model.predict(X)
# 输出评分
print('- - - - - - - - - - - - - - - - - - - - - - -')
print(model)
print('- - - - - - - - - - - - - - - - - - - - - - -')
print('score = ', model.score(X, y))
print('rmse = ', rmse(y, y_pred))
print('mse = ', mse(y, y_pred))
print('cross_val:mean = ', cv_mean, ', std = ', cv_std)
# residual plots
y_pred = pd.Series(y_pred, index = y.index)
resid = y - y_pred
mean_resid = resid.mean()
std_resid = resid.std()
z = (resid - mean_resid)/std_resid
n_outliers = sum(abs(z) > 3)
plt.figure(figsize = (15, 5))
ax_131 = plt.subplot(1, 3, 1)
plt.plot(y, y_pred, '.')
plt.xlabel('y')
plt.ylabel('y_pred');
```

```
        plt.title('corr = {:.3f}'.format(np.corrcoef(y,y_pred)[0][1]))
        ax_132 = plt.subplot(1,3,2)
        plt.plot(y,y - y_pred,'.')
        plt.xlabel('y')
        plt.ylabel('y - y_pred');
        plt.title('std resid = {:.3f}'.format(std_resid))
        ax_133 = plt.subplot(1,3,3)
        z.plot.hist(bins = 50,ax = ax_133)
        plt.xlabel('z')
        plt.title('{:.0f} samples with z > 3'.format(n_outliers))
        return model,cv_score,grid_results
# places to store optimal models and scores
opt_models = dict()
score_models = pd.DataFrame(columns = ['mean','std'])
# no. k - fold splits
splits = 5
# no. k - fold iterations
repeats = 5
```

子任务 2-7　岭回归预测

岭回归代码如下：

```
In[20]:
model = 'Ridge'
opt_models[model] = Ridge()
alph_range = np.arange(0.25,6,0.25)
param_grid = {'alpha':alph_range}
opt_models[model],cv_score,grid_results = train_model(opt_models[model],param_grid = param_grid,splits = splits,repeats = repeats)
cv_score.name = model
score_models = score_models.append(cv_score)
plt.figure()
plt.errorbar(alph_range,abs(grid_results['mean_test_score']),
             abs(grid_results['std_test_score'])/np.sqrt(splits* repeats))
plt.xlabel('alpha')
plt.ylabel('score')
Out[20]:
Fitting 25 folds for each of 23 candidates, totalling 575 fits
----------------------
Lasso(alpha=0.0001)
----------------------
score= 0.8965376022911505
rmse= 0.3187174209135976
mse= 0.10158079439381537
cross_val: mean= 0.10633969805850865 , std= 0.009424300495927884
```

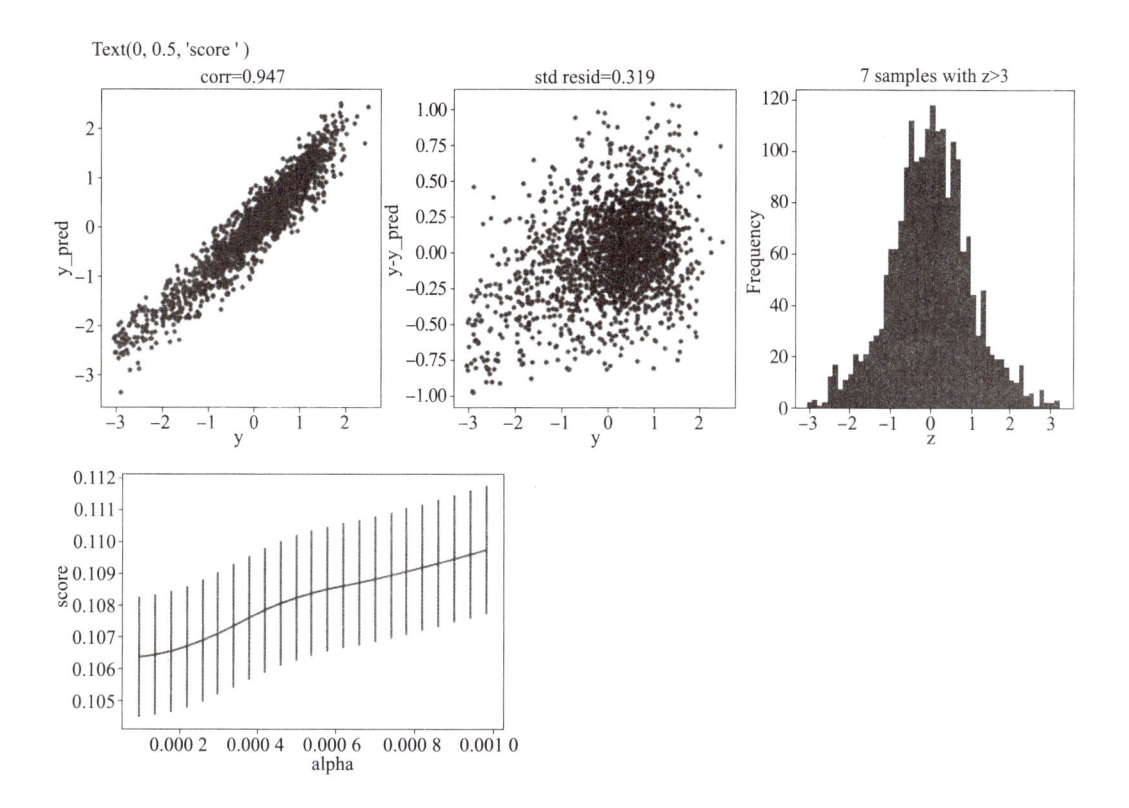

子任务 2-8　Lasso 回归预测

下面为 Lasso 回归的代码：

In[21]:

```
model = 'Lasso'
opt_models[model] = Lasso()
alph_range = np.arange(1e-4,1e-3,4e-5)
param_grid = {'alpha':alph_range}
opt_models[model],cv_score,grid_results = train_model(opt_models[model],param_grid = param_grid,splits = splits,repeats = repeats)
cv_score.name = model
score_models = score_models.append(cv_score)
plt.figure()
plt.errorbar(alph_range,abs(grid_results['mean_test_score']),abs(grid_results['std_test_score'])/np.sqrt(splits* repeats))
plt.xlabel('alpha')
plt.ylabel('score')
Out[21]:
```

```
Fitting 25 folds for each of 23 candidates, totalling 575 fits
--------------------
Lasso(alpha=0.0001)
--------------------
score= 0.8965376022911505
rmse= 0.3187174209135976
mse= 0.10158079439381537
cross_val: mean= 0.10604437244740147 , std= 0.005727585754725465
```

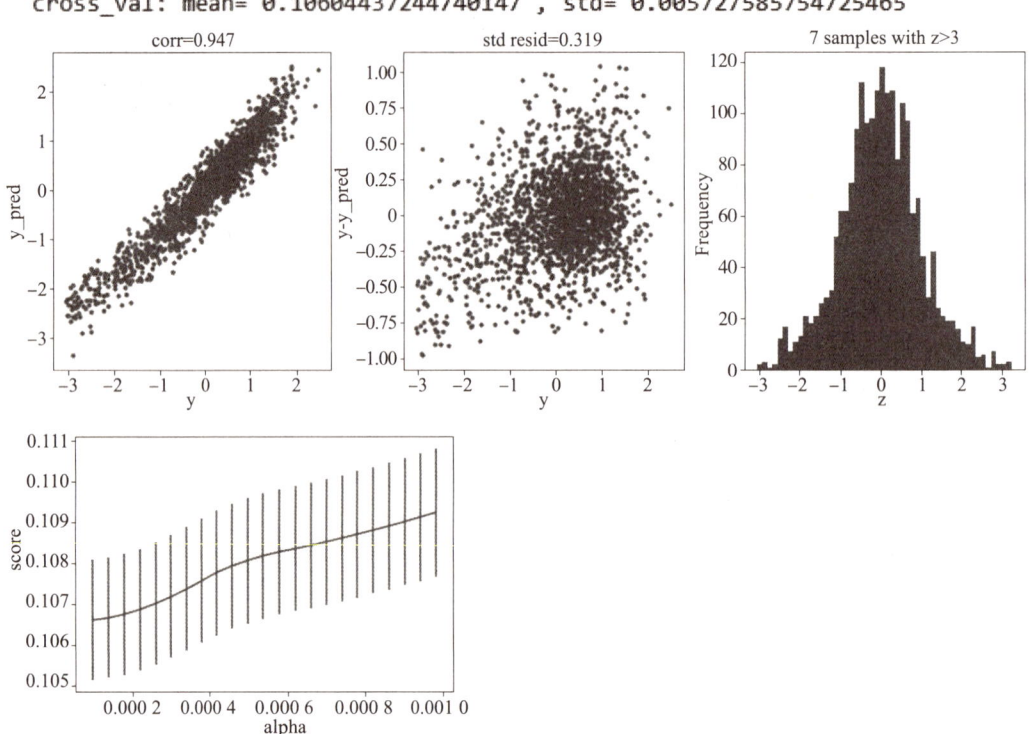

子任务 2-9　SVR 预测

下面为 SVR 的代码：

In[22]:

```
model = 'LinearSVR'
opt_models[model] = LinearSVR()
crange = np.arange(0.1,1.0,0.1)
param_grid = {'C':crange,
              'max_iter':[1000]}
opt_models[model],cv_score,grid_results = train_model(opt_models[model],param_grid = param_grid,splits = splits,repeats = repeats)
cv_score.name = model
score_models = score_models.append(cv_score)
plt.figure()
plt.errorbar(crange,abs(grid_results['mean_test_score']),abs(grid_results['std_test_
```

```
score'])/np.sqrt(splits* repeats))
    plt.xlabel('C')
    plt.ylabel('score')
Out[22]:
Fitting 25 folds for each of 9 candidates, totalling 225 fits
----------------------
LinearSVR(C=0.30000000000000004)
----------------------
score= -0.8650757523752122
rmse= 1.3532024361030808
mse= 1.8311568330753296
cross_val: mean= 0.9940694679585547 , std= 0.5140500931522957
```

子任务 2–10 XGBoost 预测

下面为 XGBoost 的代码：

In[23]:

```
model = 'XGB'
opt_models[model] = XGBRegressor()
param_grid = {'n_estimators':[100,200,300,400,500],
              'max_depth':[1,2,3],
             }
opt_models[model],cv_score,grid_results = train_model(opt_models[model],param_grid = param_grid,splits = splits,repeats = 1)
cv_score.name = model
score_models = score_models.append(cv_score)
```

Out[23]:
```
Fitting 5 folds for each of 15 candidates, totalling 75 fits
--------------------
XGBRegressor(base_score=0.5, booster='gbtree', callbacks=None,
             colsample_bylevel=1, colsample_bynode=1, colsample_bytree=1,
             early_stopping_rounds=None, enable_categorical=False,
             eval_metric=None, gamma=0, gpu_id=-1, grow_policy='depthwise',
             importance_type=None, interaction_constraints='',
             learning_rate=0.300000012, max_bin=256, max_cat_to_onehot=4,
             max_delta_step=0, max_depth=2, max_leaves=0, min_child_weight=1,
             missing=nan, monotone_constraints='()', n_estimators=300, n_jobs=0,
             num_parallel_tree=1, predictor='auto', random_state=0, reg_alpha=0,
             reg_lambda=1, ...)
--------------------
score= 0.9717445617937654
rmse= 0.1665580227260717
mse= 0.027741574934418634
cross_val: mean= 0.10173319660078899 , std= 0.008582027981879575
```

子任务 2-11　ElasticNet 回归预测

下面为 ElasticNet 回归的代码：

In[24]:

```
model = 'ElasticNet'
opt_models[model] = ElasticNet()
param_grid = {'alpha':np. arange(1e - 4,1e - 3,1e - 4),
              'l1_ratio':np. arange(0. 1,1. 0,0. 1),
              'max_iter':[100000]}
opt_models[model],cv_score,grid_results = train_model(opt_models[model],param_grid = param_grid,splits = splits,repeats = 1)
cv_score. name = model
score_models = score_models. append(cv_score)
```

Out[24]:
```
Fitting 5 folds for each of 81 candidates, totalling 405 fits
--------------------
ElasticNet(alpha=0.0001, l1_ratio=0.1, max_iter=100000)
--------------------
score= 0.8964462383594085
rmse= 0.3188581138205078
mse= 0.10167049674917174
cross_val: mean= 0.10598195386285988 , std= 0.00728789517998836
```

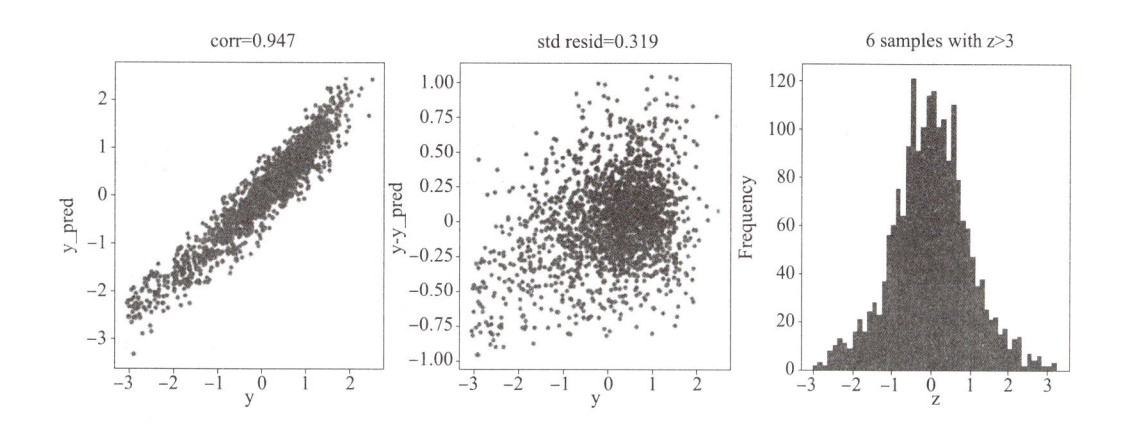

子任务 2-12　K 近邻预测

下面为 K 近邻回归的代码：

```
In[25]:
model = 'KNeighbors'
opt_models[model] = KNeighborsRegressor()
param_grid = {'n_neighbors':np.arange(3,11,1)}
opt_models[model],cv_score,grid_results = train_model(opt_models[model],param_grid = param_grid,splits = splits,repeats = 1)
cv_score.name = model
score_models = score_models.append(cv_score)
plt.figure()
plt.errorbar(np.arange(3,11,1),abs(grid_results['mean_test_score']),abs(grid_results['std_test_score'])/np.sqrt(splits* 1))
plt.xlabel('n_neighbors')
plt.ylabel('score')
Out[25]:
Fitting 5 folds for each of 8 candidates, totalling 40 fits
---------------------
KNeighborsRegressor(n_neighbors=10)
---------------------
score= 0.7188007679386812
rmse= 0.5254381453364182
mse= 0.27608524457457456
cross_val: mean= 0.34062908533198 , std= 0.06743584594889156
```

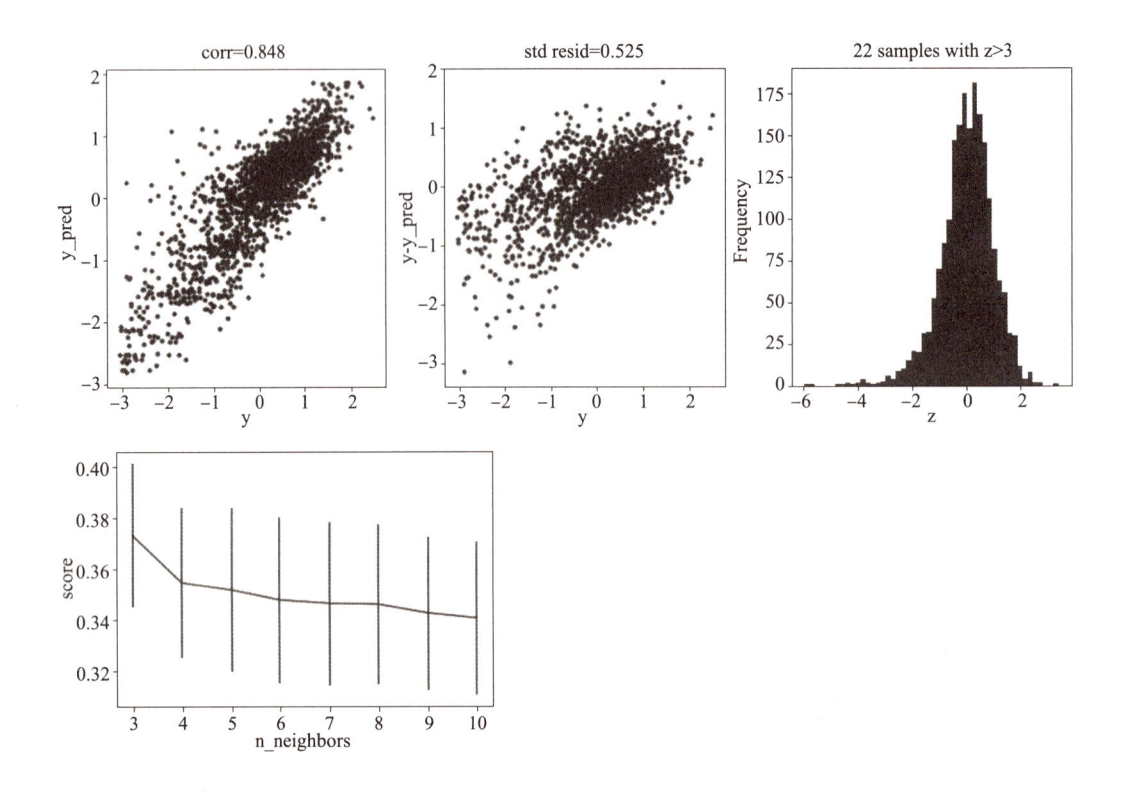

子任务 2–13　GBDT 模型预测

下面为 GBDT 模型的代码：

In[26]:

```
model = 'GradientBoosting'
opt_models[model] = GradientBoostingRegressor()
param_grid = {'n_estimators':[150,250,350],
              'max_depth':[1,2,3],
              'min_samples_split':[5,6,7]}
opt_models[model],cv_score,grid_results = train_model(opt_models[model],param_grid = param_grid,splits = splits,repeats = 1)

cv_score. name = model
score_models = score_models. append(cv_score)
```

Out[26]:
```
Fitting 5 folds for each of 27 candidates, totalling 135 fits
--------------------
GradientBoostingRegressor(min_samples_split=7, n_estimators=250)
--------------------
score= 0.9675906094630619
rmse= 0.17838156305129588
mse= 0.03181998203662348
cross_val: mean= 0.09901942849130359 , std= 0.004724522757961116
```

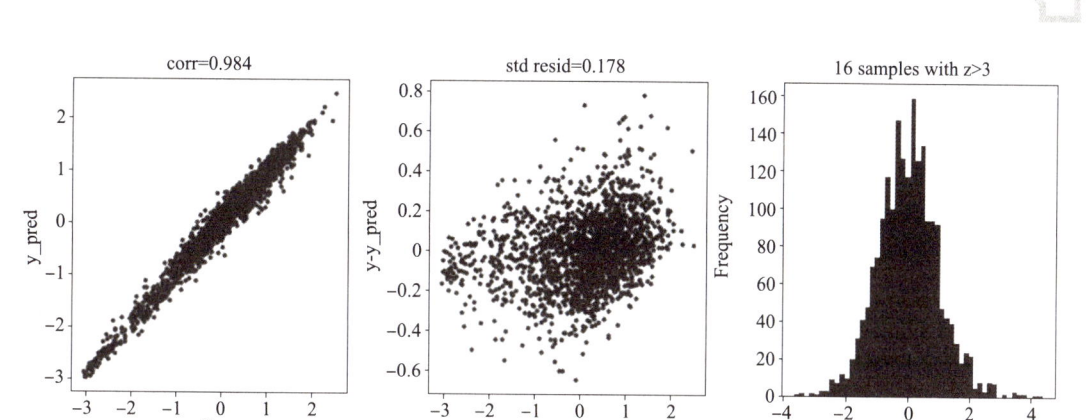

子任务 2-14　随机森林模型预测

下面为随机森林模型的代码：

In[27]:
```
model = 'RandomForest'
opt_models[model] = RandomForestRegressor()
param_grid = {'n_estimators':[100,150,200],
              'max_features':[8,12,16,20,24],
              'min_samples_split':[2,4,6]}
opt_models[model],cv_score,grid_results = train_model(opt_models[model],param_grid = param_grid,splits = 5,repeats = 1)
cv_score.name = model
score_models = score_models.append(cv_score)
```
Out[27]:
```
Fitting 5 folds for each of 45 candidates, totalling 225 fits
----------------------
RandomForestRegressor(max_features=16, n_estimators=200)
----------------------
score= 0.9857539506825954
rmse= 0.118266502809859
mse= 0.013986965686874372
cross_val: mean= 0.10186578618240269 , std= 0.00655518940139584
```

任务 3　结果分析

子任务 3-1　模型对比

对于蒸汽量预测问题，从分析结果得出的个体学习算法各具优势。从上面结果可知，从单模型预测，随机森林的均方误差最低，即对于预测结果最好为 0.013 9。个体学习器对比结果如表 4-2 所示。

表 4-2　个体学习器对比结果

算法	参数 1	参数 2	参数 3	参数 4	MSE
岭回归	Kfold = 5	alpha = 0.25	—	—	0.101 7
Lasso	Kfold = 5	alpha = 0.000 1	—	—	0.101 5
ElasticNet	Kfold = 5	alpha = 0.000 1	l1_ratio = 0.1	max_iter = 100 000	0.101 6
SVR	Kfold = 5	C = 0.3	—	—	1.831
XGBoost	Kfold = 5	base_score = 0.5	max_bin = 256	gamma = 0	0.027 7
K 近邻	Kfold = 5	n_neighbors = 10	—	—	0.276 0
GBDT 模型	Kfold = 5	min_samples_split = 7	n_estimators = 250	—	0.031 8
随机森林	Kfold = 5	max_features = 16	n_estimators = 200	—	0.013 9

由表 4-2 的对比结果可以看出，随机森林模型的预测性能指标（均方误差）小于岭回归、Lasso、ElasticNet、SVR、XGBoost、K 近邻、GBDT 模型，因此可以有如下结论：随机森林具有更好的预测性能，因而对实际火力发电能耗评估具有更好的指导意义。

子任务 3-2　结果分析

结合上面分析对比结果对各模型进行可视化分析，从而对比各模型的优缺点。如图 4-11 所示对各个单模型的预测性能（MSE）进行对比。从图 4-11 得出，随机森林表现性能最好。

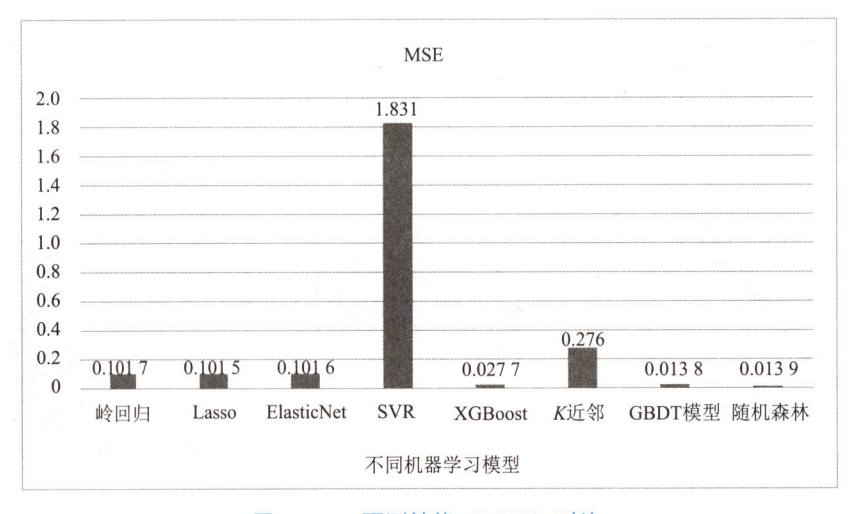

图 4-11　预测性能（MSE）对比

随着科学技术及传感器技术的发展,数据的采集已经不是我们面临的主要问题,工业数据将会呈现量级的增长,所以在大量数据的环境下,模型的训练需要花费大量时间。

项目总结

本项目的主要研究内容是依据火力发电锅炉历史运行数据进行建模研究,主要目的是提高锅炉的燃烧效率。其研究方法是运用机器学习算法对火力发电蒸汽量进行预测。首先,对数据进行清洗,对数特征进行分析,根据分析结果和先验知识对特征进行变换和构造,然后对多元线性回归、SVR、XGBoost、随机森林等进行模型的训练,以均方误差(MSE)作为评估指标,不断对模型进行调优。

数说中国

党的十八大以来,在以习近平同志为核心的党中央坚强领导下,我国积极推动对外开放,取得了一系列的显著成就。如图 4-12 所示,从 2017 年以来,中国吸引外资连续四年位居世界第二,对外投资流量稳居全球前三位,"一带一路"经贸合作高质量推进。近十

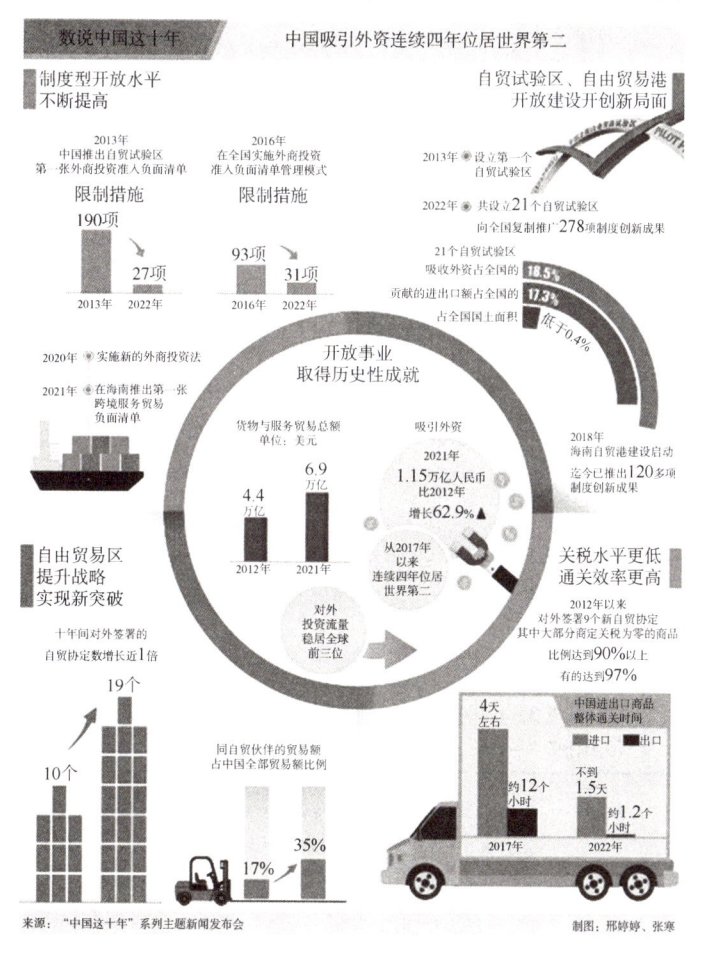

图 4-12 数据汇总

年，我国开放事业取得历史性成就。2012 年，中国的货物 + 服务贸易总额是 4.4 万亿美元，居全球第二位。到 2021 年，货物 + 服务贸易总额增长到 6.9 万亿美元，连续两年位列全球第一。我国的双向投资也稳居世界前列，2021 年我国吸引外资达到 1.15 万亿元，比 2012 年增长 62.9%。

思考练习

一、思考回答
1. 简述完整机器学习项目流程。
2. 简述各个模型的区别。

二、动手练习
试用其他模型完成本案例中的数据分析。

学习评价

学习内容	学习任务完成情况	总结体会	自我评价	同学评价	教师总评
知识点	□知识点 1 □知识点 2		☆☆☆☆☆	☆☆☆☆☆	知识掌握：
任务 1　数据预处理	□子任务 1–1 □子任务 1–2		☆☆☆☆☆	☆☆☆☆☆	学习能力： 基本素养： 评分： 签名：
任务 2　基于机器学习算法的蒸汽量预测	□子任务 2–1 □子任务 2–2 □子任务 2–3 □子任务 2–4 □子任务 2–5 □子任务 2–6 □子任务 2–7 □子任务 2–8 □子任务 2–9 □子任务 2–10 □子任务 2–11 □子任务 2–12 □子任务 2–13 □子任务 2–14		☆☆☆☆☆	☆☆☆☆☆	
任务 3　结果分析	□子任务 3–1 □子任务 3–2		☆☆☆☆☆	☆☆☆☆☆	

项目 5

基于深度学习的铝型材表面瑕疵识别

学习目标

1. 知识目标

（1）了解深度机器学习的基础知识；

（2）了解卷积神经网络的训练过程。

2. 能力目标

（1）能使用卷积神经网络对铝型材表面瑕疵进行分类预测；

（2）能够将所学知识应用到其他预测性问题的实际项目中。

3. 素质目标

（1）培养学生对比分析的能力；

（2）培养学生解决问题的能力。

项目背景

航空工业作为制造业上的一项皇冠，对于国防建设和国家经济的发展起着重要的引领和导向作用，也为众多领域（如材料、电子、通信及检测等）的发展注入了源源不断的活力。"大型飞机"是 20 世纪人类重大的科研成果之一，近年来，C919 大飞机、"鲲鹏"运 20 和蛟龙 600 大型水上飞机 131 的相继首飞也使中国向世界一流的航空工业大国和强国迈进。20 世纪 20 年代以来，铝合金材料因其密度低、比强度高、耐腐蚀性强、易导热导电、塑性和加工性能好等特点，逐步替代木材成为大型飞机机体结构的主要用材。C919 大飞机中铝合金材料的用量占总质量的 65%，表 5-1 展示了 C919 飞机中机身的零部件材料。同样，运 20 运输机和蛟龙 600 大型水上飞机零部件中大部分也为铝合金制造而成。因此，铝合金是航空工业飞机制造领域常用材料，其质量也对大型飞机的安全性、可靠性有着极大的影响。

表 5-1 C919 飞机中机身的零部件材料

部段	零部件	铝合金
中机身	蒙皮	2198 – T8；Ai – Li – Sc – T8c – T8
	长桁	钣弯 7075 – T62
	普通框	2024 – T42

续表

部段	零部件	铝合金
中机身	前后梁加强框	7085 – T7452
	加强框	7050 – T7451
	旅客观察窗框	7075 – T73 锻件
	龙骨梁缘条	7450 – T77511
	龙骨梁腹板	7072 – T6 薄板
	地板梁、支柱、座椅滑轨	2196 – T8511 2024 – T3
	气密地板	2024 – T3
	地板转折梁	7075 – T73511

在汽车制造行业中，普通家用轿车的基本材料主要有钢、铸铁、铝合金、镁合金等，其中钢的占有量为54%、铸铁为10%、铝合金为8%。钢材料与其他合金材料相比，具有安全性高、经济性高和易维修的优势，因而成为汽车车身的主用材料。铝合金因其密度低、比强度高和比刚度高的优点，也有着极其广泛的应用，同时也是汽车轻量化的理想材料。金属材料，如钢铁、铝合金等，除了应用于制造汽车和大型飞机等设备外，在日常生活和生产中也随处可见。生产现场流水线的防护围栏和安全围栏、车间工作平台、设备支架，以及家用电器的主框架等的材料主要是铝合金材料。

无论是在工业领域的设备，还是日常生活生产中的产品，金属材料都非常常见，因而其表面和内部质量是至关重要的，小小的缺陷（如裂纹、变形）都会极大程度地影响产品的外观、使用性能和质量。人工肉眼识别是传统工业生产制造中常用的识别方法，该方法利用抽查、肉眼观测的方式，因而具有抽检率低、准确性不高、实时性差、效率低、劳动强度大、受人工经验和主观因素影响大的缺点。

图5–1展示了生产现场通过人工的形式对产品、材料表面进行质量检测。

图5–1 人工材料表面质量检测
(a) 示意一；(b) 示意二

机器视觉识别是一种无接触、无损伤的在线自动识别技术，具有安全可靠、生产效率高和可在恶劣环境下长时间工作的特点，是实现设备自动化、智能化和精确快速地识别产品表面瑕疵缺陷的有效手段。传统的机器视觉识别过程是通过图像传感器（如CCD摄像机）获取金属材料的表面图像，利用相应的图像处理算法提取图像的特征信息，然后利用这些特征信息实现材料表面瑕疵的识别、分类和检测。其中，图像处理是机器视觉识别的重要组成部分，它通常由如下步骤构成：

（1）基于滤波、噪声抑制等图像增强技术对图像进行预处理，以使表面瑕疵特征更加明显，同时削弱背景噪声。

（2）利用边缘检测、区域生长等图像分割方法将图像中含有瑕疵的部分与其他区域分隔开，并且使每个区域的灰度或者纹理等特征具有相似性。

（3）通过统计法、信号分析法、结构法、几何法等提取图像中的瑕疵特征，并构造相应的特征向量。

（4）采用模式识别的方法，基于构造的特征向量进行瑕疵的识别、分类和检测。

传统的图像处理技术往往需要研究者们具有专业的知识，能够根据不同的瑕疵类别人为地设计不同的特征，然而金属材料表面的瑕疵形态复杂多变，缺少固定的形状特征和细节特征。因此，传统的图像处理技术在进行材料表面的瑕疵研究时缺乏鲁棒的描述能力，从而会严重影响瑕疵的识别、分类和检测等任务。

近年来，随着人工智能和深度学习的发展，传统的计算机视觉任务，包括图像分类和目标检测等的准确率和精度被极大提升。基于ImageNet图像数据库的国际计算机视觉识别竞赛ILSVRc，是计算机视觉领域最重大的赛事之一，历年来吸引了学术界和工业界诸多科研团队的参与，并且他们设计的具有创新性的方案都直接推动了计算机视觉的发展。该比赛的主要任务有图像分类、目标检测和定位等，图5-2展示了ILSVRC竞赛中图像分类任务错误率变化趋势。2015年，基于深度学习提出的图像分类算法ResNet的分类错误率为3.57%，低于人类肉眼分类的错误率（5%~10%）。

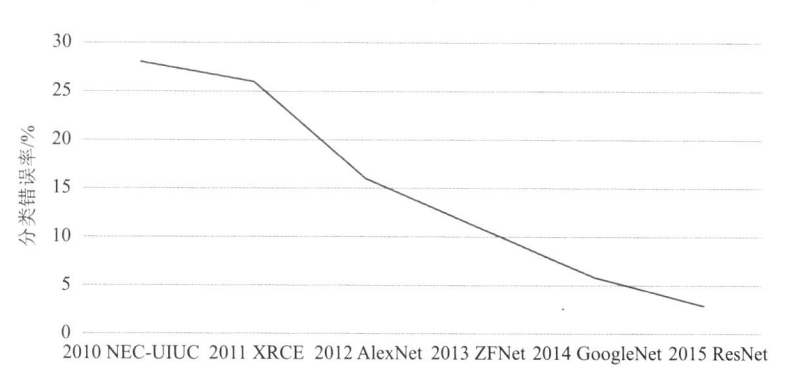

图5-2 图像分类任务错误率变化趋势

人工智能和深度学习的思想，给其他众多学科提供了很多参考和借鉴，例如，无人驾驶、医学领域的病理图像分析、语音识别等。因而，本项目将深度学习引入工业领域中金属材料表面瑕疵的检测，以解决传统图像处理技术中难以解决的问题，并为将人工智能和深度学习引入工业领域其他行业提供借鉴。

知识链接

知识点1　金属材料表面瑕疵识别研究现状

为了满足市场需求，增强企业的竞争力，国内外众多企业斥巨资致力于金属材料表面瑕疵识别系统的研究。国外企业研发与应用识别系统主要是按照人工识别、单一机理识别和机器视觉识别三个阶段开展的，而国内企业主要是从机器视觉识别开始研究的。

1. 人工识别

20世纪50年代以前，对于带钢的表面识别主要采用的是人工肉眼的识别方法。它是在生产过程中利用目测和对成品进行抽检两种方式进行带钢表面质量检查。虽然人工识别简单，不需要投入任何设备，但是这样的方式有明显的缺点。当生产线速度大于3 m/s时，肉眼就无法可靠观察到钢板表面的细节信息，因而会出现非常多的漏检和误检；另外，人工识别是由人的主观感受和经验主导的，所以很难形成统一的标准；而且，生产现场环境恶劣，质检人员的身体、心理和情绪都极易受到影响，因此检查质量难以保障。

2. 单一机理识别

单一机理识别主要是利用各种高灵敏的光学技术和机电技术器件，通过对电信号和磁信号的处理实现材料表面瑕疵的识别。单一机理识别从实现原理上可分为红外识别、涡流识别和漏磁识别。

红外识别的基本原理是利用高频感应线圈在钢坯表面产生感应电流，而钢坯表面瑕疵区域会增加感应电流的行程，从而导致该区域的温度升高，然后通过红外扫描器获得表面的温度分布，可以检测出缺陷的位置。

挪威的Elkem公司于1990年开发出一款名为Therm. O. Matic的连铸钢坯自动检测系统。该系统可以在线检测出钢坯表面横、纵裂纹等瑕疵。然而，使用红外检测的条件众多，通常只能在极小范围内进行检测。

涡流识别是利用电磁感应原理，通过在钢板表面移动涡流探测器，而表面瑕疵会导致涡流的变化，所以可以判断出是否存在瑕疵。涡流检测对微小的瑕疵拥有极高的敏感性，且识别速度较快。

1989年，法国洛林连轧公司研发了一种在线无损检测热连铸板坯表面质量的涡流探测设备——EDIsoL。该设备在多个区域安装涡流探测器，通过它们的来回运动识别表面瑕疵。此外，ABB Metallurgy公司采用多频涡流检测原理设计了Decracktor检测装置。它能够不受多种干扰因素的影响，获得较多的检测参数，从而提高了瑕疵检测的精度和可靠性。然而，涡流识别只适用于导体，且涡流探测器需要靠近被测表面。

漏磁识别是利用漏磁通的密度与板材瑕疵体积成正比的关系，通过检测漏磁通的密度来确定是否存在瑕疵。漏磁识别能够检测表面缺陷，且检测精度高、造价低廉。1991年，日本NKK公司研制了一款高灵敏度的磁敏传感器并且投入使用。此外，日本川崎制铁千叶制铁所在1993年时研发了一种在线的非金属夹杂物检测装置。然而，漏磁检测在批量的金属表面缺陷识别中能力不足。

3. 机器视觉识别

20 世纪 80 年代，产品质量受到越来越多企业的重视，相应的图像处理硬件也取得了显著的进步，因而工业界机器视觉系统开始逐步发展。1984 年，美国 9 家钢铁公司和 3 家铝公司联合启动了一项名为"American Iron and Steel Institute Surface Inspection Project"的项目。Westinghouse 公司采用线阵 CCD 摄像机和高强度的线光源实现了钢板表面缺陷识别系统原型，并于 1987 年在不同的钢铁和铝生产线上证明了该识别系统工业化的可能性。然而，该系统可识别的缺陷种类相对较少，且不具备对周期性缺陷的识别能力。

1982 年，美国 Cognex 公司生产出 DataMan 视觉系统，该视觉系统是世界上第一个能够读取、验证和确认零件和组件上的字母、数字和符号的工业光学字符识别系统；并于 1996 年，先后成功研制了 iS-2000 自动检测系统和 iLearn 自学习分类器软件系统，通过这两套系统的无缝连接，有效改善了传统自学习分类方法在算法执行速度、数据实时吞吐量、样本训练集规模及模式特征自动选择等方面的不足。图 5-3 展示了 iS-2000 自动检测系统的结构。

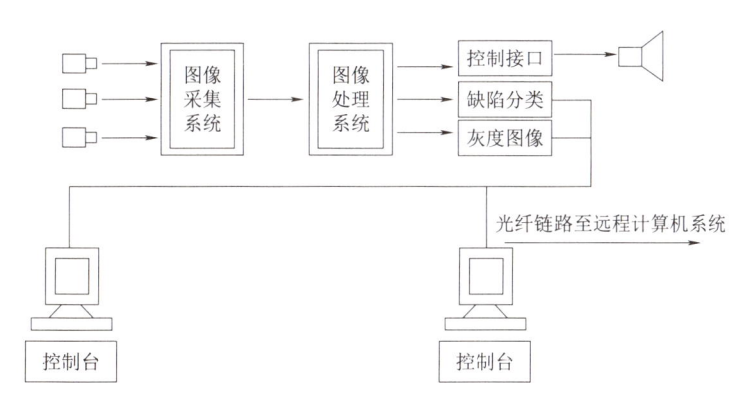

图 5-3 iS-2000 自动检测系统的结构

iS-2000 自动检测系统由图像采集系统、图像处理系统、接口子系统和图像识别算法组成。图像采集系统使用上下各两套线阵 CCD 采集装置，并辅以明域和暗域照明。该系统的检测精度达到了 0.23 mm。

德国 Parsytec 公司于 1997 年为韩国浦项制铁公司研制了 HTS-2 冷轧带钢表面检测系统，该系统首次将基于人工神经网络（ANN）的分类器设计技术应用于带钢检测领域。英国 European Electronic System 公司将研究内容转化为提高识别系统的实用性和可靠性，改善缺陷目标的检测能力以及增强缺陷图像的质量，其热轧带钢表面检测系统已在欧美主要钢铁制造企业得到应用。

4. 国内研究阶段

从 20 世纪 80 年代末，我国就开始了带钢表面瑕疵识别的研究。华中理工大学的罗志勇团队研究了基于线阵和面阵 CCD 机器视觉识别技术，并得到了国家重点科技攻关项目资助。1995 年，该团队利用多台面阵 CCD 成像和高速数字信号处理器（DSP）设计了一种新型冷轧带钢表面瑕疵检测系统，该系统的结构如图 5-4 所示，它能够检测出带钢的孔洞、边裂瑕疵的大小及位置。

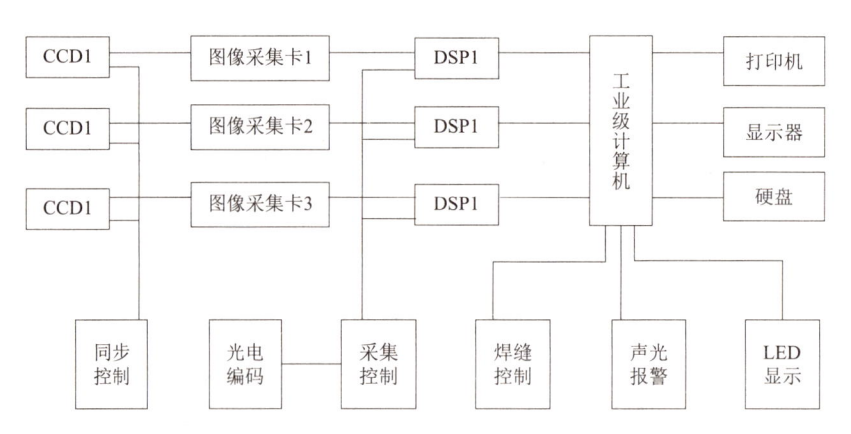

图 5-4 一种新型冷轧带钢表面瑕疵检测系统

2005 年以来，北京科技大学的徐科团队开始研制基于线阵 CCD 摄像机的热轧带钢表面瑕疵检测系统，该系统已经用于 3 条中厚板和 2 条热轧带钢生产线上，并且获得了 2008 年冶金科学技术一等奖。图 5-5 展示了热轧带钢表面瑕疵检测系统的结构。

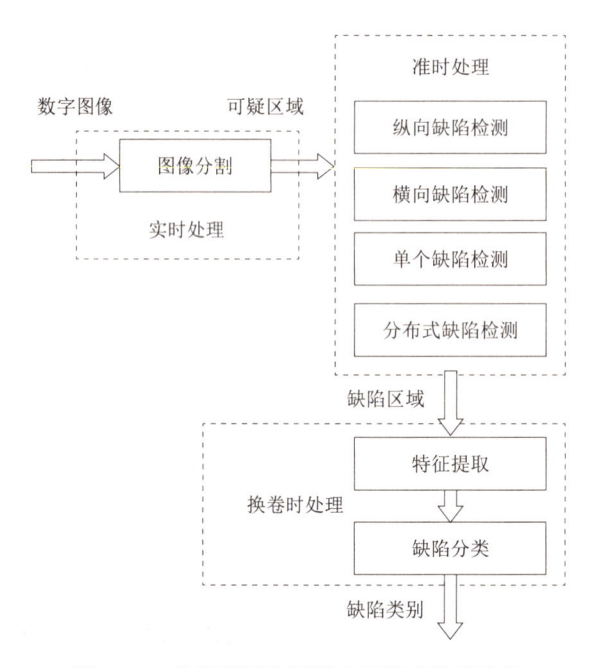

图 5-5 热轧带钢表面瑕疵检测系统的结构

知识点 2　项目研究内容及意义

1. 研究内容

本项目的研究内容主要分为以下两个部分：
（1）铝型材表面瑕疵分类算法的实现，并分析算法的内在可行性。
（2）铝型材表面瑕疵检测算法的实现。

2. 研究意义

金属材料是工业产品和生活用品的常用原料，其表面和内部质量会极大地影响产品的使用性能、安全和可靠性。现阶段，国内的生产制造商仍主要采用人工肉眼检测的方式，因此，生产效率和产品质量普遍较低。传统的机器视觉识别基于传感器和图像处理算法实现了金属材料表面瑕疵的自动化识别，然而在构造表面瑕疵特征时往往需要依据不同形态的瑕疵构造各种类型的特征，这样的特征构造方式缺乏鲁棒性，不利于材料表面瑕疵的识别、分类与检测。

近年来，随着人工智能和深度学习技术的应用，图像分类、目标检测和定位、人脸识别等计算机视觉领域的任务得到迅速发展。深度学习的概念来源于人工神经网络的研究，它通过组合底层特征构成更加抽象的高层表示属性类别或特征，以发现数据的分布式特征表示；其中卷积神经网络以原始图像作为输入，它能够在大量的训练图像数据集中自动学习具有高度抽象性和不变性的特征，而不是构造单一的特征用以描述图像，从而可以使卷积神经网络鲁棒地适应并且胜任各种计算机视觉任务。深度学习处理的对象常常是自然图像，包括人脸、车辆、水果等，而在工业领域的金属材料表面瑕疵中研究较少，因此亟须将深度学习引入工业领域中进行相关研究，以提升工业用金属材料的质量。

因此，本项目选用工业中常用材料铝型材作为突破口，对其表面瑕疵利用深度学习中的卷积神经网络进行研究，为自动识别、分类和检测铝型材表面瑕疵提供可能，同时也为将人工智能和深度学习引入工业中其他领域提供参考。

知识点3　卷积神经网络

1. 深度学习概述

神经网络是一种模拟人脑神经以期能够实现人工智能的机器学习技术，它最早出现在20世纪40年代到60年代的控制论中。人脑中的神经网络是一个非常复杂的组织，成人的大脑中估计有1 000亿个神经元。正是基于这样数以千亿计的神经元的连接组合，人类具有了视觉、听觉、味觉、嗅觉、语言、记忆、情感等功能，以及能够完成复杂的生理活动。神经元结构如图5－6所示，它主要由树突、细胞体和轴突等组成，树突主要是用来接收其

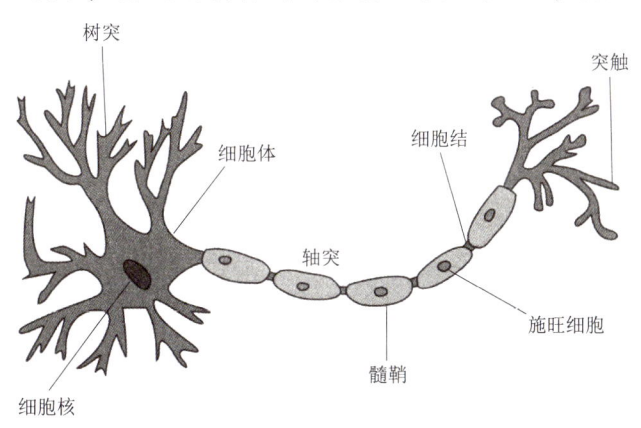

图5－6　神经元结构

他神经元轴突传来的冲动,并传递给细胞体;细胞体的作用是联络和整合输入信息,并决定是否产生神经冲动;而轴突能够传导神经冲动,影响下一个神经元。

1943 年,心理学家 McCulloch 和数学家 Pitts 参考生物神经元的结构,发表了抽象的神经元模型 MP,其结构如图 5-7 所示。对于此神经元模型,它能够同时接收许多个输入信号,然后按照一定的方式整合输入并给出一个输出。用 x_i 表示该神经元模型的第 i 个输入,用权值 w 表示不同性质和强度的生物神经元的突触,其正负模拟了突触的兴奋和抑制,大小代表了突触的不同连接强度,因此,神经元模型 MP 的数学表达式为:

$$y = f\left(\sum_{i=0}^{n} w_i \times x_i + b\right)$$

其中,y 表示该神经元的输出,f 为激活函数,b 为偏置单元。

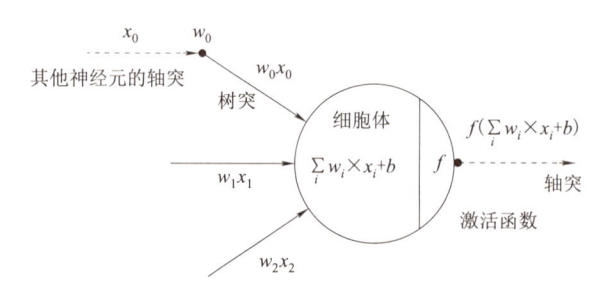

图 5-7 神经元模型 MP 结构

上述是单个神经元模型的定义,而神经网络就是把许多这样的神经元连接起来,让一个神经元的输出作为另一个神经元的输入。神经网络可以有多种多样的拓扑结构,最简单的是多层全连接前向神经网络。图 5-8 是一个三层神经网络,它主要是由输入层、隐藏层、输出层以及层与层之间的权重组成。

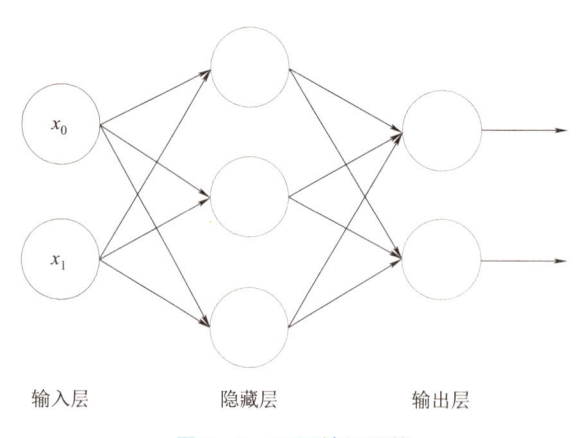

图 5-8 三层神经网络

所谓深度学习,其实就是构建包含多层隐藏层的深度神经网络模型,并且在拥有强大计算能力的硬件支持下,利用大量的训练数据不断地优化网络参数,使构建的深度神经网络具有更好的特征表达和分类能力。常见的深度神经网络模型包括卷积神经网络(Convolutional Neural Network,CNN)、生成对抗网络、深度信念网络和循环神经网络等。

对于图像检测、分类和识别等计算机视觉任务，卷积神经网络表现优异，因而本项目的主要工作均是基于卷积神经网络展开的。

卷积神经网络是从视觉皮层的生物学上获得启发的。Hubel 和 Wiesel 通过对猫的视觉皮层细胞进行研究，发现视觉皮层上的一些简单细胞的感受野（任何一级水平的单细胞活动，若受一定的空间和时间构型的光刺激视网膜某区域而调制时，这个区域称为细胞的感受野）只对应视网膜的某个指定的区域，并只对该区域中特定方向的边缘做出反应（即放电）；而复杂细胞通过对特定取向性的简单细胞进行聚类，拥有较大的感受野，并获得具有一定不变性的特征。这种一个系统中特定组件有特定任务的观点在计算机视觉中同样适用，同时这也是卷积神经网络生物学基础。Fukushima 等基于感受野概念提出了神经感知机，这可以看作卷积神经网络的第一次实现，也是第一个基于神经元之间的局部连接和层次结构组织的神经网络。

2. 深度卷积神经网络

卷积神经网络是由用于特征提取的卷积层和用于特征处理的池化层交叠组成的多层神经网络。AlexNet 作为 2012 年 ImageNet 比赛的冠军，将卷积神经网络的基本原理应用到很深很宽的网络中，证明了卷积神经网络在复杂模型下的有效性，并且极大地推动了深度卷积神经网络的发展。AlexNet 的网络结构如图 5-9 所示，它由 5 个卷积层、3 个池化层和 3 个全连接层组成，其中 ReLU 激活函数作用在每个卷积层和全连接层后。网络的输入图像大小为 $227\times227\times3$，含 R、G、B 三个通道数。卷积层 conv_1 使用 96 个大小为 $11\times11\times3$ 的卷积核对输入图像做卷积运算，得到和卷积核数量相同、尺寸为 55×55 的特征图 f1，即 f1 大小为 $55\times55\times96$；conv_1 层输出的特征图经过池化层 pool1 下采样后，变为大小为 $27\times27\times96$ 的特征图 f2；之后，f2 特征图经过 conv_2 和 pool_2 后变为大小为 $13\times13\times256$ 的特征图 f4，f4 通过 3 层卷积层以及 1 层池化层后被展开拼接为一维向量输入全连接层，然后经过 2 层全连接层、输出层和 Softmax 层，得到一个包含图片类别信息的向量。上述叙述的过程为卷积神经网络的前向传播部分，通过前向传播可以从输出层预测出该图片的类别；在网络训练阶段，利用前向传播得到的图片类别与图片真实标签的"误差"进行反向传播可以对卷积神经网络的卷积核参数进行更新，以使网络预测的图像类别与真实标签更加接近。接下来会对卷积神经网络的各种关键组成部分及其原理进行详细介绍。

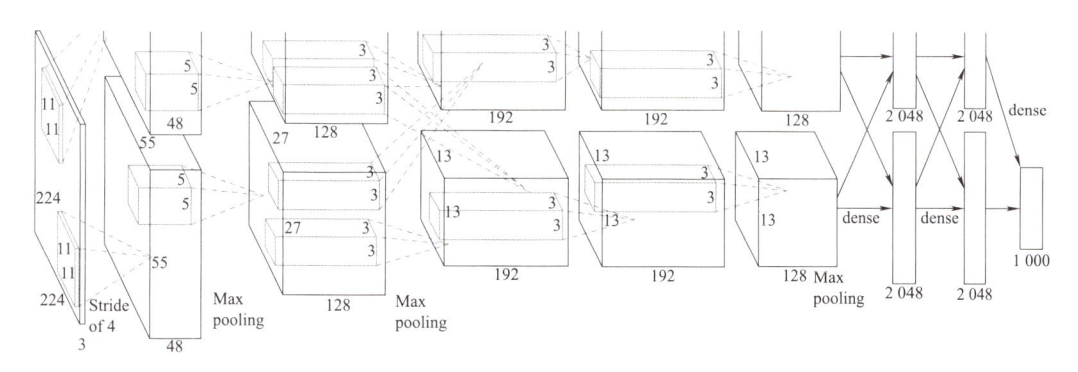

图 5-9 AlexNet 的网络结构

（1）卷积层。

卷积是深度学习中最基本也是最重要的获取特征的操作，图 5-10 展示了一个卷积操作的示意图。卷积操作的过程是将卷积核沿着输入图像（或特征图像）的水平方向和垂直方向以一定的步长（Stride）进行滑动，每移动一个步长，卷积核便会与输入图像（或特征图像）对应范围内的所有像素进行卷积运算，运算结果被放置在与卷积核中央位置相对应的输出特征图像上，随着滑动的结束，可以得到一张新的二维特征图像。AlexNet 的 conv_1 卷积层使用 96 个 $11 \times 11 \times 3$ 的卷积核对输入图像进行卷积操作，得到 96 张特征图作为下一层的输入，如图 5-11 所示。conv_1 层的每一个卷积核会提取输入图像的不同特征，这与 Hubel 和 Wiesel 发现的视觉皮层上的简单细胞相类似。从上述的卷积操作过程可以发现，输出特征图像的每一个像素只与输入图像上卷积核大小的区域相连接，这样局部连接的形式是卷积层的特点，说明了卷积层中关注更多的是位置相邻的像素，这与人的认知过程也是相似的；此外，输出的一张特征图像上的像素都共享了参数相同的一个卷积核，这样的权值共享的形式是卷积层的另一个特点，卷积层也因此大大降低了参数数量。

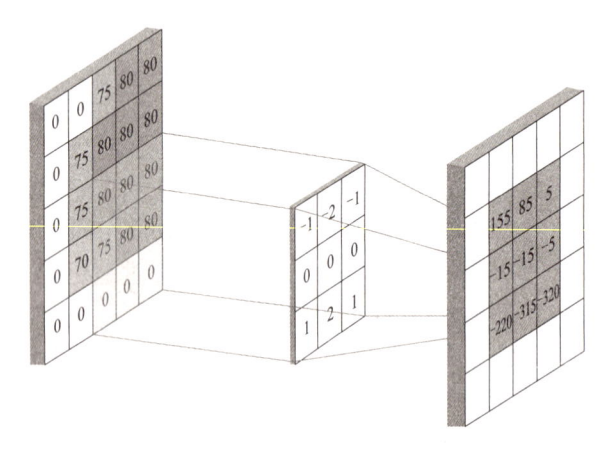

图 5-10 卷积操作的示意图

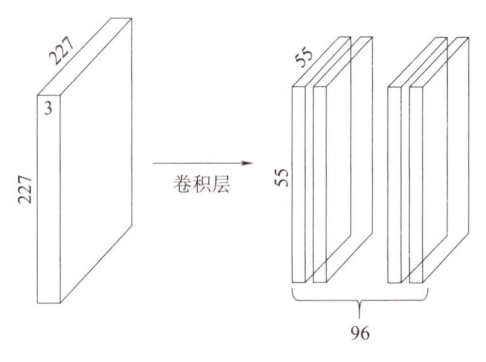

图 5-11 卷积层处理

局部连接的形式是卷积层的特点，说明了卷积层中关注更多的是位置相邻的像素，这与人的认知过程也是相似的；此外，输出的一张特征图像上的像素都共享了参数相同的一个卷积核，这样权值共享的形式是卷积层的另一个特点，卷积层也因此大大降低了参数数量。

如图 5-12 所示，卷积运算是一种线性运算，它将卷积核与输入图像对应位置的像素相乘相加，所以卷积操作只能表达和模拟线性映射关系。只具有线性关系的卷积层的建模能力远远无法满足需求，因而需要引入非线性函数来增强网络的性能。通常非线性函数运算是紧跟在卷积运算之后的。在深度学习中，这些非线性函数被称为激活函数，它们保证了卷积神经网络的非线性映射能力，是卷积层的重要组成部分。

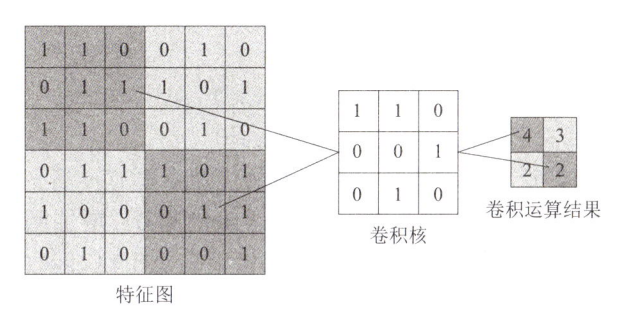

图 5-12　卷积运算

图 5-13 展示了常见的激活函数，主要有 Sigmoid 函数、tanh 函数、ReLU 函数、Leaky ReLU 函数、Maxout 函数和 ELU 函数。不同的激活函数各有优缺点，在面对不同的情况时可以依据需求选择合适的激活函数。接下来分别对 Sigmoid 函数、tanh 函数和 ReLU 函数进行简要介绍。

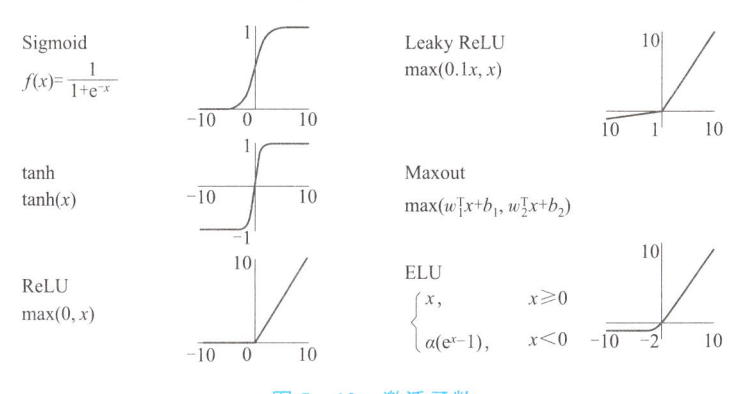

图 5-13　激活函数

Sigmoid 函数的公式为：

$$f(x) = \frac{1}{1+e^{-x}}$$

从 Sigmoid 函数图中可以看出，函数的自变量 x 的取值是在整个实数区间，而应变量在 (0, 1) 区间。Sigmoid 函数是一个可微、单调非线性函数，因为其输出值有限，使网络在训练时更加稳定。它曾经是比较流行的激活函数，但是它有许多缺陷，例如，当函数输入值远离坐标原点时，神经元的梯度就变得非常小，几乎为 0，即所谓的"梯度弥散"现象，此时，在训练的过程中，网络权重的更新就会变得特别慢，以至于训练缓慢；同时，函数的输出值不是以 0 为中心，因而通过 Sigmoid 函数的输出值的均值非 0，这会导致训练过程中权重的梯度会出现恒正或恒负现象，不利于网络的收敛；Sigmoid 函数是指数形式，而在计算机中表示指数函数是非常麻烦的。

tanh 函数的公式为：

$$f(x) = \frac{e^x - e^{-x}}{e^x + e^{-x}}$$

tanh 是双曲正切函数，它与 Sigmoid 函数非常相似，不同的是 tanh 函数的输出区间是（-1，1），而且以 0 为中心，但是其梯度弥散的问题仍然存在。

ReLU 函数的公式为：

$$f(x) = \begin{cases} 0, & x < 0 \\ x, & x \geq 0 \end{cases}$$

ReLU 函数是当前被广泛应用的激活函数，它的优点主要有：当 $x > 0$ 时，梯度为 1，不存在梯度饱和问题，收敛会相对较快；当 $x < 0$ 时，输出为 0，增加网络的稀疏性，提高泛化能力；计算速度快，比 Sigmoid 函数和 tanh 函数快很多。ReLU 函数的主要缺点是：当输入是负数时，它是完全不被激活的，其梯度也被置为 0，因而这个神经元将不对任何输入做出反应。针对 ReLU 函数在输入小于 0 区域无法激活的情况，各种 ReLU 函数的变体被提出，主要是让 $x < 0$ 时输出不等于 0，如 Leaky ReLU、ELU 等。

（2）池化层。

池化层通过对特征图像相邻位置的特征进行聚合，以降低特征图像尺寸，从而减少训练参数量和加快训练速度。池化操作是在特征图像的每一个通道上独自完成，因而它不会改变特征图像的维度，它的操作过程与卷积操作类似，将一个池化核沿着特征图像的水平方向或垂直方向以一定的步长滑动（通常池化核的步长等于池化核的宽度），每移动一个步长，在特征图像上与池化核相对应的位置进行池化运算，如图 5 - 14 所示，即选择一个在统计上具有某种代表性的特征来代替特征图像在该范围内的输出。常用的池化层形式有：最大池化、平均池化和加权平均池化等。图 5 - 14 所示的池化运算为最大池化，它将特征图像上 3×3 区域的最大特征值作为输出值。池化层（如 AlexNet 中的 pool_1、pool_2、pool_3 池化层）都是采用 3×3 的最大池化运算。

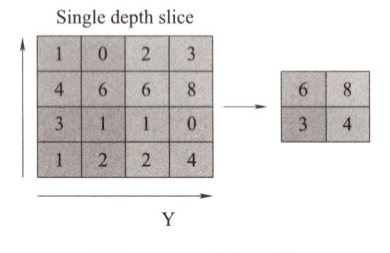

图 5 - 14 池化运算

不管采用何种池化形式，当对输入图像做出少量平移时，池化层能够使经过池化操作后的特征图像大部分不发生改变。在图像分类任务中，一般只关心某个特征是否出现而不关心它出现的具体位置，所以希望获取的图像特征具有平移不变性，而池化层正好满足这样的需求。

（3）Softmax 回归层。

用于解决图像分类问题的卷积神经网络的输出层神经元个数往往与类别数量相同，但其输出值的范围不确定，难以直观上判断这些值的意义，并且分类问题的数据真实标签是离散值，因此也无法衡量这些离散标签值与输出值之间的误差。Softmax 回归层可以将输出值映射到（0，1）区间内，使网络输出转化为关于类别的概率分布，这对于训练过程与真实标记计算误差是非常有利的，并且可以直观地通过概率值的大小判断图像所属类别。假设卷积神经网络输出值为 $[y_1, y_2, y_3, \cdots, y_i, \cdots, y_n]$，经过 Softmax 回归处理后输出为：

$$f_{\text{Softmax}}(y_i) = \frac{e^{y_i}}{\sum_{i=1}^{n} e^{y_i}}$$

（4）损失函数。

在描述 AlexNet 网络前向传播时提到的图像类别与图像真实标签的"误差"是通过损失函数（Loss Function）获得的，损失函数是用来估量卷积神经网络的预测标签与数据的真实标签的不一致程度，它是一个非负实值函数。训练过程中，通常会绘制损失曲线用以表示损失函数，我们希望损失曲线呈现下降趋势，也就是损失函数的值越来越小，从而网络的预测值就会越来越接近真实值。常用的损失函数有平方差损失函数和交叉熵损失函数。

平方差损失函数的公式为：

$$E_d = \frac{1}{2} \sum_i (z(x_i) - y_i)^2$$

y_i 为样本的真实标记，$z(x_i)$ 为卷积神经网络的预测标记，从上述公式可以看出当网络的预测值与真实标记差距越大，则误差就越大，在后续网络权重更新中所要付出的代价就越大。平方差损失函数的缺点是在训练过程中网络权重的梯度会出现梯度弥散现象，导致训练缓慢。在分类问题中，网络预测值中真实类别的概率值往往不为 1，平方差损失函数会利用预测值中所有类别的概率值与真实标记求损失，会导致损失值过大，而想要预测分类结果正确其实只需要网络预测值中真实类别的概率值大于其他类别的概率值，所以平方差损失函数过于严格。因此，在铝型材表面瑕疵研究中与分类问题相关的网络均采用了交叉熵损失函数，接下来对交叉熵损失函数做简单介绍。

交叉熵损失函数是用于评估卷积神经网络预测值的概率分布与真实分布的差异情况，通过减少交叉熵损失就能提高网络的预测准确率，其公式为：

$$H(p,q) = -\sum_i p(x) \log(q(x))$$

其中，$p(x)$ 是真实分布，其大小为分类问题的类别数量，并且将真实类别对应位置的值置 1，其余为 0；而 $q(x)$ 是网络 Softmax 回归层的输出值。因此，交叉熵损失函数只会计算预测值中真实类别的概率值与真实标记的误差，并且它也解决了平方差损失函数在训练过程梯度弥散的问题。

（5）训练过程。

卷积神经网络的训练过程主要是由前向传播和反向传播构成的。前向传播过程是让输入数据在网络中由前往后流动直至获取网络输出值。反向传播的基本目的是利用损失函数对卷积神经网络的权重进行更新，以使网络的预测值越来越接近真实值，反向传播的基本原则是复合函数的链式求导法则。本节通过图 5-15 所示的三层神经网络来说明网络的训练过程。

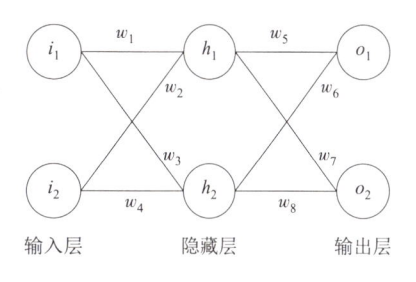

图 5-15 训练过程

该神经网络由输入层、隐藏层和输出层构成，每层有两个神经元，每个神经元的输入用 net 表示，而输出用 out 表示，层与层之间通过权重 W 连接。前向传播的过程就是计算每个神经元的输出，对于隐藏层神经元 h_1，它与输入层的神经元 i_1 和 i_2 通过权重 w_1 和 w_2 连接，因而其输入为：$\text{net}_{h_i} = w_1 \times i_1 + w_2 \times i_2$，输出为：$\text{out}_{h_i} = \Phi(\text{net}_{h_i})$，$\Phi(x)$ 为 Sigmoid 激活函数。相应的其他神经元的输入与输出分别为：

$$h_2: \text{net}_{h_2} = w_3 \times i_1 + w_4 \times i_2, \text{out}_{h_2} = \Phi(\text{net}_{h_2})$$

$$o_1: \text{net}_{o_1} = w_5 \times net_{h_1} + w_6 \times \text{net}_{h_2}, \text{out}_{o_1} = \Phi(\text{net}_{o_1})$$

$$o_2: \text{net}_{o_2} = w_3 \times net_{h_1} + w_8 \times \text{net}_{h_2}, \text{out}_{o_2} = \Phi(\text{net}_{o_2})$$

因此，通过该网络前向传播获得的预测值为：$\Phi(\text{net}_{o_1})$，$\Phi(\text{net}_{o_2})$。利用平方差损失函数获得网络的预测值与真实值的误差为：$E_{\text{total}} = E_{o_1} + E_{o_2}$，其中：

$$E_{o_1} = \frac{1}{2}(\text{real}_{o_1} - \text{out}_{o_1})^2,$$

$$E_{o_2} = \frac{1}{2}(\text{real}_{o_2} - \text{out}_{o_2})^2$$

上述过程获得了神经网络的损失值 E_{total}，然后通过反向传播过程计算 E_{total} 对于网络中各个权重的梯度。对于输出层神经元和隐藏层神经元的权重，其梯度计算过程如下：

$$\frac{\partial E_{\text{total}}}{\partial w_5} = \frac{\partial E_{\text{total}}}{\partial E_{o_1}} \times \frac{\partial E_{o_1}}{\partial \text{out}_{o_1}} \times \frac{\partial \text{out}_{o_1}}{\partial \text{net}_{o_1}} \times \frac{\partial \text{net}_{o_1}}{\partial w_5}$$

$$= (\text{real}_{o_1} - \text{out}_{o_1}) \times \Phi(\text{net}_{o_1}) \times (1 - \Phi(\text{net}_{o_1})) \times \text{out}_{h_1}$$

图 5-16 展示了 $\frac{\partial E_{\text{total}}}{\partial w_5}$ 的计算原理图，同理可以得到 $\frac{\partial E_{\text{total}}}{\partial w_6}$，$\frac{\partial E_{\text{total}}}{\partial w_7}$，$\frac{\partial E_{\text{total}}}{\partial w_8}$。

对于隐藏层神经元和输入层神经元之间的权重，梯度计算过程如下：

$$\frac{\partial E_{\text{total}}}{\partial w_1} = \frac{\partial E_{\text{total}}}{\partial \text{out}_{h_1}} \times \frac{\partial \text{out}_{h_1}}{\partial \text{net}_{h_1}} \times \frac{\partial \text{net}_{h_1}}{\partial w_1}$$

$$= \left(\frac{\partial E_{\text{total}}}{\partial E_{o_1}} \times \frac{\partial E_{o_1}}{\partial \text{out}_{o_1}} \times \frac{\partial \text{out}_{o_1}}{\partial \text{net}_{o_1}} \times \frac{\partial \text{net}_{o_1}}{\partial \text{out}_{h_1}} + \frac{\partial E_{\text{total}}}{\partial E_{o_2}} \times \frac{\partial E_{o_2}}{\partial \text{out}_{o_2}} \times \frac{\partial \text{out}_{o_2}}{\partial \text{net}_{o_2}} \times \frac{\partial \text{net}_{o_2}}{\partial \text{out}_{h_1}} \right) \times \frac{\partial \text{out}_{h_1}}{\partial \text{net}_{h_1}} \times \frac{\partial \text{net}_{h_1}}{\partial w_1}$$

$$= ((\text{real}_{o_1} - \text{out}_{o_1}) \times \Phi(\text{net}_{o_1}) \times (1 - \Phi(\text{net}_{o_1})) \times w_5 + (\text{real}_{o_2} - \text{out}_{o_2}) \times$$

$$\Phi(\text{net}_{o_2}) \times (1 - \Phi(\text{net}_{o_2})) \times w_7) \times \Phi(\text{net}_{o_1}) \times (1 - \Phi(\text{net}_{o_1})) \times i_1$$

图 5-17 展示了 $\frac{\partial E_{\text{total}}}{\partial w_1}$ 的计算原理图，同理可得 $\frac{\partial E_{\text{total}}}{\partial w_2}$，$\frac{\partial E_{\text{total}}}{\partial w_3}$，$\frac{\partial E_{\text{total}}}{\partial w_4}$。

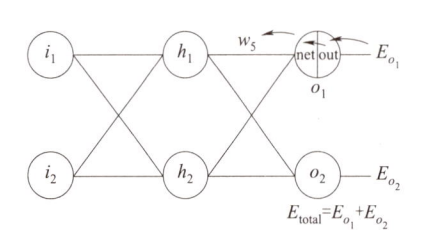

图 5-16　输出层神经元和隐藏层神经元的权重计算

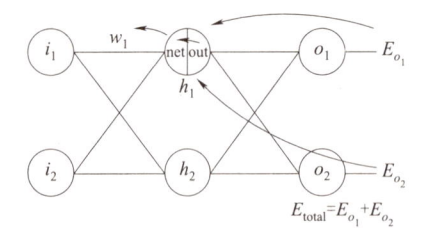

图 5-17　隐藏层神经元和输入层神经元之间的权重计算

卷积神经网络的一个训练周期是由上述的前向传播和反向传播组成的，前向传播可以获得网络的误差，而反向传播可以得到梯度用以更新网络权重。在训练过程中，通常会利用损失曲线来决定网络的训练周期数目。表 5-2 展示了神经网络训练过程的算法。

表 5-2 神经网络训练过程的算法

输入：训练图像：$\{(x_1,y_1),(x_2,y_2),(x_3,y_3),\cdots,(x_n,y_n)\}$，训练周期数：Epoch = T
输出：权重 W
初始化：权重 W
For $t=1\cdots T$ do
For $t=1\cdots n$ do
(1) 前向传播：计算每一个神经元的输出值
(2) 反向传播：计算损失函数对网络权重的偏导数 $\dfrac{\partial E}{\partial w_i}$
(3) 利用梯度下降算法更新每一层的网络权重参数
end
end

（6）网络参数。

在深度学习中，一般有两种类型的参数：

①网络模型参数，它是在训练数据集中学习得到的，不需要模型设计者手动设置，通常作为网络的一部分而保存在程序中，如卷积神经网络中的权重。

②超参数，它通常是由设计者直接指定，并且在不同的问题中会对其做相应的调整，常见超参数有：学习速率（Learning Rate）、卷积核尺寸、训练周期数（Epoch）、动量、权重衰减系数、隐藏层数量。

学习速率作为超参数中最重要的一个，它能够控制训练过程中网络权重更新时变化的大小。当学习速率过大时，网络权重可能会不经意间"越过了"最优值，从而导致误差增加；当学习速率太小时，训练过程不仅缓慢，而且可能会使网络停留在一个较高的训练误差上。通常情况下，当对网络的训练达到一定程度后会将学习速率降低。因此，在后续的项目中需要谨慎地调整学习速率以使网络达到最优状态。

知识点 4　项目环境介绍

深度学习的基本思想是基于联结主义：尽管单个神经元模型是比较简单的，而且运算过程也并不复杂，但是基于大量的神经元连接的卷积神经网络就能胜任复杂的任务。相比于 20 世纪 80 年代，现在的神经网络的精度以及处理任务的复杂度已大大提升，究其原因就是网络规模的扩大，然而和自然界的生物相比，仅仅只是和昆虫的神经系统差不多。由于规模的大小对于神经网络至关重要，并且深度学习一般是从海量数据集中挖掘和学习特征，所以高性能的硬件设施和软件是必不可少的。本项目在谷歌服务器（Google Cloud）上搭建了用于深度学习在铝型材表面瑕疵研究中的项目环境。

图形处理器（Graphic Processing Unit，GPU），由于具有高并行结构，在处理图形数据和复杂算法方面拥有比 CPU 更高的效率。图 5-18 展示了 CPU 和 GPU 在结构上的差异，从图中可以看出，CPU 大部分为控制器（Control）和寄存器（Cache），GPU 拥有更多的逻辑运算单元（ALU）。GPU 的并行结构适合对铝型材瑕疵图片这样高密度的数据进行并行处理，并且它拥有更高的访存速度和更强的浮点运算能力。本项目搭建的环境中采用的 GPU 为 NVIDIA GTX1650，从之后的实施中可以发现此 GPU 满足要求。

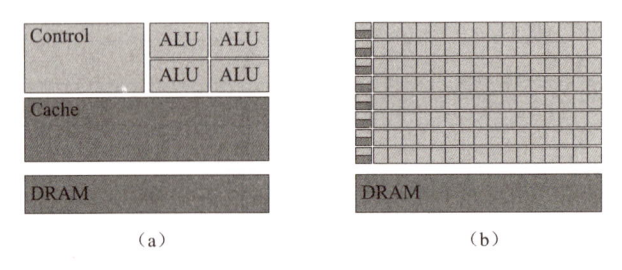

图 5-18　CPU 和 GPU 的结构差异
(a) CPU；(b) GPU

深度学习框架是把神经网络中基础的网络结构（如卷积层、池化层、全连接层等）、网络参数和数据的结构用程序语言的形式表达出来，这样在实现自己设计的网络结构和训练时就不必重复这些部分。大部分深度学习框架都会包含以下几个核心组件：

①张量：张量是所有深度学习框架中最核心的组件，所有的运算和优化算法都是基于张量进行的。几何代数中标量是零阶张量，矢量是一阶张量，矩阵是二阶张量，所以一张 RGB 三通道的铝型材瑕疵图片为三阶张量。

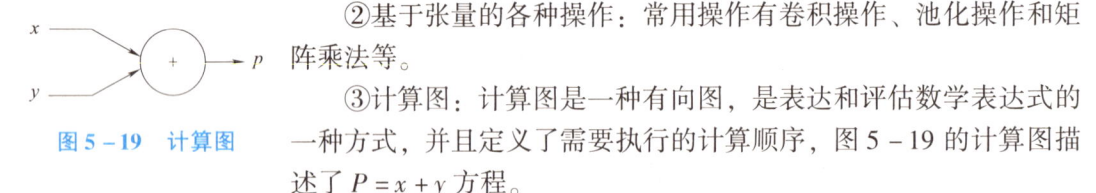

②基于张量的各种操作：常用操作有卷积操作、池化操作和矩阵乘法等。

③计算图：计算图是一种有向图，是表达和评估数学表达式的一种方式，并且定义了需要执行的计算顺序，图 5-19 的计算图描述了 $P = x + y$ 方程。

图 5-19　计算图

④自动微分：神经网络可以视为由许多非线性过程组成的一个复杂函数体，计算图可以以模块化的方式表达这一函数体，因而求取微分（即梯度）就变成了在计算图中简单地从输入到输出进行完整遍历的过程。

目前流行的深度学习框架主要有 TensorFlow、Caffe、Theano 和 PyTorch 等。PyTorch 是使用 GPU 和 CPU 优化的深度学习张量库，最大的优点就是建立的神经网络是动态的。PyTorch 将 CPU 和 GPU 的大部分张量和神经网络后端实现为单独的、精简的、基于 C 的模块，并且集成了数学加速库来提高速度，它的优势主要有以下几方面：

①动态构图：大部分的深度学习框架都会在运行之前静态地生成计算图，而 PyTorch 是在运行时期使用反向模式自动微分来构建图表，因此对模型的任意改变不会增加运行时需要的时间和在重建模型时的开销，PyTorch 在反向传播时自动微分的计算速度是最快的框架之一。

②精简的后端：PyTorch 没有使用单一后端，而是针对 CPU、GPU 和不同的功能特性使用了单独的后端，因而单个后端得以获得精简的代码，这些代码高度关注在特定类型的处理器上以高内存效率运行的特定任务。

③Python 优先的方法，PyTorch 被特意设计成一个原生的 Python 包，它将所有的功能都构建为 Python 类，因而 PyTorch 代码能够与 Python 函数和其他 Python 包无缝集成。基于 PyTorch 的以上优点，本项目采用的深度学习框架为 PyTorch。

综上，在利用深度学习对铝型材表面瑕疵进行研究时，利用 Google Cloud 作为平台，并选择一块 NVIDIA GTX1650 的 GPU，搭建的环境中硬件平台还有 4 块 CPU，20 GB 内存和 200 GB 硬盘，软件平台是基于 PyTorch 深度学习框架，操作系统为 Ubuntu16.04 系统。

项目实施

任务名称	任务描述	子任务名称	
任务 1 基于卷积神经网络的铝型材表面瑕疵分类技术	图像分类是根据图像的语义信息将不同类别的图像区分开来，是计算机视觉的基本问题，也是图像检测、分割、物体跟踪等高级视觉任务的基础，因此，首先要对铝型材表面瑕疵分类进行研究	子任务 1-1	了解瑕疵分类数据集
		子任务 1-2	选择瑕疵分类网络
		子任务 1-3	训练瑕疵分类卷积神经网络
		子任务 1-4	结果讨论分析
		子任务 1-5	编写代码
任务 2 基于深度神经网络的铝型材表面瑕疵检测	针对工业中生产铝型材时表面瑕疵问题，使用迁移学习将非工业领域内的目标检测引入瑕疵检测中，构建瑕疵检测基础网络；针对铝型材表面瑕疵尺度复杂、尺度过小问题，构建基于特征金字塔的多尺度瑕疵检测网络；最后，在训练过程，通过数据增强的方式解决数据量不足的问题	子任务 2-1	了解铝型材表面瑕疵数据集
		子任务 2-2	瑕疵检测深度卷积神经网络构建
		子任务 2-3	多尺度瑕疵检测网络构建
		子任务 2-4	结果分析
		子任务 2-5	编写代码

任务 1 基于卷积神经网络的铝型材表面瑕疵分类技术

图像分类、定位和检测是计算机视觉的关键组成部分，近年来，神经网络和深度学习的快速发展极大地推动了这些领域的发展。图像分类是根据图像的语义信息将不同类别的图像区分开来，是计算机视觉的基本问题，也是图像检测、分割、物体跟踪等高级视觉任务的基础，因此，本项目首先对铝型材表面瑕疵分类进行研究。一般来说，传统的表面瑕疵分类技术是通过人工构造的特征对整个图像进行描述，然后使用分类器判别瑕疵类别。然而，基于深度学习的表面瑕疵分类技术，通过有监督的方式自主地从大量训练数据中学习层次化的特征，从而可以鲁棒地描述材料表面各种类型的瑕疵，它的基本步骤为：

① 输入是由 N 个瑕疵图像构成的训练集，共有 K 个类别，每个图像都被标记为其中的一个类别；

② 使用该训练集训练一个分类器，来自动地学习每个类别的特征；

③ 通过预测一组分类器"没有见过"瑕疵图像的类别，来评估分类器的性能。

子任务 1-1 了解瑕疵分类数据集

本项目使用的瑕疵分类数据集是由阿里云平台提供的一个公开的有标注的用于铝型材表面瑕疵分类与检测任务的数据集。瑕疵分类数据集分为正常样本和瑕疵样本两大类：正常样本是没有瑕疵的图片;瑕疵样本包括不导电、擦花、横条压凹、橘皮、漏底、碰伤、起坑、凸粉、涂层开裂、脏点和其他等 11 个类别,表 5-3 为本项目所用的样本类型及其数量。

表 5-3 样本类型及其数量

类型	不导电	擦花	横条压凹	橘皮	漏底	碰伤	起坑	凸粉	涂层开裂	脏点	其他	无瑕疵	合计
数量	39	136	47	90	248	77	54	43	35	209	140	2 176	3 294

子任务 1-2 选择瑕疵分类网络

1. 选用卷积神经网络的分析

传统的图像分类技术流程一般是这样的:在图像中利用人工设计的方式提取出特征用以描述图像,常用的特征有颜色、边缘、形状、纹理、SIFT、HoG、LBP 和 Haar 等;获取到特征后就需要对特征运用分类器进行分类,分类器可分为训练阶段和测试阶段,训练阶段使用带标签数据集训练分类器,测试阶段运用训练好的分类器对数据集做出预测,常用的分类器有机器学习中的 K 近邻算法、支持向量机和 MLP。铝型材图像在拍摄时会受到生产现场各种因素的影响,包括铝材形态、光照、遮挡、背景,因此,基于这种方式的图像分类技术的分类性能会被极大削弱。并且铝型材表面的瑕疵相当复杂,因而人工设计的特征描述能力不够,鲁棒性不高,对分类性能也会有极大的影响。

相比于传统的机器学习方法,基于人工神经网络的图像分类方法可以对更多、更复杂的影响因子进行拟合和建模,并且无须花费大量的时间去设计针对特定类型图像的特征。神经网络完全是数据驱动的,它可以从数据集中学习到不同层次的数据表达,挖掘超越人工设计的特征。卷积神经网络属于人工神经网络的一种,它可以缓解使用大量图像训练神经网络中百万数量级的参数情况,并且可以提高处理大尺度图像的能力和准确度。在实际生产中,往往利用工业摄像机获取高分辨率彩色图像,因而选取卷积神经网络也是符合实际生产需求的。图 5-20 给出了不同神经网络之间处理图像方式的对比。

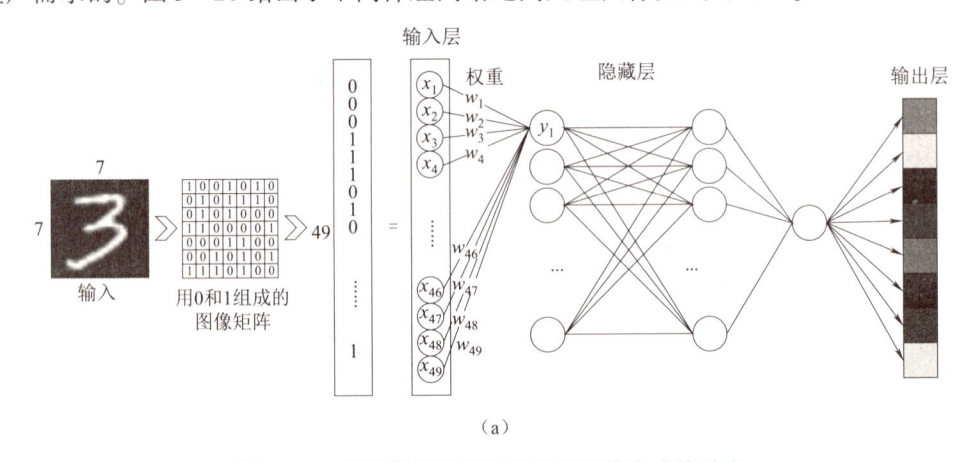

(a)

图 5-20 不同神经网络之间处理图像方式的对比

(a) 全连接神经网络

(b)

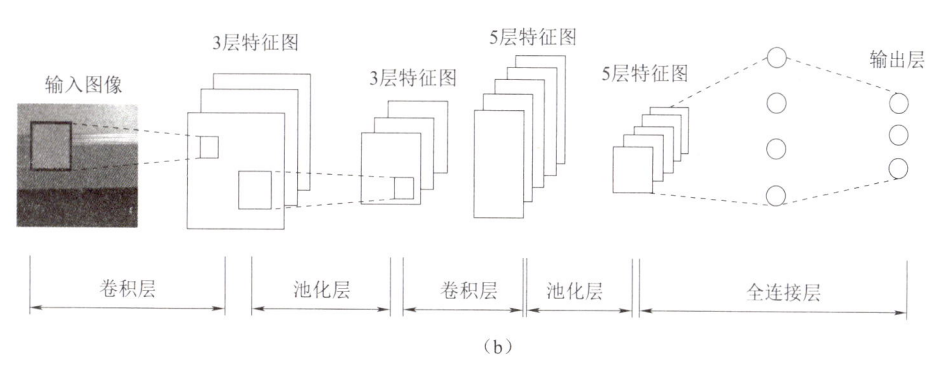

图 5-20 不同神经网络之间处理图像方式的对比（续）

(b) 卷积神经网络

如图 5-20（a）中所展示的那样，可以使用全连接神经网络（Fully Connected Neural Network）进行图像分类，整个流程为：将二维图像展成一维列向量，其中每个像素点代表一个输入层神经元；通过输入层与隐藏层的权重层连接，以及若干隐藏层，由隐藏层学习如何将图像像素转换为代表性特征；最后将隐藏层学习得到的特征连接至输出层进行分类。隐藏层的每一个神经元 y_i 可以由如下公式计算得到：

$$y_i = f\left(\sum_{j=1}^{n} x_j w_{ij} + b_i\right)$$

以第一隐藏层的第一个神经元 y_1 计算为例，$n=784$ 为输入层神经元数目，x_j 表示输入层的第 j 个神经元，w_{1j} 为输入层第 j 个神经元与第一隐藏层 y_1 神经元的权重连接值，b_1 为 y_1 对应的偏置单元，因而将输入层所有神经元值与对应权重相乘相加并加入偏置单元后即可得到 y_1 神经元的值。通过上面公式计算得到第一隐藏层 y_1 神经元的值后，需要利用激活函数计算 y_1 神经元的输出值用以输入至下一层，这里采用 Sigmoid 函数作为激活函数。

此外，在全连接神经网络中，计算每一层的不同神经元所使用的权重参数 w_i 是不同的。因此，若第一隐藏层中神经元数目为输入层的一半，则输入层和第一隐藏层之间的权重参数数量为 784×392 = 307 328。这是在输入图像的分辨率为 28×28 大小下计算的参数量，而如果是铝型材表面瑕疵图像，即分辨率为 2 560×1 920，下采样至 1 280×960 后输入全连接神经网络，那么为了计算第一隐藏层的神经单元需要的参数量会达到 1 280×960×(1 280×960)/2 = 754 974 720 000，而且这还是一层之间的参数量，而整个网络会包含很多层，因而参数量会更大，过大的参数量会造成模型训练困难。不仅如此，全连接神经网络会将输入的二维图像伸展成一维向量，这对于输入图像的空间结构信息的破坏是非常严重的。

卷积神经网络如图 5-20（b）所示，它是利用 11×11 大小的卷积核在输入图像上不断滑动并进行卷积操作获得第一隐藏层的输出值。利用卷积操作计算隐藏层的公式如下：

$$A_i = f\left(\sum_{j=1}^{N} I_j K_j + B_i\right)$$

以第一隐藏层第一个神经元计算为例，I_j 表示第 j 张输入图片，K_1 表示第 1 个卷积核，B_1 表示偏置矩阵，通过让第一个卷积核不断在输入图片上滑动并与相对应的图片上像素值相乘相加，再加入偏置矩阵后即可得到第一隐藏层 A_1 神经元。

从上面公式可以看出，计算一个神经元所需的参数为卷积核的大小 11×11 = 121 个，

即卷积核 K_j,为输入矩阵 I_j 的每个像素共享,这也是所谓的权值共享策略。这样,对于图 5-20(b)中,当卷积核的数量为 8 时,第一隐藏层会有 8 个输出矩阵,之间的参数数目为 $11 \times 11 \times 8 = 968$ 个,相比于之前的全卷积神经网络输入层与第一隐藏层之间的参数数目 754 974 720 000 而言,卷积神经网络极大程度地减少了网络中的参数数量,并且大大提高了网络模型的收敛速度。

综上,利用卷积神经网络进行铝型材表面瑕疵图像分类具有如下优势:

①可以在大量数据中自主学得高级语义特征用于瑕疵分类,并且获得的特征具有很强的鲁棒性。

②卷积神经网络相较于普通的人工神经网络,其参数数目大大减少,这同时也有利于网络的训练。因此,本项目选择卷积神经网络作为瑕疵分类的基础模型和研究载体。

2. 迁移学习

对于铝型材瑕疵而言,生产现场能够利用工业摄像机获取海量图像,然而给予图像真实可靠的标签是一个费时费力的过程,并且需要具备专业知识的人员来操作。因此,在训练瑕疵分类网络时所能够提供的标签化的瑕疵数据是非常少的。迁移学习是一种运用已有的知识对其他领域问题进行求解的机器学习框架,是近年来用于解决训练数据不足的一种技术理论。所以,为了应对带有标签的瑕疵图像少的现实,本项目将迁移学习技术引入铝型材表面瑕疵分类任务中。

迁移学习的主要目标是将源域的知识迁移到目标域,使我们对目标领域能够获取更好的学习效果。其中,目标域往往面临有效训练数据的数据量较少或者数据收集代价较大的困难,而源域的训练数据则相对充足或者更加容易获取。ImageNet 是目前世界上图像识别领域最大的数据库,它拥有超过 1 400 万张经过手动注释的图像,包含 2 万多个类别。因此,本项目将 ImageNet 作为源数据集,在 ImageNet 训练瑕疵分类网络,虽然 ImageNet 的数据与瑕疵没有多大关系,但在该数据集上训练的模型能够抽取通用的特征,从而能够识别边缘、纹理、形状和物体组成等,这些对于瑕疵识别与分类也同样有效。

微调是迁移学习中常用的技术,它由以下四部分构成:

①在 ImageNet 数据集上训练一个神经网络模型,即源模型。

②瑕疵分类模型,即目标模型,它迁移了源模型上抽取通用特征的卷积层及其参数。

③针对瑕疵类型设计瑕疵分类模型中的分类层,并随机初始化这些层的参数。

④在铝型材表面瑕疵数据上训练目标模型,在训练过程中,抽取特征的卷积层参数将会进行微调。

因此,基于迁移学习思想,本项目利用 ImageNet 数据库以及微调技术解决了瑕疵训练数据不足的问题,提出了一个可以对铝型材表面瑕疵进行分类的卷积神经网络。

3. 瑕疵分类网络结构

(1)网络结构设计思想。

增加网络结构的深度和宽度是提高瑕疵分类网络性能的重要途径,而这样的方式存在以下问题:

①尽管相较于普通的神经网络,卷积神经网络已将参数的数目大大降低,然而深度和宽度的增多会急剧扩增参数空间,导致极大数目的参数,同时也会使网络容易发生过拟合。

②会使网络占用更多的计算资源,工业生产环境中计算资源往往有限,因而一味地增

加网络深度和宽度无法使瑕疵分类网络落地应用于生产实践中。

③网络越深，梯度越容易消失，因而会增加瑕疵分类网络训练的难度。

基于以上分析，瑕疵分类网络结构设计的基本思想是希望在提升网络性能的同时并不增加网络参数以及占用更多的计算资源，本项目通过以下方式实现上述目标：

①分解卷积核尺寸。

在卷积神经网络中常用的卷积核尺寸为 5×5、7×7 和 11×11，上述三种尺寸的卷积核可以将相隔较远但具有相关性的元素聚合在一起，从而增大特征提取的感受野。然而，在增加网络深度时仍然使用如此大尺寸的卷积核会极大地增加网络参数，卷积核分解是一种既能降低卷积核尺寸同时又能使感受野保持不变的优化方式。如图 5-21 所示，5×5 卷积核 k_1 被对称地分解为两个 3×3 卷积核 k_1、k_2。可以发现分解前的感受野和分解后的两个卷积核的组合感受野一致，均为 5×5，但是网络参数数目从 $5\times5=25$ 降为 $3\times3\times2=18$，有了 28% 的下降率。

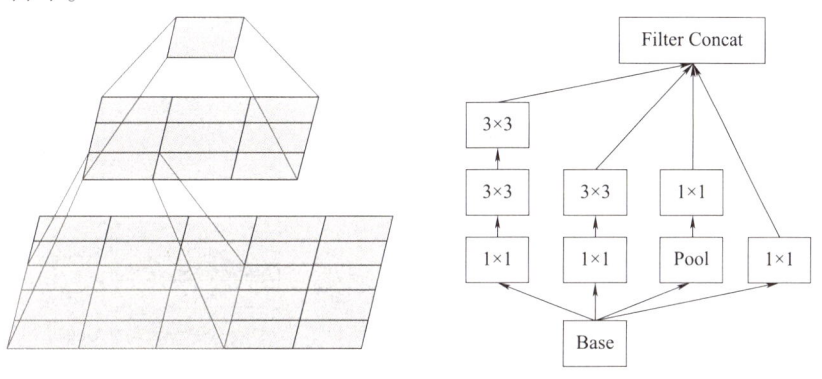

图 5-21　对称分解

上述的分解方式为对称分解，还有一种参数下降量更为显著的分解方式——非对称分解，尤其是对于更大尺寸的卷积核。非对称分解是将 $n\times n$ 的卷积核分解为 $n\times1$ 和 $1\times n$ 两种卷积核，如图 5-22 所示，将 3×3 的卷积核分解为 3×1 和 1×3 两种。

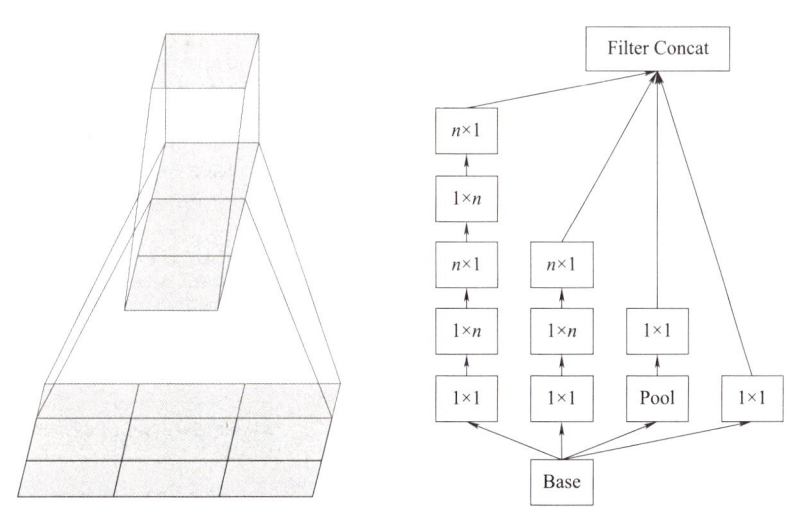

图 5-22　非对称分解

分解大尺寸的卷积核，不仅降低了网络的参数量，使网络在深度和宽度增大的情况下还能保持较少参数数目以及不增加占用的计算资源成为可能，同时也能使网络处理更多、更丰富的空间特征，增加提取特征的多样性。

②批量归一化。

在瑕疵网络训练的过程中，网络参数的不断改变会导致后续每一层输入数据的分布发生变化，而训练过程中每一层都需要去适应输入数据的分布，增加训练难度，通过较小的学习速率和非常小心的初始化参数的方式可以使数据分布变化放缓，然而这会导致训练速度变慢。此外，随着网络深度的加深，每一层输入数据的分布逐渐向激活函数的饱和区域偏移，因而导致反向传播时低层神经网络的梯度逐渐消失，这也是深层神经网络收敛越来越慢的本质原因。批量归一化的目的就是解决上述问题，它将每一层的输入数据分布强制变化为均值为 0、方差为 1 的标准正态分布，然后又利用学习得到的参数 γ、β 对数据进行线性变化，使层与层之间的数据分布保持差异性，同时输入数据也会落入激活函数的非饱和区域，以此避免梯度消失问题。批量归一化的算法如下：

输入：批量训练数据：$B = \{x_1, x_2, \cdots, x_m\}$；训练过程中学习到的参数：$\gamma$、$\beta$；

输出：$\{y_i = BN_{\gamma,\beta}(x_i)\}$。

$$y_i = \gamma \hat{x}_i + \beta \equiv BN_{\gamma,\beta}(x_i)$$

$$\hat{x}_i = \frac{x_i - \mu_B}{\sqrt{\sigma_B^2 + \varepsilon}}$$

注：$\mu_B = \frac{1}{m} \sum_{i=1}^{m} x_i$

$\sigma_B^2 = \frac{1}{m} \sum_{i=1}^{m} (x_i - \mu_B)^2$

③新的池化层。

传统的卷积神经网络在遇到池化层之前会利用卷积层将特征图像的通道数增加，以此来保持网络的表达能力，但是这样会使网络在训练时的计算量大大增加。铝型材瑕疵分类网络中采取的新的池化层，通过横向增加卷积层来减小网络参数并保持网络表达能力。

（2）网络整体结构。

基于上述描述的深度卷积神经网络的设计思想，以及铝型材表面瑕疵种类繁多的特点，本项目根据 Inception – V4 网络提出了适用于铝型材表面瑕疵分类的卷积神经网络。网络的整体结构如图 5 – 23 所示，它是由 Stem、Inception – A、Reduction – B、Inception – C 等部分组成的。

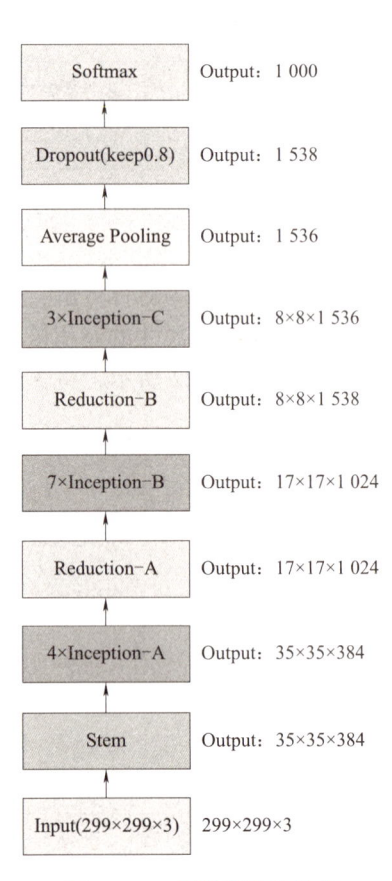

图 5 – 23 网络的整体结构

子任务 1-3 训练瑕疵分类卷积神经网络

1. 数据处理与增强

在数据集输入瑕疵分类网络之前,先将数据集以 22∶3 的比例划分为训练数据集和验证数据集,训练数据集用于训练瑕疵分类网络,验证数据集用于测试训练得到的网络,通过分析模型在验证数据集上的结果判断模型是否产生过拟合以及在什么时候停止训练网络。划分完数据集后,整个数据集的尺寸会从 2 560×1 920 调整至 400×400,在不影响分类效果的情况下减小了瑕疵训练的计算量。

通过迁移学习的方式解决了数据集不足的问题,但还是希望训练瑕疵分类网络时的数据集尽可能丰富。本项目利用数据增强的方法来丰富训练数据集,使瑕疵分类网络可以得到多样化的数据集进行网络训练和学习,并且使获得的图像特征更加鲁棒。如图 5-24 所示,(a) 为输入图片,通过将输入图片尺寸调整至 400×400 后得到 (b),随机修改图片亮度、对比度、饱和度和色度得到 (c),随机将图片进行水平翻转、转化成灰度图和旋转任意角度后得到 (d)、(e) 和 (f),最后随机选择图片中的某一点为裁剪中心将图片裁剪至 384×384 获得 (g),通过上述数据增强步骤,相同的瑕疵图片也能以不同的形式输入给模型,从而丰富了数据集。

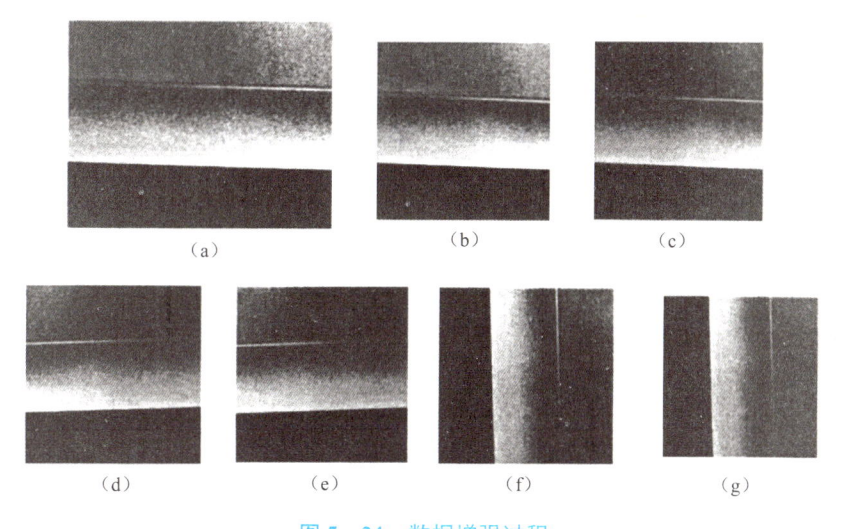

图 5-24 数据增强过程

增强后的瑕疵图片数据集的 RGB 三个通道的均值和标准差会处理至相同值,以加速瑕疵分类网络的训练速度。本项目采用的三个通道的均值为:[0.485,0.456,0.406],标准差为:[0.229,0.224,0.225]。

2. 在线训练瑕疵分类网络

传统的人工神经网络在训练时,整个网络的参数的初始值是在一个均值为 0、方差很小的正态分布函数中随机产生的。当网络所拥有的训练数据较少,而有成百上千万的网络参数需要调整时,上述的初始化方式会使训练过程花费很长时间才能找到一个局部最优解。

因此，利用之前讲述的迁移学习的思想，将在 ImageNet 数据库上预训练好的自然图像分类网络中的卷积层的参数迁移至瑕疵分类网络中作为初始化参数，而全连接层的参数随机初始化。初始化参数完成后，使用铝型材表面瑕疵数据集训练瑕疵分类网络以对参数微调。

训练过程中瑕疵分类网络的损失函数采用交叉熵函数，网络参数的更新采用 Adam 优化算法，权重衰减（Weight Decay）设置为 0.9 和 0.000 1，学习速率初始值设为 0.000 1。瑕疵分类网络的训练周期设为 40，分为三个阶段，各个阶段的周期数分别为 [20,10,10]，并且在每个阶段的开始会调整学习速率为上个阶段的 1/5，以此来适应后期网络参数变化小的特点。对于每一个训练周期，用于训练的图像集的大小固定为 24 张，这样批量的训练方式具有以下优点：内存利用率高，因为大型矩阵乘法的并行化效率较高。一个训练周期所需的迭代次数减少，因而对于相同数据量的处理速度加快；网络参数的下降方向越加准确，引起的训练振荡越小。训练完一个周期后，会利用验证数据集对网络进行分类精度的测试。对于瑕疵分类网络训练的结束标志，本项目是通过判断验证数据集上的损失是否足够小且接近稳定，并且分类精度也大致上保持不变决定的。

最终，当一个铝型材表面瑕疵图像输入瑕疵分类网络中之后，网络中的卷积层会从输入图像中抽取特征，随着网络深度的增加，从卷积层学习得到的特征会逐渐变得具有更高级的语义。然后，将特征图像输入分类层，输出一个 12 维的特征向量，其中对应概率值最大的类别就是该瑕疵图像的预测类别。与此同时，可以发现本项目提出的瑕疵分类网络，只需要输入待测试的瑕疵图像即可，然后网络就会自动地返回一个预测类别，像这样端到端的铝型材表面瑕疵分类应用到工业生产中是非常便捷的。

子任务 1-4　结果讨论分析

本阶段主要是测试我们提出的铝型材表面瑕疵分类网络的效果，衡量的标准是分类精度，即分类精度 = 分类准确图片数量/图片总数。采用的测试集数据中包含 440 张不同类别的有瑕疵图片或无瑕疵图片，经过瑕疵分类网络后获得的分类精度为 97.05%，也就是说 440 张瑕疵图片中有 427 张分类准确，并且单张图片的分类速率为 0.54 s，这说明本项目提出的瑕疵分类网络在铝型材表面瑕疵分类中的效果是非常好的，值得深入探索与研究。接下来会对用以指导训练的损失（Loss）曲线和分类精度（Precision）曲线进行具体分析，并且会详细探索瑕疵分类网络如何处理铝型材表面瑕疵，以及证实瑕疵分类网络是有效的。

1. 训练过程中 Loss 和 Precision 分析

在瑕疵分类网络训练过程中，分析 Loss 曲线和 Precision 曲线可以对训练过程中的过拟合情况、网络的超参的调整做出很好的指导。当 Loss 曲线稳定在一个较小值附近，并且 Precision 曲线趋于平稳时，训练周期可以作为网络训练周期数；反之，应该增加训练周期数。如果 Loss 曲线的变化趋势是先下降、后稳定、再上升，则网络发生了过拟合，应该停止训练，相应的训练周期数目应该选择 Loss 稳定时的周期数。而对于学习速率的指导，训练完成时 Loss 曲线在一个较大值处平稳下来，则应该将学习速率进一步增加继续训练。

图 5-25 展示了训练过程中验证集上的 Loss 曲线和 Precision 曲线。Loss 曲线在整个训练过程中不断下降，并且训练完成时 Loss 值在 0.03 左右；而 Precision 曲线呈现出上升趋势，完成训练时 Precision 值在 98% 上下。可以看出，瑕疵分类网络在训练过程中没有发生

过拟合，并且训练周期、学习速率等超参选择得非常恰当。训练过程中最高的 Precision 值为 99.22%，在第 31 个周期产生；而最低的 Loss 值为 0.036 7，出现在第 40 个周期。将第 31 个周期产生的网络作为最佳的瑕疵分类网络用于后续的瑕疵分类以及结果分析。

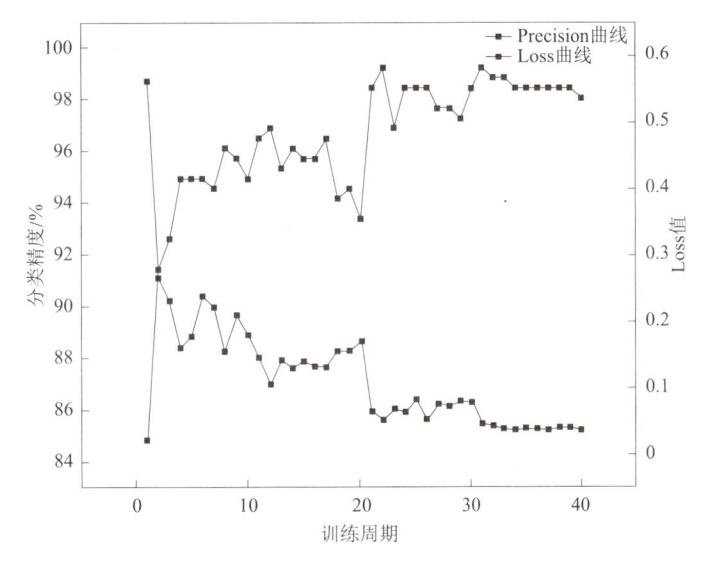

图 5-25 验证集上的 Loss 曲线和 Precision 曲线

2. 卷积核分析

瑕疵分类网络中的一种卷积核实质上代表了图像的一种特征，而训练过程从训练数据集上学习到的也正是每个卷积核对应的参数。通过让每个训练完成的卷积核与瑕疵图像发生卷积操作，就能提取出卷积核所学习到的图像特征，从而能够进行后续的分类任务，因此，卷积核的质量以及所学习到的特征的好坏不但能反映训练过程的好坏，而且会影响瑕疵分类网络的性能。图 5-26 展示了瑕疵分类网络中浅层和深层的卷积核，获取的方式是让一张纯色图片通过网络，然后在相应层以图片的形式输出。从图 5-26 中可以看出，浅层卷积核主要是一些线条类、颜色类的简单特征，这些学习到的简单特征同时也是迁移学习有效性的证明：浅层网络主要是对低级特征的学习，因而具有通用性，可以进行迁移；而深层卷积核就相对复杂难以理解，是对瑕疵特征整体的学习与抽象，以便于对网络进行分类。

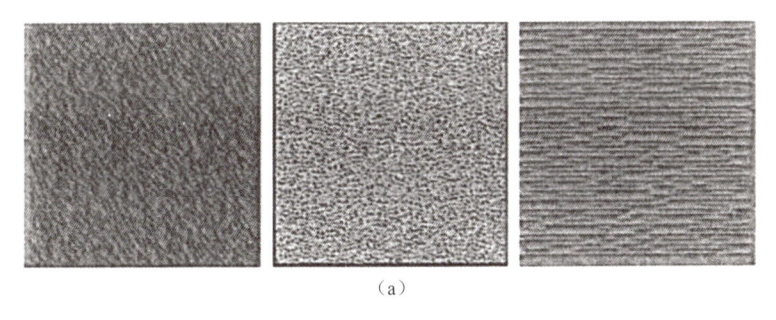

(a)

图 5-26 浅层和深层的卷积核

(a) 浅层网络卷积核

(b)

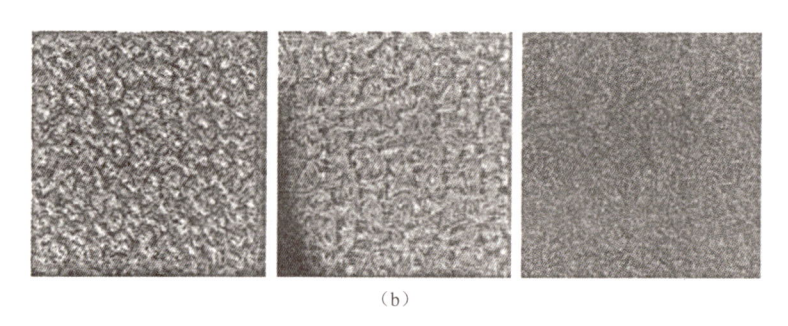

图 5-26 浅层和深层的卷积核（续）
(b) 深层网络卷积核

3. 特征图像分析

特征描述是图像处理过程中的一个关键技术，因而本项目将瑕疵分类网络中间层的特征图像输出以分析瑕疵图像在整个网络中是如何流动的，并且分析网络是如何描述瑕疵特征的。图 5-27 (a) 展示了用以分析特征的瑕疵图像，圆框标出了瑕疵在该图中的位置，其他部分的名称如图 5-27 (a) 所示。图 5-27 (b) 为瑕疵图像经过瑕疵分类网络 Stem

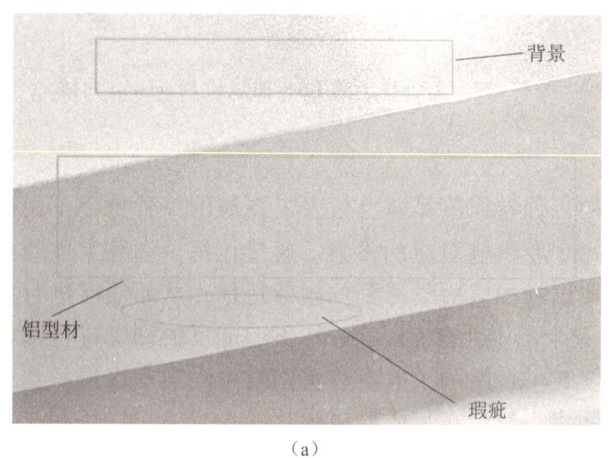

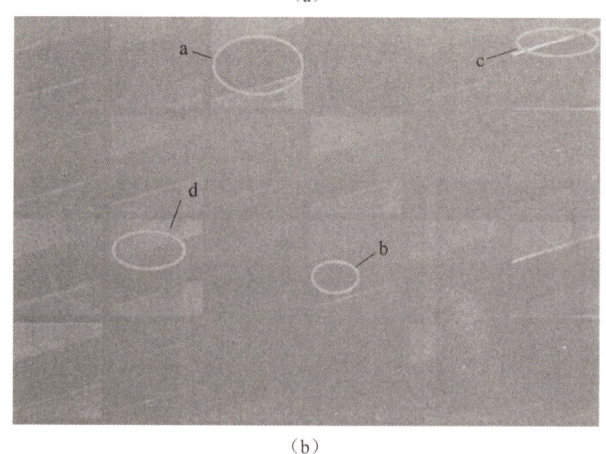

(a)

(b)

图 5-27 浅层特征图像
(a) 瑕疵图像；(b) 浅层特征

层后输出的特征图像，属于浅层特征；从图中可以看出，提取出的特征图像有的提取了铝型材的轮廓，如区域 a；有的将铝型材表面非瑕疵部分分离出来，如区域 b；有的将瑕疵与非瑕疵的分界线提取了出来，如区域 c；还有的将与铝型材有明显色差的背景分离出来，如区域 d。总之，浅层网络提取出的特征基本上都是颜色、边缘和轮廓等低级特征，而且还保留许多的背景信息和噪声。

图 5-28 是瑕疵分类网络深层部分提取出的特征。图（a）为经过 4 层 Inception-A 和 1 层 Reduction-A 后的特征图像 2，相比于浅层特征它已经稍微变得复杂、难以辨识了，但是背景部位的激活度还是较高。图（b）为经过 7 层 Inception-B 和 1 层 Reduction-B 后的特征图像 3，该层背景部分的激活度相对较少，特征也难以辨认，提取到的是一些比较抽象的特征。图（c）是瑕疵分类网络特征图像 4，属于铝型材部分的特征被重点突出，获得的是具有辨别性的高级特征，并且该层被输入分类层用以分类。图 5-27（b）至图 5-28 展示了瑕疵图像是如何由低级的辨识度较高的特征演变成具有高级语义的用于瑕疵分类的图像特征的。

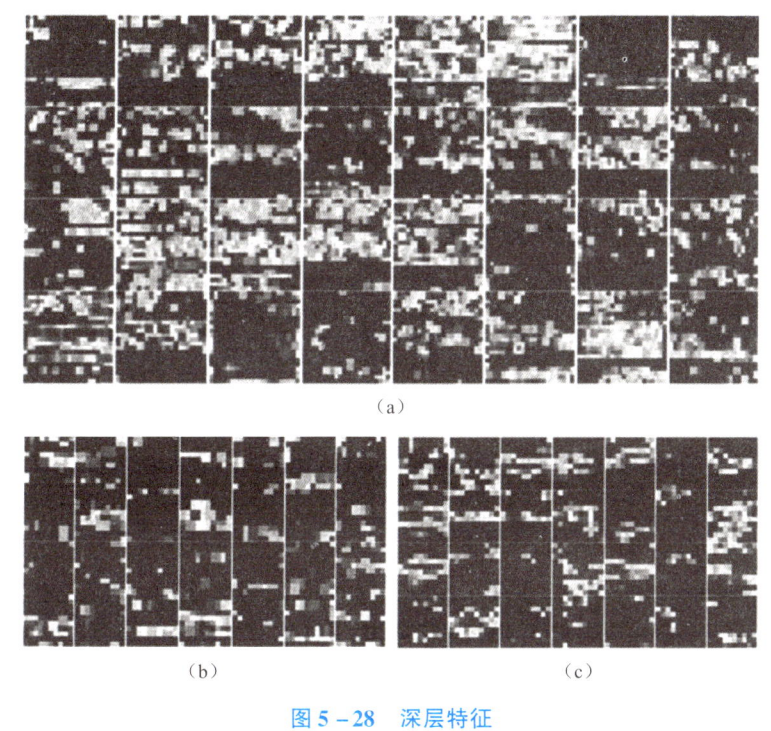

图 5-28 深层特征
（a）特征图像 2；（b）特征图像 3；（c）特征图像 4

4. 显著图分析

人类在面对一个场景时能自动地对场景中感兴趣的部分予以重视，而选择性地忽略不感兴趣的区域，这些感兴趣的部分就被称为显著性区域。显著图是用来展示显著性区域的，因此，通过显著图可以直观地分析出瑕疵分类网络对瑕疵图像的哪部分更加感兴趣，从而也能验证铝型材表面瑕疵分类网络的有效性。本项目的显著图是通过瑕疵分类网络在反向传播时损失函数对输入图像的导数获取得到的，图 5-29 展示了瑕疵图像以及相对应的显著图。图（a）是瑕疵图像，图中的方框部分大致标出了瑕疵的位置；图（b）展示了显著图，其中相对明亮的地方是瑕疵图像被重点关注的区域，可以看出瑕疵分类网络关注的重点都落在铝型材表面，图像背景被选择性地忽视了。此外，铝型材表面的瑕疵部分亮度值是特别高的，说明瑕疵分类网络最感兴趣的部分是瑕疵，这同时也证实了网络的有效性。

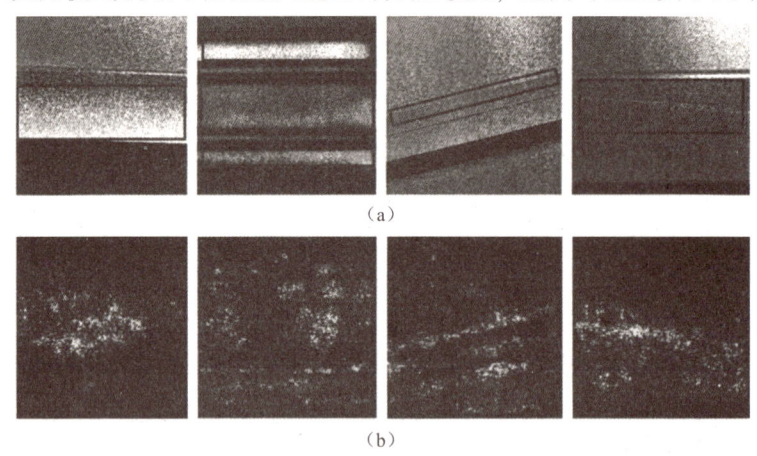

图5-29　瑕疵图像以及相对应的显著图
（a）瑕疵图像；（b）显著图

子任务1-5　编写代码

1. 数据集分类

```
In[1]:#引包
import os
import math
import numpy as np
import pandas as pd
import os.path as osp
from tqdm import tqdm
In[2]:# 将铝型材瑕疵类型进行对比分类
label_warp = {'正常':0,
              '不导电':1,
              '擦花':2,
              '横条压凹':3,
              '橘皮':4,
              '漏底':5,
              '碰伤':6,
              '起坑':7,
              '凸粉':8,
              '涂层开裂':9,
              '脏点':10,
              '其他':11,
```

```
                  }
In[3]:#生成训练集数据
# train data
data_path = 'data/guangdong_round1_train2_20180916'
img_path,label = [],[]
for first_path in os.listdir(data_path):
    first_path = osp.join(data_path,first_path)
    if '无瑕疵样本' in first_path:
        for img in os.listdir(first_path):
            img_path.append(osp.join(first_path,img))
            label.append('正常')
    else:
        for second_path in os.listdir(first_path):
            defect_label = second_path
            second_path = osp.join(first_path,second_path)
            if defect_label ! = '其他':
                for img in os.listdir(second_path):
                    img_path.append(osp.join(second_path,img))
                    label.append(defect_label)
            else:
                for third_path in os.listdir(second_path):
                    third_path = osp.join(second_path,third_path)
                    if osp.isdir(third_path):
                        for img in os.listdir(third_path):
                            if 'DS_Store' not in img:
                                img_path.append(osp.join(third_path,img))
                                label.append(defect_label)
label_file = pd.DataFrame({'img_path':img_path,'label':label})
label_file['label'] = label_file['label'].map(label_warp)
label_file.to_csv('data/label.csv',index = False)
out[3]:
```

In[4]:#生成测试集数据
test_data_path = 'data/guangdong_round1_test_a_20180916'
all_test_img = os. listdir(test_data_path)
test_img_path = []
for img in all_test_img:
    if osp. splitext(img)[1] = = '. jpg':
        test_img_path. append(osp. join(test_data_path,img))
test_file = pd. DataFrame({'img_path':test_img_path})
test_file. to_csv('data/test. csv',index = False)
Out[4]:

```
 1  img_path
 2  data/guangdong_round1_test_a_20180916\0.jpg
 3  data/guangdong_round1_test_a_20180916\1.jpg
 4  data/guangdong_round1_test_a_20180916\10.jpg
 5  data/guangdong_round1_test_a_20180916\100.jpg
 6  data/guangdong_round1_test_a_20180916\101.jpg
 7  data/guangdong_round1_test_a_20180916\102.jpg
 8  data/guangdong_round1_test_a_20180916\103.jpg
 9  data/guangdong_round1_test_a_20180916\104.jpg
10  data/guangdong_round1_test_a_20180916\105.jpg
11  data/guangdong_round1_test_a_20180916\106.jpg
12  data/guangdong_round1_test_a_20180916\107.jpg
13  data/guangdong_round1_test_a_20180916\108.jpg
14  data/guangdong_round1_test_a_20180916\109.jpg
15  data/guangdong_round1_test_a_20180916\11.jpg
16  data/guangdong_round1_test_a_20180916\110.jpg
17  data/guangdong_round1_test_a_20180916\111.jpg
18  data/guangdong_round1_test_a_20180916\112.jpg
19  data/guangdong_round1_test_a_20180916\113.jpg
20  data/guangdong_round1_test_a_20180916\114.jpg
21  data/guangdong_round1_test_a_20180916\115.jpg
22  data/guangdong_round1_test_a_20180916\116.jpg
23  data/guangdong_round1_test_a_20180916\117.jpg
24  data/guangdong_round1_test_a_20180916\118.jpg
25  data/guangdong_round1_test_a_20180916\119.jpg
26  data/guangdong_round1_test_a_20180916\12.jpg
27  data/guangdong_round1_test_a_20180916\120.jpg
28  data/guangdong_round1_test_a_20180916\121.jpg
29  data/guangdong_round1_test_a_20180916\122.jpg
30  data/guangdong_round1_test_a_20180916\123.jpg
31  data/guangdong_round1_test_a_20180916\124.jpg
32  data/guangdong_round1_test_a_20180916\125.jpg
33  data/guangdong_round1_test_a_20180916\126.jpg
34  data/guangdong_round1_test_a_20180916\127.jpg
35  data/guangdong_round1_test_a_20180916\128.jpg
```

2. Inception – v4 模型的实现

In[5]:
import os
import sys
import torch
import torch. nn as nn
import torch. utils. model_zoo as model_zoo
__all__ = ['InceptionV4','inceptionv4','multi_task_all','MultiTaskAll', 'single_task', 'SingleTask','multi_task_length','MultiTaskLength','multi_task_design','MultiTaskDesgin']

```python
pretrained_settings = {
    'inceptionv4':{
        'imagenet':{
            'url':'http://data.lip6.fr/cadene/pretrainedmodels/inceptionv4-8e4777a0.pth',
            'input_space':'RGB',
            'input_size':[3,299,299],
            'input_range':[0,1],
            'mean':[0.5,0.5,0.5],
            'std':[0.5,0.5,0.5],
            'num_classes':1000
        },
        'imagenet+background':{
            'url':'http://data.lip6.fr/cadene/pretrainedmodels/inceptionv4-8e4777a0.pth',
            'input_space':'RGB',
            'input_size':[3,299,299],
            'input_range':[0,1],
            'mean':[0.5,0.5,0.5],
            'std':[0.5,0.5,0.5],
            'num_classes':1001
        }
    }
}
class BasicConv2d(nn.Module):
    def __init__(self,in_planes,out_planes,kernel_size,stride,padding=0):
        super(BasicConv2d,self).__init__()
        self.conv = nn.Conv2d(in_planes,out_planes,
                              kernel_size=kernel_size,stride=stride,
                              padding=padding,bias=False) # verify bias false
        self.bn = nn.BatchNorm2d(out_planes,
                                 eps=0.001,# value found in tensorflow
                                 momentum=0.1,# default pytorch value
                                 affine=True)
        self.relu = nn.ReLU(inplace=True)
    def forward(self,x):
        x = self.conv(x)
        x = self.bn(x)
        x = self.relu(x)
        return x
class Mixed_3a(nn.Module):
    def __init__(self):
        super(Mixed_3a,self).__init__()
        self.maxpool = nn.MaxPool2d(3,stride=2)
        self.conv = BasicConv2d(64,96,kernel_size=3,stride=2)
```

```python
    def forward(self,x):
        x0 = self.maxpool(x)
        x1 = self.conv(x)
        out = torch.cat((x0,x1),1)
        return out
class Mixed_4a(nn.Module):
    def __init__(self):
        super(Mixed_4a,self).__init__()
        self.branch0 = nn.Sequential(
            BasicConv2d(160,64,kernel_size = 1,stride = 1),
            BasicConv2d(64,96,kernel_size = 3,stride = 1)
        )
        self.branch1 = nn.Sequential(
            BasicConv2d(160,64,kernel_size = 1,stride = 1),
            BasicConv2d(64,64,kernel_size = (1,7),stride = 1,padding = (0,3)),
            BasicConv2d(64,64,kernel_size = (7,1),stride = 1,padding = (3,0)),
            BasicConv2d(64,96,kernel_size = (3,3),stride = 1)
        )
    def forward(self,x):
        x0 = self.branch0(x)
        x1 = self.branch1(x)
        out = torch.cat((x0,x1),1)
        return out
class Mixed_5a(nn.Module):
    def __init__(self):
        super(Mixed_5a,self).__init__()
        self.conv = BasicConv2d(192,192,kernel_size = 3,stride = 2)
        self.maxpool = nn.MaxPool2d(3,stride = 2)
    def forward(self,x):
        x0 = self.conv(x)
        x1 = self.maxpool(x)
        out = torch.cat((x0,x1),1)
        return out
class Inception_A(nn.Module):
    def __init__(self):
        super(Inception_A,self).__init__()
        self.branch0 = BasicConv2d(384,96,kernel_size = 1,stride = 1)
        self.branch1 = nn.Sequential(
            BasicConv2d(384,64,kernel_size = 1,stride = 1),
            BasicConv2d(64,96,kernel_size = 3,stride = 1,padding = 1)
        )
        self.branch2 = nn.Sequential(
            BasicConv2d(384,64,kernel_size = 1,stride = 1),
```

```python
            BasicConv2d(64,96,kernel_size = 3,stride = 1,padding = 1),
            BasicConv2d(96,96,kernel_size = 3,stride = 1,padding = 1)
        )
        self.branch3 = nn.Sequential(
            nn.AvgPool2d(3,stride = 1,padding = 1,count_include_pad = False),
            BasicConv2d(384,96,kernel_size = 1,stride = 1)
        )
    def forward(self,x):
        x0 = self.branch0(x)
        x1 = self.branch1(x)
        x2 = self.branch2(x)
        x3 = self.branch3(x)
        out = torch.cat((x0,x1,x2,x3),1)
        return out
class Reduction_A(nn.Module):
    def __init__(self):
        super(Reduction_A,self).__init__()
        self.branch0 = BasicConv2d(384,384,kernel_size = 3,stride = 2)
        self.branch1 = nn.Sequential(
            BasicConv2d(384,192,kernel_size = 1,stride = 1),
            BasicConv2d(192,224,kernel_size = 3,stride = 1,padding = 1),
            BasicConv2d(224,256,kernel_size = 3,stride = 2)
        )
        self.branch2 = nn.MaxPool2d(3,stride = 2)
    def forward(self,x):
        x0 = self.branch0(x)
        x1 = self.branch1(x)
        x2 = self.branch2(x)
        out = torch.cat((x0,x1,x2),1)
        return out
class Inception_B(nn.Module):
    def __init__(self):
        super(Inception_B,self).__init__()
        self.branch0 = BasicConv2d(1024,384,kernel_size = 1,stride = 1)
        self.branch1 = nn.Sequential(
            BasicConv2d(1024,192,kernel_size = 1,stride = 1),
            BasicConv2d(192,224,kernel_size = (1,7),stride = 1,padding = (0,3)),
            BasicConv2d(224,256,kernel_size = (7,1),stride = 1,padding = (3,0))
        )
        self.branch2 = nn.Sequential(
            BasicConv2d(1024,192,kernel_size = 1,stride = 1),
            BasicConv2d(192,192,kernel_size = (7,1),stride = 1,padding = (3,0)),
            BasicConv2d(192,224,kernel_size = (1,7),stride = 1,padding = (0,3)),
```

```python
            BasicConv2d(224,224,kernel_size = (7,1),stride = 1,padding = (3,0)),
            BasicConv2d(224,256,kernel_size = (1,7),stride = 1,padding = (0,3))
        )
        self.branch3 = nn.Sequential(
            nn.AvgPool2d(3,stride = 1,padding = 1,count_include_pad = False),
            BasicConv2d(1024,128,kernel_size = 1,stride = 1)
        )
    def forward(self,x):
        x0 = self.branch0(x)
        x1 = self.branch1(x)
        x2 = self.branch2(x)
        x3 = self.branch3(x)
        out = torch.cat((x0,x1,x2,x3),1)
        return out
class Reduction_B(nn.Module):
    def __init__(self):
        super(Reduction_B,self).__init__()
        self.branch0 = nn.Sequential(
            BasicConv2d(1024,192,kernel_size = 1,stride = 1),
            BasicConv2d(192,192,kernel_size = 3,stride = 2)
        )
        self.branch1 = nn.Sequential(
            BasicConv2d(1024,256,kernel_size = 1,stride = 1),
            BasicConv2d(256,256,kernel_size = (1,7),stride = 1,padding = (0,3)),
            BasicConv2d(256,320,kernel_size = (7,1),stride = 1,padding = (3,0)),
            BasicConv2d(320,320,kernel_size = 3,stride = 2)
        )
        self.branch2 = nn.MaxPool2d(3,stride = 2)
    def forward(self,x):
        x0 = self.branch0(x)
        x1 = self.branch1(x)
        x2 = self.branch2(x)
        out = torch.cat((x0,x1,x2),1)
        return out
class Inception_C(nn.Module):
    def __init__(self):
        super(Inception_C,self).__init__()
        self.branch0 = BasicConv2d(1536,256,kernel_size = 1,stride = 1)
        self.branch1_0 = BasicConv2d(1536,384,kernel_size = 1,stride = 1)
        self.branch1_1a = BasicConv2d(384,256,kernel_size = (1,3),stride = 1,padding = (0,1))
        self.branch1_1b = BasicConv2d(384,256,kernel_size = (3,1),stride = 1,padding = (1,0))
        self.branch2_0 = BasicConv2d(1536,384,kernel_size = 1,stride = 1)
        self.branch2_1 = BasicConv2d(384,448,kernel_size = (3,1),stride = 1,padding = (1,0))
```

```python
        self.branch2_2 = BasicConv2d(448,512,kernel_size=(1,3),stride=1,padding=(0,1))
        self.branch2_3a = BasicConv2d(512,256,kernel_size=(1,3),stride=1,padding=(0,1))
        self.branch2_3b = BasicConv2d(512,256,kernel_size=(3,1),stride=1,padding=(1,0))
        self.branch3 = nn.Sequential(
            nn.AvgPool2d(3,stride=1,padding=1,count_include_pad=False),
            BasicConv2d(1536,256,kernel_size=1,stride=1)
        )
    def forward(self,x):
        x0 = self.branch0(x)
        x1_0 = self.branch1_0(x)
        x1_1a = self.branch1_1a(x1_0)
        x1_1b = self.branch1_1b(x1_0)
        x1 = torch.cat((x1_1a,x1_1b),1)
        x2_0 = self.branch2_0(x)
        x2_1 = self.branch2_1(x2_0)
        x2_2 = self.branch2_2(x2_1)
        x2_3a = self.branch2_3a(x2_2)
        x2_3b = self.branch2_3b(x2_2)
        x2 = torch.cat((x2_3a,x2_3b),1)
        x3 = self.branch3(x)
        out = torch.cat((x0,x1,x2,x3),1)
        return out
class SingleTask(nn.Module):
    def __init__(self,num_classes):
        super(SingleTask,self).__init__()
        # Special attributs
        self.input_space = None
        self.input_size = (299,299,3)
        self.mean = None
        self.std = None
        # Modules
        self.features = nn.Sequential(
            BasicConv2d(3,32,kernel_size=3,stride=2),
            BasicConv2d(32,32,kernel_size=3,stride=1),
            BasicConv2d(32,64,kernel_size=3,stride=1,padding=1),
            Mixed_3a(),
            Mixed_4a(),
            Mixed_5a(),
            Inception_A(),
            Inception_A(),
            Inception_A(),
            Inception_A(),
            Reduction_A(),# Mixed_6a
```

```python
            Inception_B(),
            Inception_B(),
            Inception_B(),
            Inception_B(),
            Inception_B(),
            Inception_B(),
            Inception_B(),
            Reduction_B(),# Mixed_7a
            Inception_C(),
            Inception_C(),
            Inception_C()
        )
    self.avg_pool = nn.AdaptiveAvgPool2d(1)
        self.fc = nn.Sequential(
            nn.BatchNorm1d(1536),
            nn.Dropout(0.5),
            nn.Linear(1536,num_classes),
        )
    def logits(self,features):
        x = self.avg_pool(features)
        x = x.view(x.size(0),-1)
        x = self.fc(x)
        return x
    def forward(self,input):
        x = self.features(input)
        x = self.logits(x)
        return x
def load_pre_model_dict(self,state_dict):
    own_state = self.state_dict()
    for name,param in state_dict.items():
        if name not in own_state:
            continue
        if isinstance(param,nn.Parameter):
            print('true')
            # backwards compatibility for serialized parameters
            param = param.data
        own_state[name].copy_(param)
def v4(num_classes,pretrained = 'imagenet'):
    if pretrained:
        settings = pretrained_settings['inceptionv4'][pretrained]
        # both 'imagenet'&'imagenet + background' are loaded from same parameters
        model = SingleTask(num_classes)
        # model.load_state_dict(model_zoo.load_url(settings['url']))
```

```python
            load_pre_model_dict(model,model_zoo.load_url(settings['url']))
            model.input_space = settings['input_space']
            model.input_size = settings['input_size']
            model.input_range = settings['input_range']
            model.mean = settings['mean']
            model.std = settings['std']
    else:
        model = SingleTask(num_classes)
    return model
```

3. 主程序实现

```python
import os
import time
import shutil
import random
import numpy as np
import pandas as pd
from PIL import Image
from tqdm import tqdm
from collections import OrderedDict
from sklearn.model_selection import train_test_split
import model_v4
import torch
import torch.nn as nn
import torch.optim as optim
import torchvision.models as models
import torchvision.transforms as transforms
from torch.utils.data import Dataset,DataLoader
def main():
    # 随机种子
    np.random.seed(666)
    torch.manual_seed(666)
    torch.cuda.manual_seed_all(666)
    random.seed(666)
    # 获取当前文件名,用于创建模型及结果文件的目录
    file_name = os.path.basename(__file__).split('.')[0]
    # 创建保存模型和结果的文件夹
    if not os.path.exists('./model/%s' % file_name):
        os.makedirs('./model/%s' % file_name)
    if not os.path.exists('./result/%s' % file_name):
        os.makedirs('./result/%s' % file_name)
    # 创建日志文件
    if not os.path.exists('./result/%s.txt' % file_name):
        with open('./result/%s.txt' % file_name,'w') as acc_file:
```

```python
            pass
        with open('./result/%s.txt'%file_name,'a') as acc_file:
            acc_file.write('\n%s %s\n'%(time.strftime("%Y-%m-%d %H:%M:%S",time.localtime(time.time())),file_name))
#默认使用 PIL 读图
    def default_loader(path):
        # return Image.open(path)
        return Image.open(path).convert('RGB')
#训练集图片读取
    class TrainDataset(Dataset):
        def __init__(self,label_list,transform = None,target_transform = None,loader = default_loader):
            imgs = []
            for index,row in label_list.iterrows():
                imgs.append((row['img_path'],row['label']))
            self.imgs = imgs
            self.transform = transform
            self.target_transform = target_transform
            self.loader = loader
        def __getitem__(self,index):
            filename,label = self.imgs[index]
            img = self.loader(filename)
            if self.transform is not None:
                img = self.transform(img)
            return img,label
        def __len__(self):
            return len(self.imgs)
#验证集图片读取
    class ValDataset(Dataset):
        def __init__(self,label_list,transform = None,target_transform = None,loader = default_loader):
            imgs = []
            for index,row in label_list.iterrows():
                imgs.append((row['img_path'],row['label']))
            self.imgs = imgs
            self.transform = transform
            self.target_transform = target_transform
            self.loader = loader
        def __getitem__(self,index):
            filename,label = self.imgs[index]
            img = self.loader(filename)
            if self.transform is not None:
                img = self.transform(img)
```

```python
            return img,label
        def __len__(self):
            return len(self.imgs)
# 测试集图片读取
    class TestDataset(Dataset):
        def __init__(self,label_list,transform = None,target_transform = None,loader = default_loader):
            imgs = []
            for index,row in label_list.iterrows():
                imgs.append((row['img_path']))
            self.imgs = imgs
            self.transform = transform
            self.target_transform = target_transform
            self.loader = loader
        def __getitem__(self,index):
            filename = self.imgs[index]
            img = self.loader(filename)
            if self.transform is not None:
                img = self.transform(img)
            return img,filename
        def __len__(self):
            return len(self.imgs)
# 数据增强:在给定角度中随机进行旋转
    class FixedRotation(object):
        def __init__(self,angles):
            self.angles = angles
        def __call__(self,img):
            return fixed_rotate(img,self.angles)
    def fixed_rotate(img,angles):
        angles = list(angles)
        angles_num = len(angles)
        index = random.randint(0,angles_num - 1)
        return img.rotate(angles[index])
# 训练函数
    def train(train_loader,model,criterion,optimizer,epoch):
        batch_time = AverageMeter()
        data_time = AverageMeter()
        losses = AverageMeter()
        acc = AverageMeter()
        # switch to train mode
        model.train()
        end = time.time()
        # 从训练集迭代器中获取训练数据
```

```python
        for i,(images,target) in enumerate(train_loader):
            # 评估图片读取耗时
            data_time. update(time. time() - end)
            # 将图片和标签转化为 tensor
            image_var = torch. tensor(images). cuda(async = True)
            label = torch. tensor(target). cuda(async = True)
            # 将图片输入网络,前传,生成预测值
            y_pred = model(image_var)
            # 计算 loss
            loss = criterion(y_pred,label)
            losses. update(loss. item(),images. size(0))
            # 计算 top1 正确率
            prec,PRED_COUNT = accuracy(y_pred. data,target,topk = (1,1))
            acc. update(prec,PRED_COUNT)
            # 对梯度进行反向传播,使用随机梯度下降更新网络权重
            optimizer. zero_grad()
            loss. backward()
            optimizer. step()
            # 评估训练耗时
            batch_time. update(time. time() - end)
            end = time. time()
            # 打印耗时与结果
            if i %  print_freq  = = 0:
                print('Epoch:[{0}][{1}/{2}]\t'
                    'Time {batch_time. val:. 3f}({batch_time. avg:. 3f})\t'
                    'Data {data_time. val:. 3f}({data_time. avg:. 3f})\t'
                    'Loss {loss. val:. 4f}({loss. avg:. 4f})\t'
                    'Accuray {acc. val:. 3f}({acc. avg:. 3f})'. format(
                    epoch,i,len(train_loader),batch_time = batch_time,data_time = data_time,loss = losses,acc = acc))
    # 验证函数
    def validate(val_loader,model,criterion):
        batch_time = AverageMeter()
        losses = AverageMeter()
        acc = AverageMeter()
        # switch to evaluate mode
        model. eval()
        end = time. time()
        for i,(images,labels) in enumerate(val_loader):
            image_var = torch. tensor(images). cuda(async = True)
            target = torch. tensor(labels). cuda(async = True)
            # 图片前传。验证和测试时不需要更新网络权重,所以使用 torch. no_grad(),表示不计算梯度
```

```python
            with torch.no_grad():
                y_pred = model(image_var)
                loss = criterion(y_pred,target)
            # measure accuracy and record loss
            prec,PRED_COUNT = accuracy(y_pred.data,labels,topk = (1,1))
            losses.update(loss.item(),images.size(0))
            acc.update(prec,PRED_COUNT)
            # measure elapsed time
            batch_time.update(time.time() - end)
            end = time.time()
            if i % print_freq = = 0:
                print('TrainVal:[{0}/{1}]\t'
                    'Time {batch_time.val:.3f}({batch_time.avg:.3f})\t'
                    'Loss {loss.val:.4f}({loss.avg:.4f})\t'
                    'Accuray {acc.val:.3f}({acc.avg:.3f})'.format(
                    i,len(val_loader),batch_time = batch_time,loss = losses,acc = acc))
        print(' * Accuray {acc.avg:.3f}'.format(acc = acc),'(Previous Best Acc:% .3f)' % best_precision,
            ' * Loss {loss.avg:.3f}'.format(loss = losses),'Previous Lowest Loss:% .3f)' % lowest_loss)
        return acc.avg,losses.avg
    # 测试函数
    def test(test_loader,model):
        csv_map = OrderedDict({'filename':[],'probability':[]})
        # switch to evaluate mode
        model.eval()
        for i,(images,filepath) in enumerate(tqdm(test_loader)):
            # bs,ncrops,c,h,w = images.size()
            filepath = [os.path.basename(i) for i in filepath]
            image_var = torch.tensor(images,requires_grad = False)   # for pytorch 0.4
            with torch.no_grad():
                y_pred = model(image_var)
                # 使用Softmax函数将图片预测结果转换成类别概率
                smax = nn.Softmax(1)
                smax_out = smax(y_pred)
            # 保存图片名称与预测概率
            csv_map['filename'].extend(filepath)
            for output in smax_out:
                prob = ';'.join([str(i) for i in output.data.tolist()])
                csv_map['probability'].append(prob)
        result = pd.DataFrame(csv_map)
        result['probability'] = result['probability'].map(lambda x:[float(i) for i in x.split(';')])
```

```python
        # 转换成提交样例中的格式
        sub_filename, sub_label = [],[]
        for index, row in result.iterrows():
            sub_filename.append(row['filename'])
            pred_label = np.argmax(row['probability'])
            if pred_label == 0:
                sub_label.append('norm')
            else:
                sub_label.append('defect%d' % pred_label)
        # 生成结果文件,保存在 result 文件夹中,可用于直接提交
        submission = pd.DataFrame({'filename':sub_filename,'label':sub_label})
        submission.to_csv('./result/%s/submission.csv' % file_name, header=None, index=False)
        return
    # 保存最新模型以及最优模型
    def save_checkpoint(state, is_best, is_lowest_loss, filename='./model/%s/checkpoint.pth.tar' % file_name):
        torch.save(state, filename)
        if is_best:
            shutil.copyfile(filename,'./model/%s/model_best.pth.tar' % file_name)
        if is_lowest_loss:
            shutil.copyfile(filename,'./model/%s/lowest_loss.pth.tar' % file_name)
    # 用于计算精度和时间的变化
    class AverageMeter(object):
        """Computes and stores the average and current value"""
        def __init__(self):
            self.reset()
        def reset(self):
            self.val = 0
            self.avg = 0
            self.sum = 0
            self.count = 0
        def update(self, val, n=1):
            self.val = val
            self.sum += val * n
            self.count += n
            self.avg = self.sum / self.count
    # 学习率衰减:lr = lr / lr_decay
    def adjust_learning_rate():
        nonlocal lr
        lr = lr / lr_decay
        return optim.Adam(model.parameters(), lr, weight_decay=weight_decay, amsgrad=True)
    # 计算 topk 准确率
```

```python
    def accuracy(y_pred,y_actual,topk = (1,)):
"""Computes the precision@ k for the specified values of k"""
        final_acc = 0
        maxk = max(topk)
        # for prob_threshold in np. arange(0,1,0. 01):
        PRED_COUNT = y_actual. size(0)
        PRED_CORRECT_COUNT = 0
        prob,pred = y_pred. topk(maxk,1,True,True)
        # prob = np. where(prob > prob_threshold,prob,0)
        for j in range(pred. size(0)):
            if int(y_actual[j]) = = int(pred[j]):
                PRED_CORRECT_COUNT + = 1
        if PRED_COUNT = = 0:
            final_acc = 0
        else:
            final_acc = PRED_CORRECT_COUNT / PRED_COUNT
        return final_acc *  100,PRED_COUNT
# 程序主体
# 设定 GPU ID
os. environ["CUDA_VISIBLE_DEVICES"] = '0,1'
# 小数据集上,batch_size 不易过大。如出现 out of memory,应调小 batch_size
batch_size = 24
# 进程数量,最好不要超过电脑最大进程数。windows 下报错可以改为 workers = 0
workers = 12
# epoch 数量,分 stage 进行,跑完一个 stage 后降低学习率进入下一个 stage
stage_epochs = [20,10,10]
# 初始学习率
lr = 1e - 4
# 学习率衰减系数( new_lr = lr / lr_decay)
lr_decay = 5
# 正则化系数
weight_decay = 1e - 4
# 参数初始化
stage = 0
start_epoch = 0
total_epochs = sum(stage_epochs)
best_precision = 0
lowest_loss = 100
    # 设定打印频率,即多少 step 打印一次,用于观察 loss 和 acc 的实时变化
    # 打印结果中,括号前面为实时 loss 和 acc,括号内部为 epoch 内平均 loss 和 acc
    print_freq = 1
    # 验证集比例
    val_ratio = 0. 12
```

```python
# 是否只验证,不训练
evaluate = False
# 是否从断点继续跑
resume = False
# 创建 inception_v4 模型
model = model_v4.v4(num_classes = 12)
model = torch.nn.DataParallel(model).cuda()
# optionally resume from a checkpoint
if resume:
    checkpoint_path = './model/%s/checkpoint.pth.tar' % file_name
    if os.path.isfile(checkpoint_path):
        print(" => loading checkpoint '{}'".format(checkpoint_path))
        checkpoint = torch.load(checkpoint_path)
        start_epoch = checkpoint['epoch'] + 1
        best_precision = checkpoint['best_precision']
        lowest_loss = checkpoint['lowest_loss']
        stage = checkpoint['stage']
        lr = checkpoint['lr']
        model.load_state_dict(checkpoint['state_dict'])
        # 如果中断点恰好为转换 stage 的点,需要特殊处理
        if start_epoch in np.cumsum(stage_epochs)[:-1]:
            stage += 1
            optimizer = adjust_learning_rate()
            model.load_state_dict(torch.load('./model/%s/model_best.pth.tar' % file_name)['state_dict'])
        print(" => loaded checkpoint(epoch {})".format(checkpoint['epoch']))
    else:
        print(" => no checkpoint found at '{}'".format(checkpoint_path))
# 读取训练图片列表
all_data = pd.read_csv('data/label.csv')
# 分离训练集和测试集,stratify 参数用于分层抽样
train_data_list, val_data_list = train_test_split(all_data, test_size = val_ratio, random_state = 666, stratify = all_data['label'])
# 读取测试图片列表
test_data_list = pd.read_csv('data/test.csv')
# 图片归一化,由于采用 ImageNet 预训练网络,因此这里直接采用 ImageNet 网络的参数
normalize = transforms.Normalize(mean = [0.485, 0.456, 0.406], std = [0.229, 0.224, 0.225])
# 训练集图片变换,输入网络的尺寸为 384*384
train_data = TrainDataset(train_data_list,
                          transform = transforms.Compose([
                              transforms.Resize((400, 400)),
                              transforms.ColorJitter(0.15, 0.15, 0.15, 0.075),
                              transforms.RandomHorizontalFlip(),
```

```python
                    transforms.RandomGrayscale(),
                    # transforms.RandomRotation(20),
                    FixedRotation([0,90,180,270]),
                    transforms.RandomCrop(384),
                    transforms.ToTensor(),
                    normalize,
                ]))
    # 验证集图片变换
    val_data = ValDataset(val_data_list,
                    transform = transforms.Compose([
                        transforms.Resize((400,400)),
                        transforms.CenterCrop(384),
                        transforms.ToTensor(),
                        normalize,
                    ]))
    # 测试集图片变换
    test_data = TestDataset(test_data_list,
                    transform = transforms.Compose([
                        transforms.Resize((400,400)),
                        transforms.CenterCrop(384),
                        transforms.ToTensor(),
                        normalize,
                    ]))
    # 生成图片迭代器
    train_loader = DataLoader(train_data,batch_size = batch_size,shuffle = True,pin_memory = True,num_workers = workers)
    val_loader = DataLoader(val_data,batch_size = batch_size* 2,shuffle = False,pin_memory = False,num_workers = workers)
    test_loader = DataLoader(test_data,batch_size = batch_size* 2,shuffle = False,pin_memory = False,num_workers = workers)
    # 使用交叉熵损失函数
    criterion = nn.CrossEntropyLoss().cuda()
    # 优化器,使用带 amsgrad 的 Adam
    optimizer = optim.Adam(model.parameters(),lr,weight_decay = weight_decay,amsgrad = True)
    if evaluate:
        validate(val_loader,model,criterion)
    else:
        # 开始训练
        for epoch in range(start_epoch,total_epochs):
            # train for one epoch
            train(train_loader,model,criterion,optimizer,epoch)
            # evaluate on validation set
            precision,avg_loss = validate(val_loader,model,criterion)
```

```python
        # 在日志文件中记录每个 epoch 的精度和 loss
        with open('./result/%s.txt' % file_name,'a') as acc_file:
            acc_file.write('Epoch:%2d,Precision:%.8f,Loss:%.8f\n' % (epoch,precision,avg_loss))
        # 记录最高精度与最低 loss,保存最新模型与最佳模型
        is_best = precision > best_precision
        is_lowest_loss = avg_loss < lowest_loss
        best_precision = max(precision,best_precision)
        lowest_loss = min(avg_loss,lowest_loss)
        state = {
            'epoch':epoch,
            'state_dict':model.state_dict(),
            'best_precision':best_precision,
            'lowest_loss':lowest_loss,
            'stage':stage,
            'lr':lr,
        }
        save_checkpoint(state,is_best,is_lowest_loss)
        # 判断是否进行下一个 stage
        if(epoch + 1) in np.cumsum(stage_epochs)[:-1]:
            stage += 1
            optimizer = adjust_learning_rate()
            model.load_state_dict(torch.load('./model/%s/model_best.pth.tar' % file_name)['state_dict'])
            print('Step into next stage')
            with open('./result/%s.txt' % file_name,'a') as acc_file:
                acc_file.write('---------------Step into next stage---------------\n')
    # 记录线下最佳分数
    with open('./result/%s.txt' % file_name,'a') as acc_file:
        acc_file.write('* best acc:%.8f %s\n' % (best_precision,os.path.basename(__file__)))
    with open('./result/best_acc.txt','a') as acc_file:
        acc_file.write('%s  * best acc:%.8f  %s\n' % (
            time.strftime("%Y-%m-%d %H:%M:%S",time.localtime(time.time())),best_precision,os.path.basename(__file__)))
    # 读取最佳模型,预测测试集,并生成可直接提交的结果文件
    best_model = torch.load('./model/%s/model_best.pth.tar' % file_name)
    model.load_state_dict(best_model['state_dict'])
    test(test_loader = test_loader,model = model)
    # 释放 GPU 缓存
    torch.cuda.empty_cache()
if __name__ == '__main__':
    main()
```

任务 2　基于深度神经网络的铝型材表面瑕疵检测

图像分类关心的是整体，给出的是整张图像的内容描述，而目标检测任务关注的是图像中特定的物体，并且要求同时给出获取的目标物体的类别信息和位置信息。在深度学习介入计算机视觉领域之前，传统的目标检测方法的步骤如下：

（1）区域选择：利用滑动窗口的方式对整幅图像进行遍历，并且需要手动设置不同尺度的窗口，这样穷举的方式虽然包含了目标所有可能出现的位置，但是时间复杂度高。

（2）特征提取：基于手工提取的方式获得特征，由于目标的形态多样，又会受光照、噪声的影响，使得人工设计一个鲁棒的特征并不是那么容易，而从图像中提取的特征会直接影响后续的工作，这个阶段常用的特征有 Haar、SIFT、HOG 等。

（3）分类回归：应用支持向量机、AdaBoost 等分类器判断选择的区域是否属于待检测的目标。

基于深度学习的目标检测将候选区域的选择、图像特征的提取和分类统一到一个深度卷积神经网络中，实现了包含待检测目标的区域的自动选择，以及能够提取具有鲁棒性的特征。将基于深度学习的目标检测引入工业领域的铝型材表面瑕疵检测时会遇到以下问题：

（1）数据量不足：深度学习网络的参数量非常大，需要海量的数据集进行参数学习，而工业环境中获取的含有标签的图片数据是非常有限的。

（2）瑕疵尺度复杂：工业生产现场，由于生产条件的变化，同一类型的瑕疵会出现不同的尺寸，而不同类型的瑕疵的尺寸更是有很大差异，因此，这使得设计瑕疵检测网络变得十分困难。

针对在铝型材表面瑕疵检测时出现的难点，在深入分析瑕疵自身特征的基础上，本项目提出一种基于深度卷积神经网络的具有自适应、自学习特点的瑕疵检测网络。具体来说，本项目可以分为两方面：一是基于迁移学习的方法将非工业领域内的目标检测技术引入工业中材料表面瑕疵的检测；二是提出一个基于特征金字塔的深度卷积网络模型解决铝型材表面瑕疵尺度差异大的问题。结果表明，基于以上技术的铝型材表面瑕疵检测可以非常有效地将不同尺度的铝型材表面瑕疵定位出来，并能给出瑕疵的类型及其置信度。

子任务 2-1　了解铝型材表面瑕疵数据集

1. 瑕疵数据集获取

本项目用于瑕疵检测的图片来源于阿里云天池平台，该数据集地址为 https://tianchi.aliyun.com/competition/entrance/231682/information。铝型材是佛山南海的支柱性产业，在铝型材的实际生产过程中，由于各方面因素的影响，铝型材表面会产生裂纹、起皮、划伤等瑕疵，这些瑕疵会严重影响铝型材的质量。该瑕疵数据集是来自某企业某一生产线在某一段时间实际生产中有瑕疵的铝型材监测影像数据，每个影像中包含一种或多种瑕疵。

瑕疵的衡量标准如下：一是型材表面应整洁；二是型材表面上允许有轻微的压坑、碰伤、擦伤；三是型材端头允许有因锯切产生的局部变形，其纵向长度不应超过 10 mm；四是在工业生产过程中，不够明显的瑕疵也会被作为无瑕疵图片进行处理，不必拘泥于无瑕疵图片中不够明显的瑕疵。

铝型材表面瑕疵图片的分辨率为 2 560 × 1 920，瑕疵的种类主要有不导电、擦花、角位漏底、橘皮、漏底、喷流、漆泡、起坑、杂色和脏点十类。图 5-30 展示了不同类型的铝型材表面瑕疵，以及显示瑕疵位置的标记框。

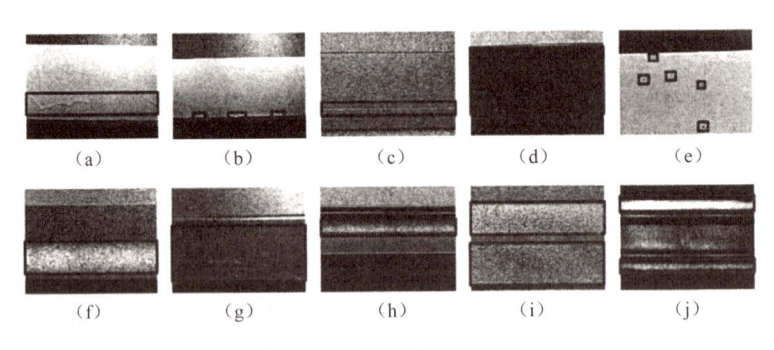

图 5-30　铝型材表面瑕疵

(a) 不导电；(b) 擦花；(c) 角位漏底；(d) 橘皮；(e) 漏底；(f) 喷流；
(g) 漆泡；(h) 起坑；(i) 杂色；(j) 脏点

2. 瑕疵数据集统计分析

(1) 数据集瑕疵类别统计。

图 5-31 统计了单瑕疵图片和多瑕疵图片中各种类型的铝型材表面瑕疵包含的图片数量。从统计图中可以看出，每种瑕疵类别所拥有的样本数量极其不均匀，有些类别的样本数量特别少，如喷流类、漆泡类，而漏底类瑕疵样本远高于其他类型的瑕疵样本数量。图 5-32 展示了单瑕疵样本、多瑕疵样本和无瑕疵样本数量统计，从图中看出每种类型图片数量也非常不平衡。

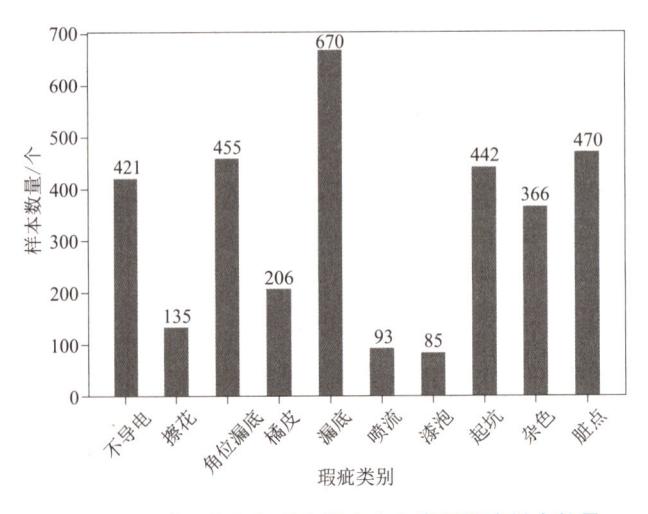

图 5-31　单瑕疵和多瑕疵样本中各类别瑕疵样本数量

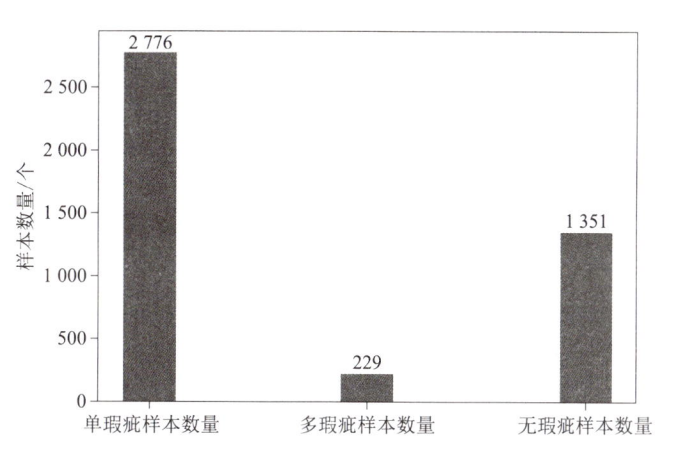

图 5-32 单瑕疵样本、多瑕疵样本和无瑕疵样本数量统计

（2）数据集瑕疵尺度统计。

图 5-33 展示了检测数据中标记瑕疵的矩形框的宽度和高度分布区间，以及瑕疵面积占图片面积比例统计。从图（a）中可以看出，瑕疵尺寸跨度非常大，有些标记框的尺寸几乎等于图片的尺寸，而有些标记框的尺寸接近于零。对于瑕疵面积占比，从图（b）中看出面积占比小于 0.01 的图片有 21.6%，也就是说铝型材图片上只有 1% 的地方有瑕疵的数据占了训练数据集的 21.6%，而面积占比小于 0.1 的图片有 70% 左右，这些说明了铝型材表面的瑕疵基本上是非常小的。

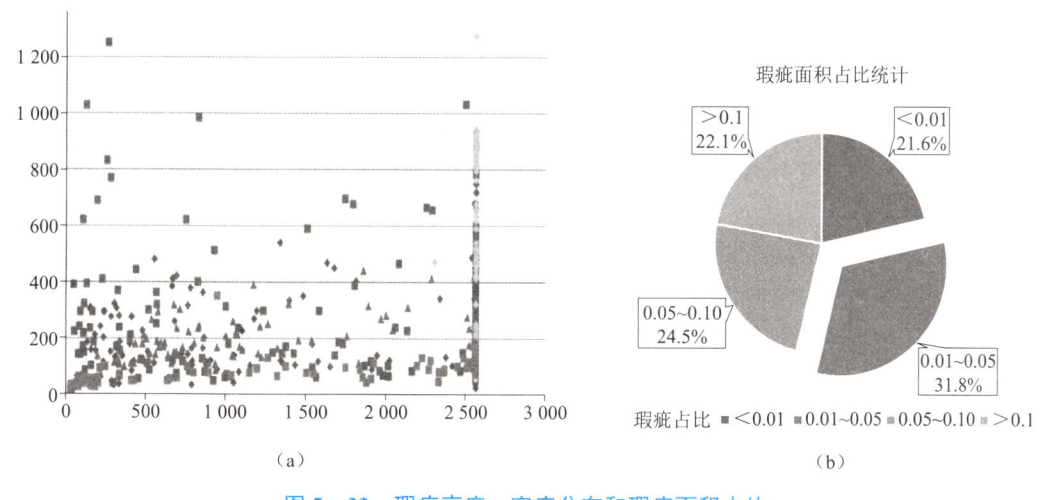

图 5-33 瑕疵高度、宽度分布和瑕疵面积占比
（a）训练集中瑕疵标记框尺寸分布；（b）瑕疵面积占比

图 5-34 展示了各种尺寸的瑕疵图片。从图中可以直观地看出瑕疵的尺寸不一致，并且图（a）的瑕疵的边界是非常模糊的，即使人工标注也没有统一的标准，所以说并没有一种确定尺寸的标记框来确定瑕疵的位置，这也增加了瑕疵检测算法设计的难度。

图 5-34 各种尺寸的瑕疵
(a) 大尺寸瑕疵；(b) 小尺寸瑕疵

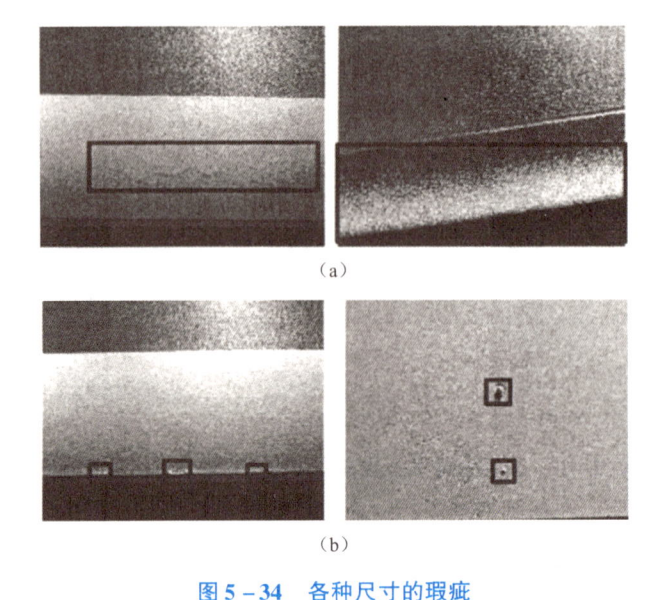

子任务 2-2　瑕疵检测深度卷积神经网络构建

考虑到瑕疵在图片中是以点、线和边缘等特征为基础组合构成的，这与非工业领域内的目标检测中物体的构成特征相似，因而基于特征的迁移学习，将目标检测选为瑕疵检测的源问题。目标检测的目的是从图像中精确定位出感兴趣的目标，并且将该目标正确分类，基于此，将深度学习中的卷积神经网络应用于铝型材表面瑕疵检测的算法核心思想如下：

（1）对输入图像利用某种机制选取多个高质量的感兴趣区域，通常这些区域具有不同的形状和大小。

（2）选取一个预训练卷积神经网络特征提取框架，将（1）中获得的感兴趣区域输入特征提取框架中，通过前向传播抽取该区域的特征。

（3）利用抽取出的区域特征训练多个分类框架，其中每个框架用来判断该样本是否属于某个类别。

（4）利用抽取出的区域特征的坐标与图片真实目标边界框作为样本，训练回归框架用于预测未知样本中目标的位置，如图 5-35 所示。

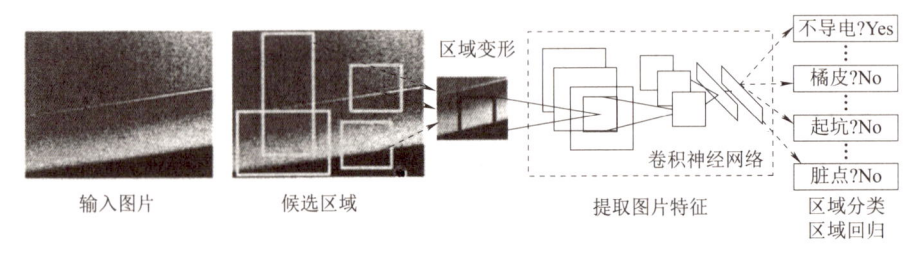

图 5-35　算法核心思想

FasterR-CNN 模型作为目标检测领域内经久不衰、生命力极强的检测框架,将感兴趣区域选择、区域特征提取、分类和回归综合在一个网络内,使其综合性能有较大的提高,在检测速度方面尤为明显。本项目以 FasterR-CNN 作为基础框架,根据瑕疵的特征,对基础框架进行改进后提出了适用于工业中铝型材表面瑕疵检测的算法。下面对该算法进行详细介绍。

1. 铝型材表面瑕疵特征提取框架

特征提取作为瑕疵检测的第一步,提取出的特征的好坏对后续目标分类与定位有极大的影响。在过去几十年的图像处理领域,手工设计的特征处于统治地位,主要是依靠设计者的先验知识,因而这样获取特征的方式没有普适性,并且抽取的目标特征较为低级。深度卷积神经网络可以从当前大量的数据集中快速学习到新的有效的特征,并且此类特征往往是高级的语义特征,因而对于目标检测大有裨益。

本项目选用 ResNet101 深度残差学习网络作为瑕疵检测的特征提取框架,它是由图 5-36 中的 Bottleneck 基本单元通过不断堆叠构成的,通过这样的结构解决了由网络结构加深带来的网络收敛变慢、网络性能下降等问题。

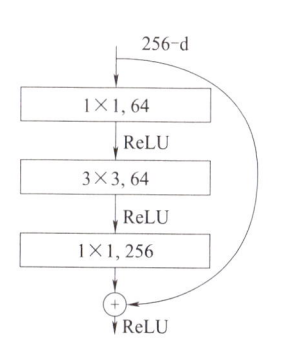

图 5-36 Bottleneck 基本单元

ResNet101 网络结构如图 5-37 所示,它是由 conv1、pool、conv2_x、conv3_x、conv4_x、conv5_x 卷积层,以及连接在其后的平均池化层、1 000 维全连接层和 Softmax 层组成的(RestNet101 作为特征提取框架时只采用了前面 5 层卷积层和 1 层池化层)。conv2_x、conv3_x、conv4_x、conv5_x 是由不同数目的 Bottleneck 基本单元堆叠而成的,数目如图 5-37 所示。ResNet101 网络深度为 101 层,如此深的网络使获取的特征的"等级"极大增高,因而大大地提升了特征背后的语义信息,非常有利于后续的瑕疵分类与定位。

层名	输出尺寸	结构
conv1	112×112	7×7 卷积核,数目:64,步长:2
pool	56×56	3×3 池化核,最大池化,步长:2
conv2_x	56×56	卷积层:$\begin{bmatrix} 1\times1, 64 \\ 3\times3, 64 \\ 1\times1, 256 \end{bmatrix} \times 3$
conv3_x	28×28	卷积层:$\begin{bmatrix} 1\times1, 128 \\ 3\times3, 128 \\ 1\times1, 512 \end{bmatrix} \times 4$
conv4_x	14×14	卷积层:$\begin{bmatrix} 1\times1, 256 \\ 3\times3, 256 \\ 1\times1, 1\,024 \end{bmatrix} \times 23$
conv5_x	7×7	卷积层:$\begin{bmatrix} 1\times1, 512 \\ 3\times3, 512 \\ 1\times1, 2\,048 \end{bmatrix} \times 3$
	1×1	7×7 池化核,平均池化,步长:1; 1 000 维全连接层;Softmax 层

图 5-37 ResNet101 网络结构

基于迁移学习的方式采用在 ImageNet 数据集上预训练的模型 ResNet101 作为特征提取框架，图 5-38 和图 5-39 展示了采用该模型提取出的铝型材表面瑕疵特征。图 5-38 中的（a）为起坑瑕疵图片，（b）为其经过 conv5_x 提取出的特征图。图 5-39 展示了经过 conv3_x 和 conv4_x 卷积层后的特征图。比较两张图中的特征图，发现处于模型深层的卷积所抽取的瑕疵特征与浅层特征相比，更加结构化，更加复杂，而不是简单的用点、线描绘特征。相较于瑕疵分类网络中的特征提取部分，本项目特征提取网络相对较小，因而提取的前几层特征总体上还是属于浅层、低级的，依稀可以看见铝型材的轮廓，但在后面章节的区域建议网络、分类层和回归层会对这些特征继续处理，所以此特征提取网络既减轻了整个网络"重量"，又没有影响网络的检测性能。

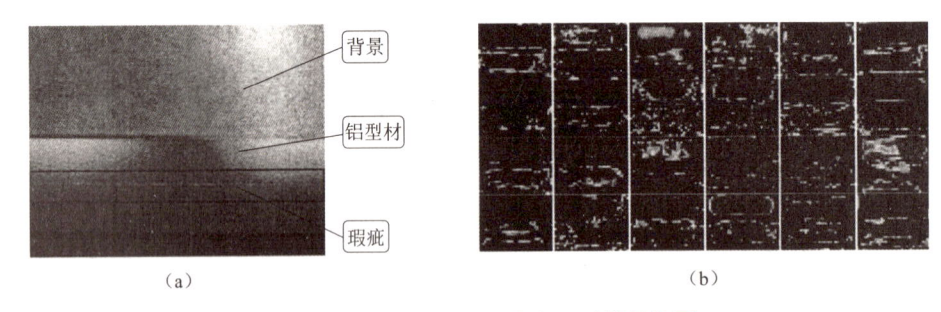

图 5-38 经过 conv5_x 卷积层后的特征图
（a）起坑瑕疵图片；（b）经过 conv5_x 提取出的特征图

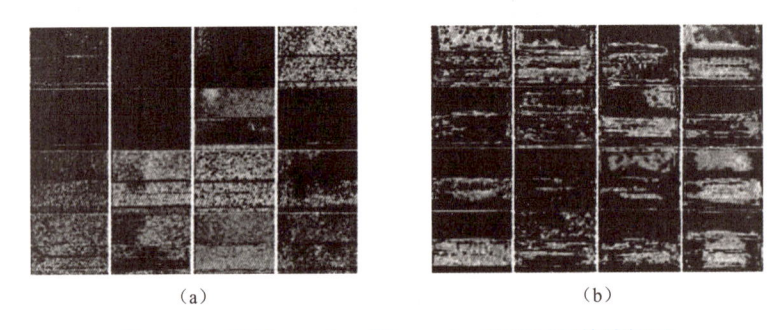

图 5-39 经过 conv3_x 和 conv4_x 卷积层后的特征图
（a）conv3_x 提取的特征图；（b）conv4_x 提取的特征图

2. 区域建议网络

瑕疵检测中非常重要的步骤是获得一系列形状不同、尺寸不一的高质量候选区域，且候选区域中应尽可能包含铝型材表面的瑕疵，以便于后续的瑕疵分类和定位。区域建议网络正是基于这样的目的产生的，并且它是在特征图中产生候选区域，因而也减少了在原图中生成候选区域再抽取特征的冗余计算。如图 5-40 所示，区域建议网络的算法为：

（1）在经过 conv4_x 卷积层获取特征图后，通过 3×3 的卷积核做卷积运算，以融合每个像素点周围的空间信息，增加鲁棒性。

（2）在特征图的每个像素处产生 k 个尺寸、形状不一的锚框（锚框后续会介绍）。

（3）将特征图通过分类层，在每个像素处预测每种锚框属于前景（瑕疵）还是背景（非瑕疵）的概率，因此每个像素点会有 $2k$ 个数值。

(4) 将特征图通过回归层，在每个像素处预测每种锚框与真实瑕疵标记框的位置差值，有中心坐标差值 x、y 和标记框宽高差值 w、h，因此每个像素点有 $4k$ 个数值。

(5) 选取其中属于前景的锚框作为候选区域，并记录下其与真实标记框的位置差值。

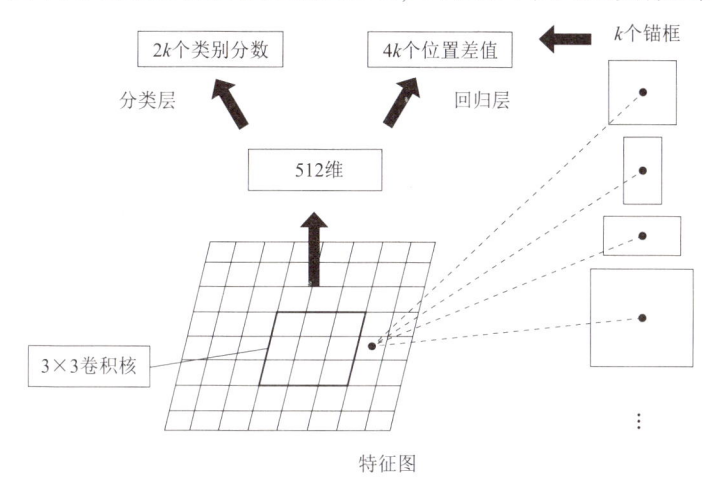

图 5-40　经过 conv3_x 和 conv4_x 卷积层后的特征图

上述区域建议网络算法中锚框、回归层以及如何训练是该网络的核心。通过在原图中相隔一定距离的像素点产生几种不同形状和尺度的锚框，以使铝型材表面的瑕疵被纳入这些锚框中。锚框形状为矩形，通过其左上和右下坐标值确定，如 (x_1, y_1, x_2, y_2) 可以确定一个锚框。在瑕疵检测基础网络中，区域建议网络生成了 9 种锚框，面积分别为 128^2、256^2、512^2，宽高比为 (1:2、1:1、2:1)，如图 5-41（a）所示。锚框具体产生的步骤为：在原图的坐标原点处产生 9 种锚框，并得到其位置坐标，然后将其中心不断水平、垂直平移 m 像素（m 为原图到特征图的缩放倍数），如此必然可得到包含瑕疵的锚框。图 5-41（b）展示了区域建议网络在原图上产生的部分锚框，在瑕疵检测时，大约有 20 000 个锚框生成。区域建议网络算法是在特征图上判断锚框属于前景还是背景，以及计算与真实标记框的位置差值，而通过卷积层抽取特征时不会改变图中像素的相对位置关系，并且特征图的尺寸是原图尺寸下采样固定倍数 m 倍形成的，所以将原图中锚框位置通过缩小 m 倍即可映射到特征图中。

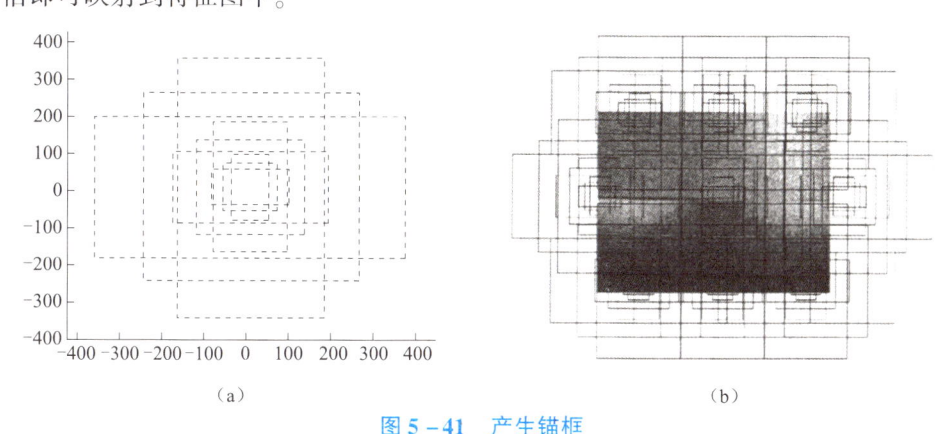

图 5-41　产生锚框

利用锚框定位出的瑕疵位置是相当粗略的，需要通过回归层来修正，以使其尽可能接近真实的标记框，图 5-42 展示了回归层结构图。回归层通过 $1\times1\times36$ 的卷积核在特征图的每个像素处为每种锚框预测 (d_x,d_y,d_w,d_h) 4 个修正值，共计 36 个。在回归层中，锚框用中心像素的坐标 (x,y) 以及宽高 (w,h) 表示。

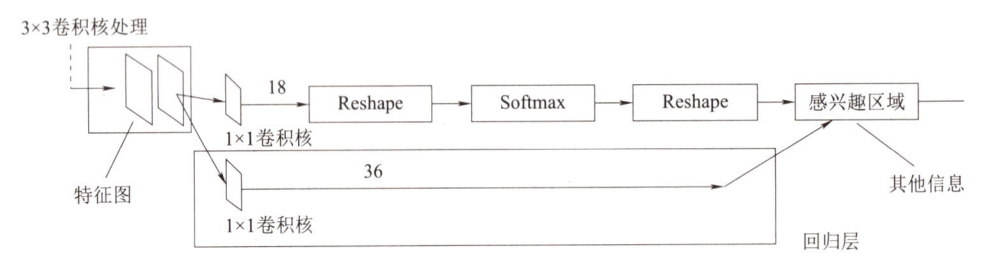

图 5-42　回归层结构图

回归层做法的数学原理是：通过预测一种变换 f，使 $f(A_x,A_y,A_w,A_h)=(G'_x,G'_y,G'_w,G'_h)$，而 (G'_x,G'_y,G'_w,G'_h) 接近真实标记框的 (G_x,G_y,G_w,G_h)，如图 5-43 所示：A 为锚框，G' 为经过回归层修正的预测标记框，G 为真实标记框。构成回归层变换 f 的思路是：通过平移变换 $G'_x=A_w\times d_x(A)+A_x$ 和 $G'_y=A_w\times d_y(A)+A_y$，使其中心点靠近真实标记框，然后通过缩放变换 $G'_w=A_w\times e^{d_w(A)}$ 和 $G'_h=A_h\times e^{d_h(A)}$ 使其宽高接近真实标记框。因而，通过回归层预测变换 $f:(d_x(A),d_y(A),d_w(A),d_h(A))$ 即可得到接近真实标记框的预测标记框。

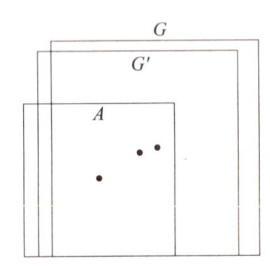

图 5-43　回归层预测后结果

深度学习模型的训练是通过减小预测值与真实值之间的差距实现的，通常会为模型构建损失函数用于描述预测值与真实值之间的距离。区域建议网络中构建的损失函数为：

$$\text{loss}(p_i,t_i)=\frac{1}{N_{\text{cls}}}\sum_i L_{\text{cls}}(p_i,p_i^*)+\lambda\frac{1}{N_{\text{reg}}}\sum_i,p_i^*\times L_{\text{reg}}(t_i,t_i^*)$$

其中，i 表示第 i 个锚框；p_i 为预测的锚框属于前景还是背景的分数；p_i^* 为锚框的真实类别，当锚框是前景时 $p_i^*=1$，是背景时 $p_i^*=0$；t_i 为预测的锚框与真实标记框之间的变换 f；t_i^* 为真实的锚框与真实标记框之间的变化 f；N_{cls} 为用于区分前景还是背景的锚框的数量，N_{reg} 为用于回归的锚框的数量。

区域建议网络损失函数中回归层部分的损失为：

$$L_{\text{reg}}=\sum_i^N \text{smooth}_{L1}(t_i^*-t_i)$$

其中，

$$\text{smooth}_{L1}(x)=\begin{cases}0.5x^2,&|x|<1\\|x|-0.5,&\text{其他}\end{cases}$$

区域建议网络损失函数中分类层部分的损失为：

$$L_{\text{cls}}=\sum_i^N -p_i^*\times\log(p_i)-(1-p_i^*)\times\log(1-p_i)$$

训练过程中的真实类别 p_i^*、真实变化 t_i^* 是利用每个锚框与瑕疵图中真实标记框的 Intersection – over – Union（IoU）得到的。IoU 是指两个区域相交的部分与集合的部分的比值，具体的计算方式如图 5 – 44 所示。若 IoU 大于一定的阈值（本项目中选取阈值为 0.7），则该锚框的 p_i^* = 1，并且计算其与真实标记框之间的变换 t_i^*。

3. 感兴趣区域池化

区域建议网络为瑕疵检测基础网络生成了包含瑕疵特征的感兴趣区域，然而产生的感兴趣区域的尺寸各不相同。通常情况下，对于传统的卷积神经网络，当网络训练好后，输入的图像尺寸必须是固定的，因此，将尺寸变化的感兴趣区域直接输入后续的分类与回归定位框

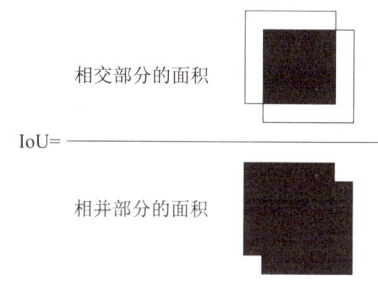

图 5 – 44　IoU 计算

架是不可行的。感兴趣区域池化基于池化层的思想，可以将不同尺寸的感兴趣区域统一至相同大小，图 5 – 45 展示了感兴趣区域池化的步骤：首先将感兴趣区域平分为 pool_w × pool_h 的网格；然后对每个网格都进行最大池化处理，即把网格中值最大的像素作为输出值。这样处理后，不同大小的感兴趣区域的输出尺寸均为 pool_w × pool_h。

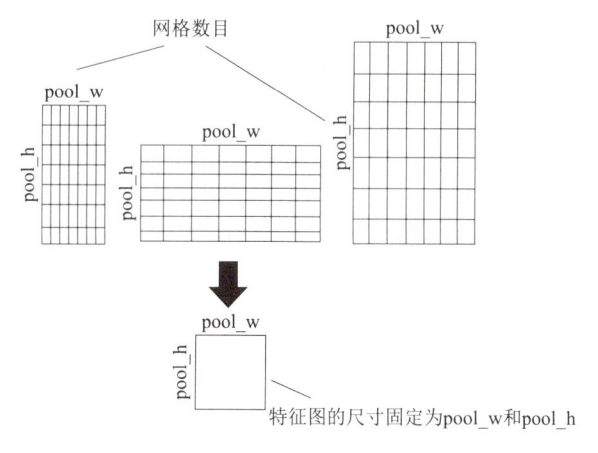

图 5 – 45　区域池化的步骤

4. 网络整体结构

瑕疵检测基础网络主要是由特征提取框架、区域建议网络、感兴趣区域池化以及分类层和回归定位层组成的，如图 5 – 46 所示，其中分类与回归层中的全连接层可以将特征提取框架提取到的"分布式特征表示"映射到含有瑕疵位置和类别信息的空间中。

特征提取框架在图 5 – 46 中的 a1 处，主要用于抽取瑕疵特征。区域建议网络在图 5 – 46 中的 a2 处，其中 rpn_loss 是训练区域建议网络时使用的，与其邻近的 Anchor Target Creator 是产生训练时每个锚框与真实瑕疵标记框的 p_i^*、t_i^*，方框 Proposal Creator 是用于产生候选区域用以后续的分类与定位。感兴趣区域池化层在图 5 – 46 中的 a3 处，用以处理候选区域尺寸不一致的问题，将各种尺寸的候选区域通过池化的方式映射成 7 × 7 大小。在区域建议网络和区域池化层之间的 Proposal Target Creator 是为了将区域建议网络生成的候选区域做进一步筛选，以获得高质量候选区域。分类与定位层在图 5 – 46 中的 a4 处，通过两层全卷积

层后，左侧分类层输出 11 个类别分数值分别对应 10 类瑕疵和背景，右侧回归层为每个瑕疵类别输出 4 个预测标记框与真实标记框变换值，共计 44 个变换值。

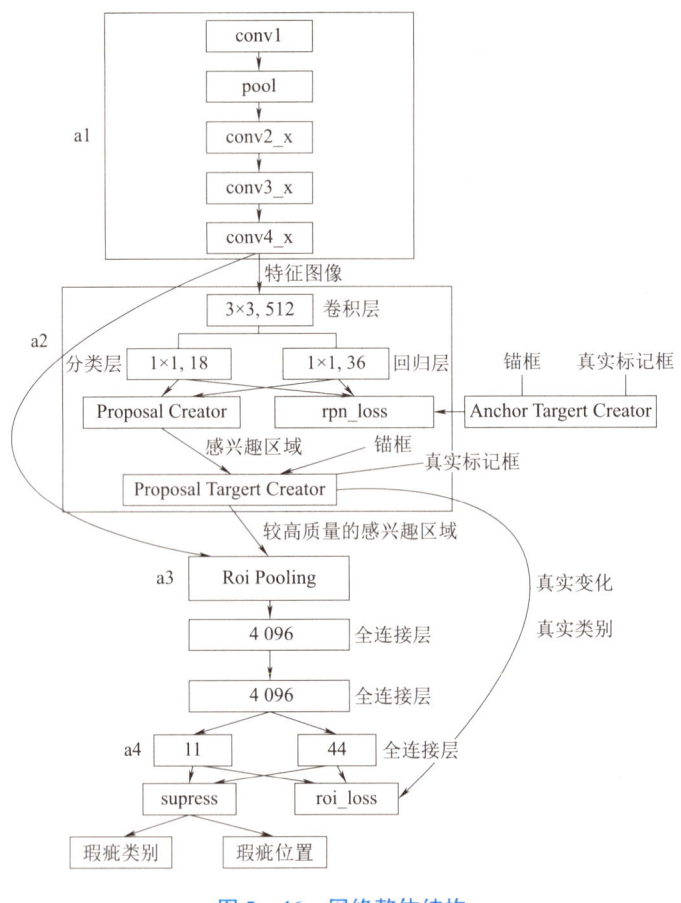

图 5-46 网络整体结构

子任务 2-3　多尺度瑕疵检测网络构建

在子任务 2-2 中对铝型材表面瑕疵的尺度（包括瑕疵标记矩形框的宽高比和标记框的面积）进行了统计，统计结果表明铝型材瑕疵尺度复杂、宽高比跨度较大以及大量瑕疵面积较小。因此，瑕疵检测基础网络用以检测铝型材表面瑕疵时会有以下缺点：

①对瑕疵的尺寸复杂性应对能力较弱，这是因为在瑕疵检测基础模型中是利用设置具有不同宽高比的默认锚框来包含瑕疵，但是瑕疵的宽高比跨度大，所以类型有限的锚框对这些瑕疵的处理、容纳能力匮乏。

②面积较小的瑕疵检测能力不足。在利用卷积神经网络抽取图像特征中，随着卷积运算与池化操作的交替进行，特征图像的尺寸被不断降低，因此特征图像上的精细信息越来越稀疏，而全局性的特征信息则越来越丰富，这使得尺寸、面积较小的瑕疵在特征图像的占比越来越小，最终使分类与定位层对小尺度瑕疵的检测能力下降。

针对瑕疵基础模型中出现的缺点，提出了基于特征金字塔的多尺度瑕疵检测网络，下面对特征金字塔（Feature Pyramid Network，FPN）和多尺度瑕疵检测网络进行详细分析。

1. 特征金字塔

在利用卷积神经网络抽取特征时，低层级特征图往往分辨率较高，但是语义特征较弱，而高层级特征图分辨率低，语义特征强。特征金字塔结构是为了让各个层级的特征图像获得较强的语义特征，这样尺度小的瑕疵就能在低层级上进行检测，从而摆脱了因为层级提高尺度小的瑕疵特征稀疏的困窘。

特征金字塔主要由自下而上的卷积路径、自上而下的上采样路径以及侧向连接构成，图 5-47 展示了特征金字塔的结构。自下而上的卷积路径与抽取特征的卷积神经网络类似，每一阶输出的特征图像在尺寸上相差 2 倍（即高阶的特征图像在尺寸上通过低阶特征图像下采样 2 倍形成），每一阶自下而上的卷积路径是由许多层卷积层构成的，本项目选用每一阶中最深层次的卷积层输出的特征图像作为特征金字塔修正语义特征的对象。自上而下的路径通过将高阶的特征图像上采样使分辨率与其下一阶的特征图像分辨率一致，具体是将高阶特征做 2 倍上采样（最邻近上采样法），然后通过侧向连接的方式将上采样后的高阶特征图像与下一阶同分辨率的特征图像做融合，融合的方式是将相同位置的像素相加。在融合前，下一阶的特征图像会经过 1×1 的卷积核，处理成与高阶特征图像通道数相同；融合后，特征图像会经过 3×3 的卷积核以消除上采样带来的混叠效应。图 5-47 中的虚线框展示了上采样和侧向连接的过程。通过不断的上采样和侧向连接，即可让各个阶层的特征图像都拥有高级的语义特征。

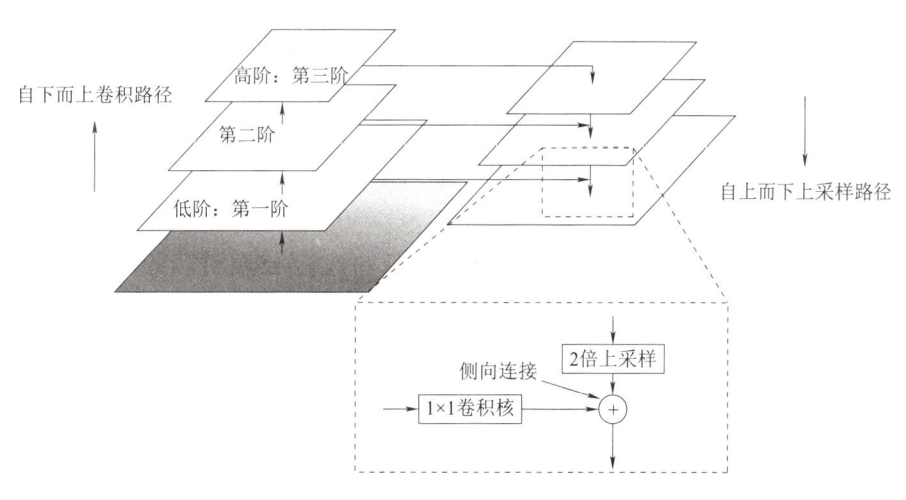

图 5-47 特征金字塔的结构

2. 多尺度瑕疵检测网络

瑕疵检测基础网络中特征提取框是由 ResNet-101 的 conv1、pool、conv2_x、conv3_x、conv4_x、conv5_x 卷积层组成，将每一阶最深层的特征图像输出，并且自上而下将高阶特征上采样后与邻近低阶的输出特征图像做侧向连接，从而形成相对应的具有强语义的融合特征图像 {p2, p3, p4, p5}。图 5-48 展示了特征图像融合在多尺度瑕疵检测网络的过程。

为了在区域建议网络中生成尺度跨越大的锚框，在 p5 特征图像上利用最大值池化继

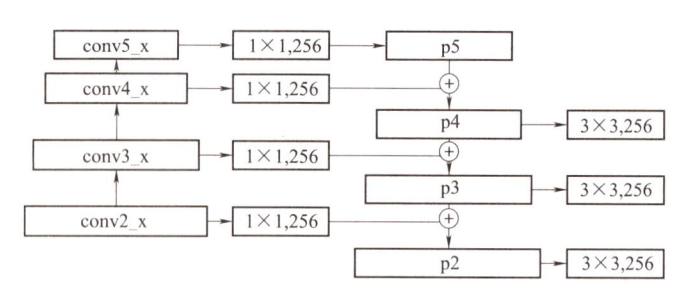

图 5-48 特征图像融合在多尺度瑕疵检测网络的过程

续生成了一层特征图像 p6，然后将强语义特征图像 {p2，p3，p4，p5，p6} 输入区域建议网络，同时也将 {p2，p3，p4，p5} 输入感兴趣区域池化用以后续分类与定位。由于输入的特征图像有 5 层，因而在设置锚框时与瑕疵基础网络中有一些不同，具体做法是：在每一层特征图像中只设置单尺度的锚框，{p2，p3，p4，p5，p6} 分别对应锚框的尺度为 {322，642，1282，2562，5122}，而锚框的宽高比仍然有三种，后续的分类层与回归层结构保持不变。

在感兴趣区域池化中，由于有 {p2，p3，p4，p5} 4 层特征图像，每一层的特征图像分辨率不一致，并且分辨率高的特征图像中的小尺寸瑕疵特征更密集，因而希望小尺寸锚框映射到高分辨率的特征图像中，而大尺寸锚框映射至低分辨率特征图中。通过以下公式决定锚框的映射层：

$$k = k_0 + \log_2\left(\frac{\sqrt{w \times h}}{224}\right)$$

其中，$k_0 = 4$ 为瑕疵基础网络中利用卷积神经网络抽取的单层特征图像的层次；w，h 为锚框的宽和高。例如，锚框的尺寸为 (112，112)，通过上述公式可知，该锚框将会映射至第 3 层。

由于 ResNet-101 中的 conv5_x 被用于生成特征图像，故池化层后改为两层全连接层，然后再接分类和定位层。多尺度瑕疵检测网络结构如图 5-49 所示。

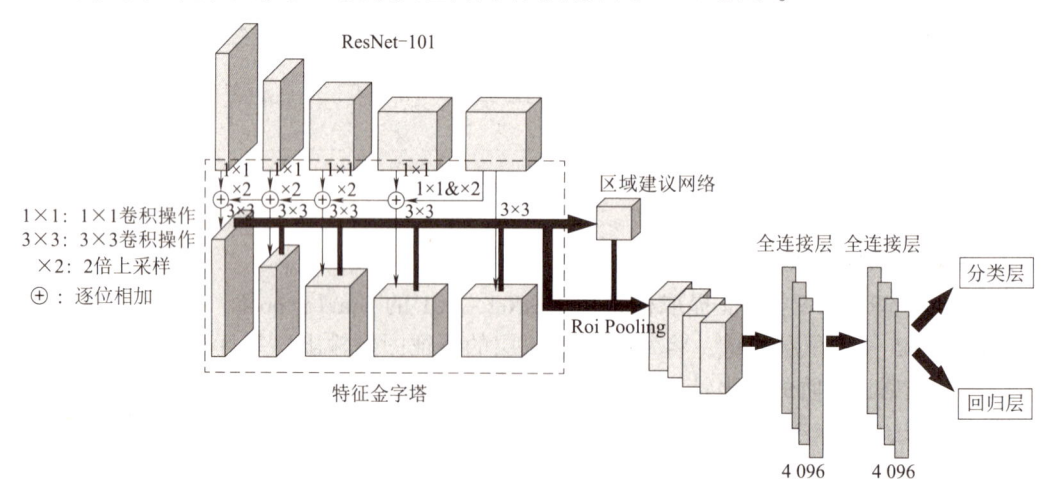

图 5-49 多尺度瑕疵检测网络结构

3. 特征图像比较

图5-50展示了经过特征金字塔融合后的特征图{p2，p3，p4，p5}，相较于上面两张图中瑕疵检测基础网络提取的特征图而言，融合后的特征图更多的是对瑕疵特征整体的描述，而不是提取的点、线等低级特征。这些融合后的特征具有高级的语义，更有利于网络的检测，并且原图中的背景信息和噪声被极大地剔除。

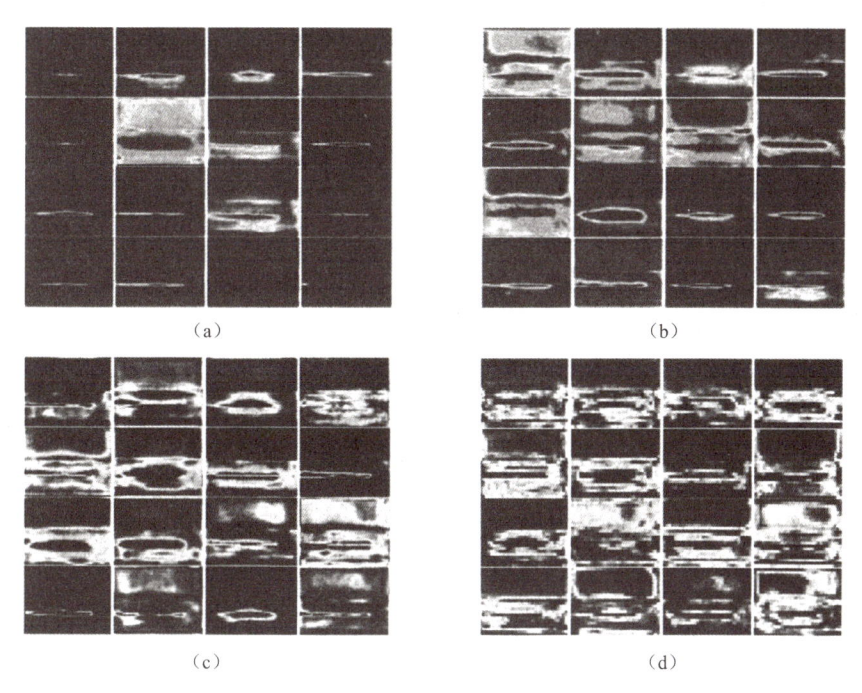

图 5-50 经过特征金字塔融合后的特征图
(a) p2；(b) p3；(c) p4；(d) p5

子任务 2-4　结果分析

1. 评价指标

深度学习中，每当提出一种新的模型，就需要利用某种指标去衡量该模型的性能。在进行模型性能对比时，使用不同的衡量指标往往会导致不同的结果。因此，评价指标是深度学习模型中不可或缺的一部分。进行目标检测时，并不是在一张图片上检测到了目标就说明该模型具有目标检测的能力，而是应当在一整套数据集利用某种评价指标进行评估。其中，这套数据集中各个类别的图片数量应当均衡，以评测其在各种类别目标上的检测能力。设计评价指标时主要会涉及以下概念：准确率（Precision）：正确识别的目标个数占总识别出的目标个数的百分比；召回率（Recall）：正确识别的目标个数占这套测试数据集中所拥有的目标个数的百分比；F1评估值：综合考虑了准确率和召回率；TP：True Positive，正确识别，即正确预测出目标；FP：False Positive，错误识别，即预测出的物体不为目标；FN：False Negative，漏识别，即没有预测到的目标；TN：True Negative，预测出此处是背景。

在目标检测任务中,利用预测出的标记框与目标标记框的 IoU 值来判断目标检测模型是否正确识别出目标。一般会设定 IoU 阈值 t 为 0.5,如果计算得到的 IoU 值大于 0.5,则判定正确预测出目标,如图 5-51 所示。

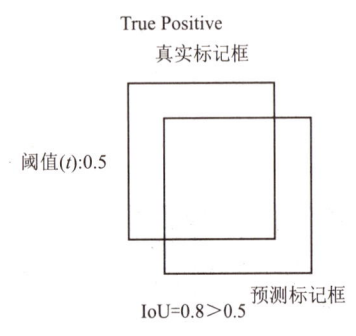

因此,准确率、召回率、F1 的计算公式如下:

$$\text{Precision} = \frac{\text{TP}(t)}{\text{TP}(t) + \text{FP}(t)}$$

$$\text{Recall} = \frac{\text{TP}(t)}{\text{TP}(t) + \text{FN}}$$

$$\text{F1} = \frac{2 \times \text{Precision} \times \text{Recall}}{\text{Precision} + \text{Recall}}$$

图 5-51 IoU 值与阈值比较

在衡量铝型材表面瑕疵检测网络时主要考虑了反映全局性能的指标平均准确率(Average Precision,AP),它是通过准确率-召回率曲线(P-R 曲线)获得的。P-R 曲线是以 Precision 为 y 轴、Recall 为 x 轴绘制的,如图 5-52 所示。从图中可以看出,模型 1 和模型 2 的 P-R 曲线有所交叠,但绝大多数情况下模型 2 的性能要好,因而评判模型性能的优劣主要是通过曲线与坐标轴之间的面积决定的,也就是 AP。

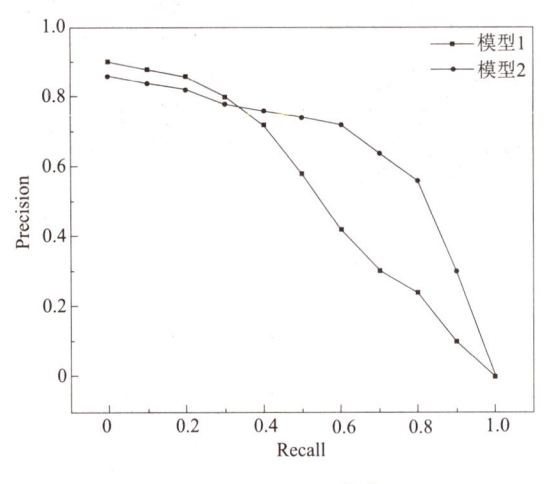

图 5-52 P-R 曲线

AP 的计算公式如下:

$$\text{AP} = \int_0^1 p(r) \, dr$$

其中,p 代表准确率,r 代表召回率。计算 AP 就是计算曲线下方的面积。在实际计算 AP 时,准确率和召回率都是有限个数值,因而会离散为:

$$\text{AP} = \sum_{k=1}^{N} p(k) \Delta r(k)$$

其中,N 代表测试集中所有图片的个数,$p(k)$ 表示能识别出 k 个图片时的准确率,而 $\Delta r(k)$ 表示识别图片的个数从 $k-1$ 变化到 k 时的召回率变化情况。

2. 数据集增强

深度学习开启了数据驱动的"表示学习"范式,在数据量足够大时无须显示的经验或知识的嵌入,模型能直接从数据中学习到与问题相关的特征。对于铝型材表面瑕疵检测问题,从数据集统计中可知,用于训练瑕疵检测模型的数据集的数量是远远不够的,所以可能会因训练集中缺乏足够多的数据而导致模型无法达到最佳性能。

目标检测中获取数据集后,需要对数据集进行标注,可以说数据集没有标注过深度学习就无法进行下去。特别是在瑕疵检测中,瑕疵的标注需要拥有丰富经验的专业人员花费很长的时间去完成。所以,利用现有已经标注好的数据集进行数据增强的方式以增加数据量,而不是纯粹从源头上增加。采用的数据增强方式是对每一张铝型材图片随机选择进行水平翻转、竖直翻转、水平竖直翻转或不变化,并且其对应的标记框也进行相应操作。通过这样的方式名义上图片数量并未增加,也没有增加训练过程中的运算量,但是瑕疵检测模型的训练数据量实质上增加了4倍,同时也提升了模型的鲁棒性。图5-53展示了经过数据增强后的数据集。

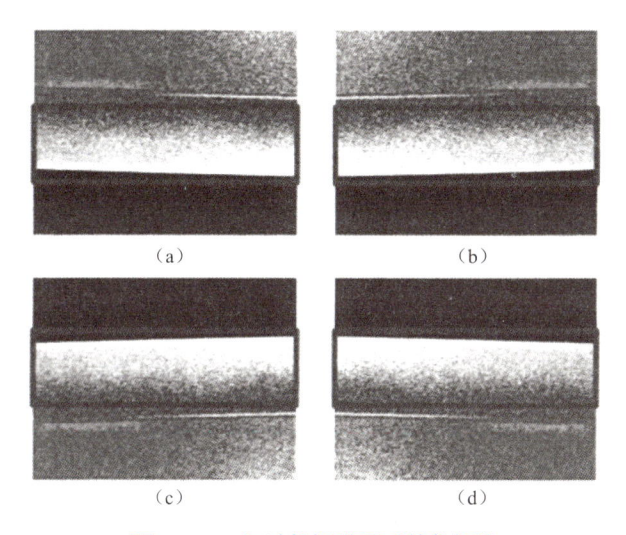

图 5-53 经过数据增强后的数据集
(a) 原始图片;(b) 水平翻转;(c) 竖直翻转;(d) 水平竖直翻转

3. 本项目参数设置

铝型材数据集的图片分辨率为 2560×1920,输入瑕疵检测模型后被下采样至 1280×960。训练过程中,瑕疵检测主网络和子网络区域建议网络都采用交叉熵函数以及 smooth L1 函数作为损失函数,且本项目探索了两者之间的占比对检测性能的影响,结果发现1:1是一个比较合理的值。网络权值的更新采用随机梯度下降算法,动量(Momentum)和权重衰减分别被设置为 0.9 和 0.000 5,学习速率初始值设为 0.001。

在瑕疵检测基础模型训练过程中发现,大约在训练 50 个周期后网络的损失基本不发生变化,即瑕疵检测基础模型已经收敛。因此,后续训练多尺度瑕疵检测网络时将训练周期设置为50,并且每隔 20 个周期会将学习速率调整至原来的 1/10。

4. 本项目结果及分析

(1) 网络评价结果分析。

各个模型指标评价如表 5-4 所示。

表 5-4 各个模型指标评价

检测网络	平均准确率/%	召回率/%	F1/%	时间/(s·图$^{-1}$)
瑕疵检测基础网络	63.3	68.3	65.7	0.73
多尺度瑕疵检测网络	75.8	84.1	79.7	0.84

注：该表中的评价指标是在阈值 $t=0.5$ 下获得的。

表 5-4 展示了在铝型材表面瑕疵检测数据集上提出的瑕疵检测算法的评价结果。从中可以看出，在 300 张测试图片上，基于迁移学习的思想提出的瑕疵检测基础模型取得了 63.3% 的平均准确率，并且检测速度为 0.73 s/图；而在考虑瑕疵特征后构建的多尺度瑕疵检测网络获得了 75.8% 的平均准确率，证明了改进后算法的有效性，并且在较为重要的 F1 估计值方面，网络也取得了 79.7% 的成绩，说明该检测模型在取得较高检测准确率的同时还能保证检测的完全性，具有较高的鲁棒性。

图 5-54 展示了多尺度瑕疵检测网络和瑕疵检测基础网络在测试图片中得到的各类别瑕疵平均准确率条形统计图，从图中可以看出在起坑、杂色、角位漏底、橘皮、漏底等瑕疵类别上，两个模型均取得了非常高的准确率，几乎达到百分之百；而在擦花、喷流、漆泡和脏点等瑕疵类别上，相较于瑕疵检测基础网络，多尺度瑕疵检测网络的识别能力有了明显的提升，但识别能力还是处于较低的水平，主要原因是这些瑕疵的尺度比较小，并且分散地分布在铝型材表面，所以检测网络不能完全识别它们；同时，这些类别的瑕疵在训练集中的样本数量也相对较少。因此，在后续的研究中，需要增加瑕疵数据集的数量用以训练网络，从而增加平均准确率和网络的检测能力。

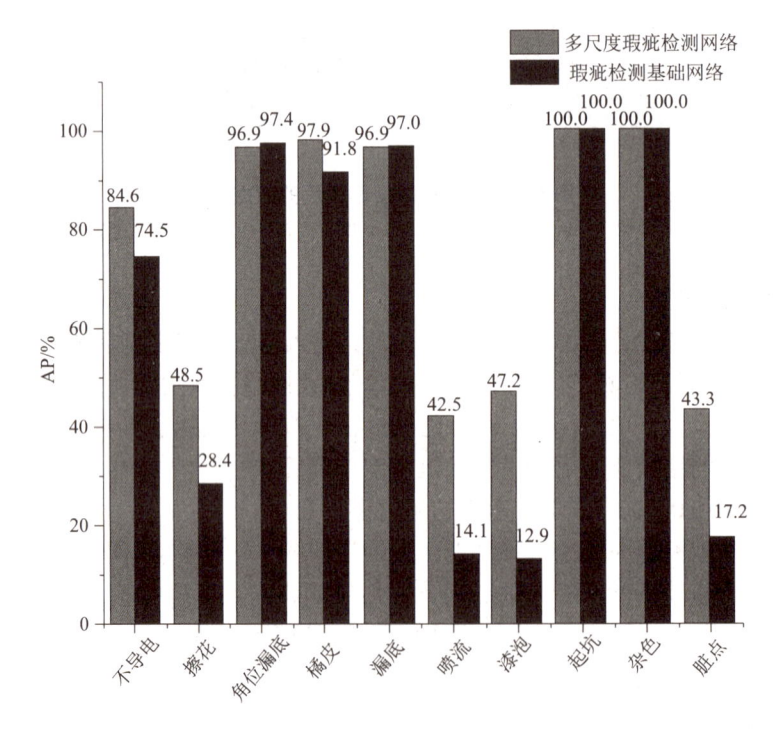

图 5-54 类别瑕疵平均准确率

(2) 网络训练过程分析。

多尺度瑕疵检测网络的总体损失（Total Loss）是由区域建议网络中的分类损失、回归损失，以及主网络中的分类损失和定位损失组成的，它们在算法中以 rpn_cls_loss，rpn_loc_loss，roi_cls_loss 和 roi_loc_loss 符号表示。在训练过程中及时在训练数据集上可视化损失曲线是非常必要的，对于瑕疵模型是否正确能够通过观察损失曲线的趋势来判断；同时，它能够指导瑕疵检测模型中各种超参的调整，包括迭代次数、学习速率、权重衰减系数和结构优化。

瑕疵检测网络训练周期数为 50，每个周期会在所有训练数据集上训练一次，并且每隔 50 步记录网络的各类损失值。图 5-55 和图 5-56 分别展示了训练过程总的损失曲线，以及训练过程中区域建议网络和主网络的损失曲线。从图中可以看出各类损失曲线都呈现出下降的趋势，并且在训练开始阶段损失值下降幅度很大，说明学习速率合适且进行梯度下降过程，而在训练到一定阶段后损失曲线趋于平稳，说明瑕疵检测模型开始收敛。

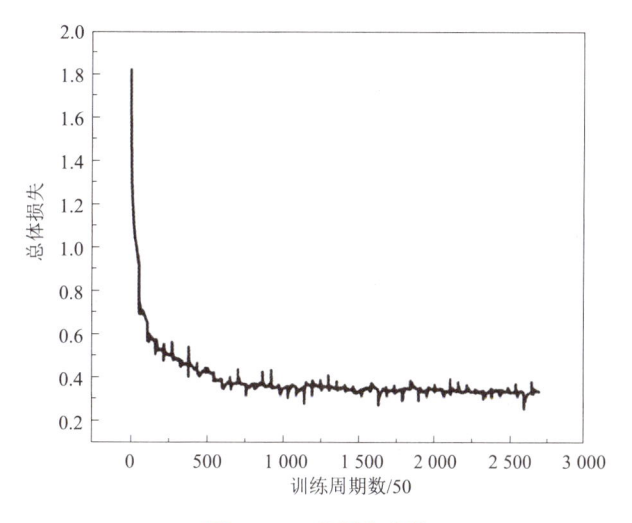

图 5-55 总损失曲线

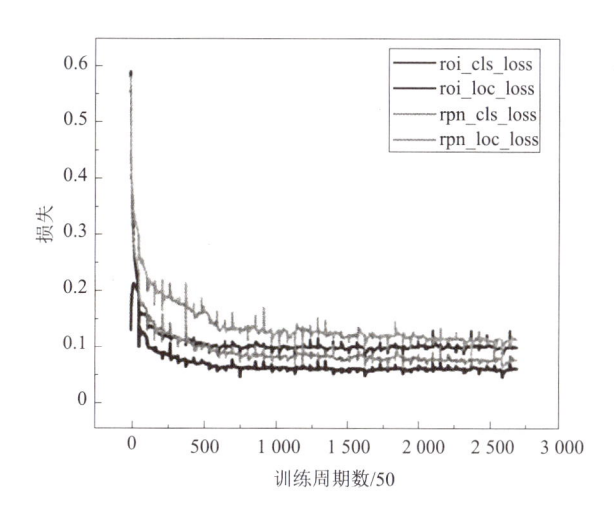

图 5-56 区域建议网络和主网络的损失曲线

(3) 铝型材表面瑕疵检测结果。

图 5-57 展示了利用提出的多尺度瑕疵检测网络对铝型材表面瑕疵进行检测的结果，检测结果图片中以矩形框标识出瑕疵位置，并在矩形框左上角给出瑕疵类别以及属于该类别的置信度。

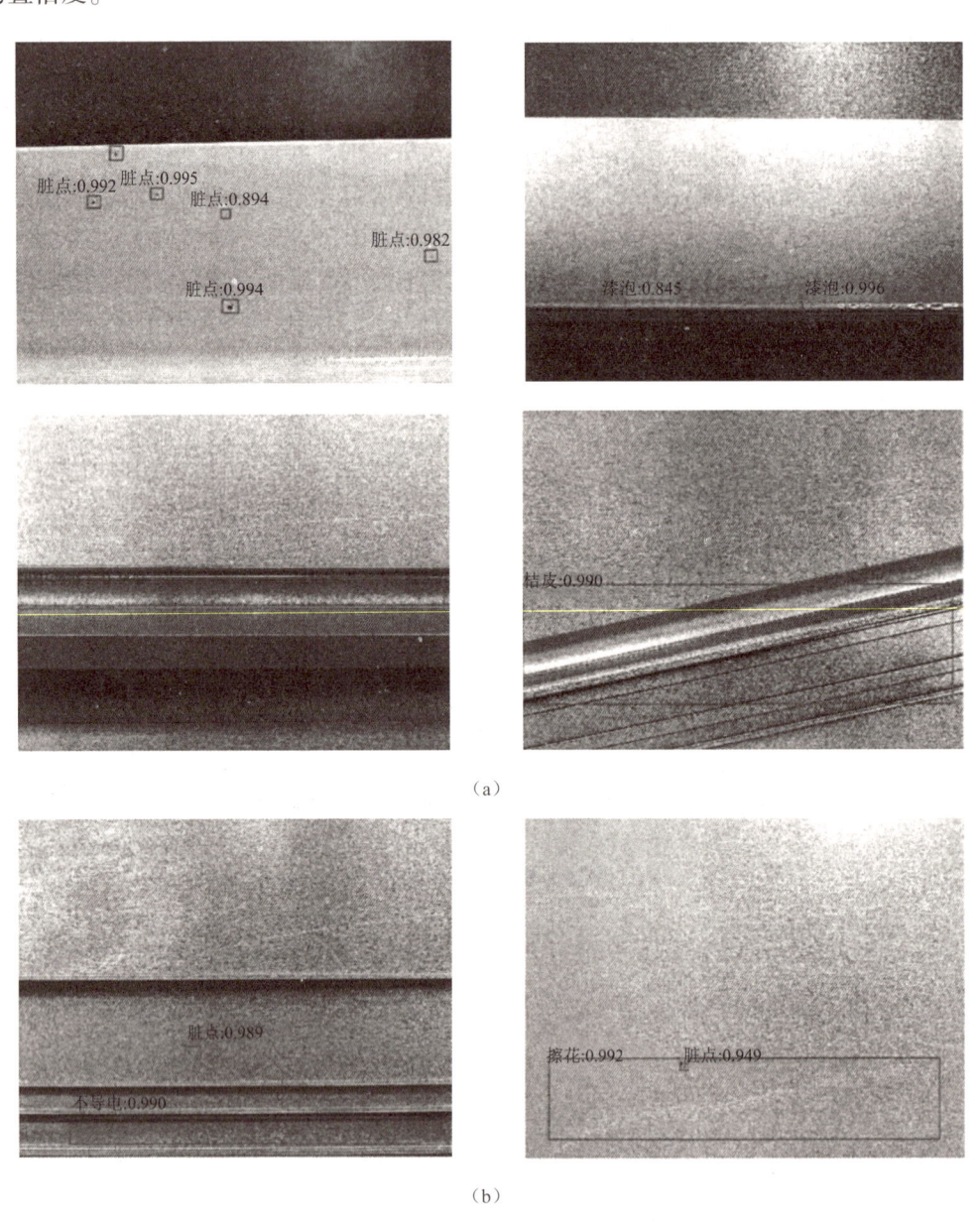

(a)

(b)

图 5-57 检测的结果

(a) 单瑕疵图片；(b) 多瑕疵图片

5. 总结

本项目提出了一个基于深度卷积神经网络的多尺度瑕疵检测网络用于铝型材表面瑕疵检测。针对工业中生产铝型材时的表面瑕疵问题，创新性地基于迁移学习将非工业领域内

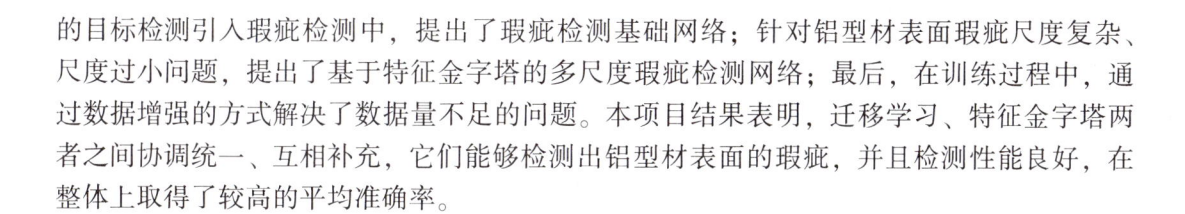

的目标检测引入瑕疵检测中,提出了瑕疵检测基础网络;针对铝型材表面瑕疵尺度复杂、尺度过小问题,提出了基于特征金字塔的多尺度瑕疵检测网络;最后,在训练过程中,通过数据增强的方式解决了数据量不足的问题。本项目结果表明,迁移学习、特征金字塔两者之间协调统一、互相补充,它们能够检测出铝型材表面的瑕疵,并且检测性能良好,在整体上取得了较高的平均准确率。

子任务 2-5　编写代码

1. 扩大数据集

(1) 引包。

In[1]:
```python
import time
import random
import cv2
import os
import math
import numpy as np
from skimage.util import random_noise
from skimage import exposure
```

(2) 图片显示。

In[2]:
```python
def show_pic(new_pic_name,img,labels_old,bboxes = None):
    '''
    输入:
        img:图像 array
        bboxes:图像的所有 boudning box list,格式为[[x_min,y_min,x_max,y_max]....]
        names:每个 box 对应的名称
    '''
    #cv2.imwrite('./1.jpg',img)
    #img = cv2.imread('./1.jpg')
    new_txt_name = new_pic_name[0:-4] + ".txt"
    with open("Labels/" + new_txt_name,"w")as fw:
        for i in range(len(bboxes)):
            bbox = bboxes[i]
            x_min = bbox[0]
            y_min = bbox[1]
            x_max = bbox[2]
            y_max = bbox[3]
            fw.write(new_pic_name[0:-4] + "" + labels_old[i] + "" + str(x_min) + "" + str(x_max) + "" + str(y_min) + "" + str(y_max) + "\n")
```

(3) cv2 读取图像并进行处理。

In[3]:

```python
class DataAugmentForObjectDetection():
    def __init__(self,rotation_rate=0.5,max_rotation_angle=5,
                 crop_rate=0.5,shift_rate=0.5,change_light_rate=0.5,
                 add_noise_rate=0.5,flip_rate=0.5,
                 cutout_rate=0.5,cut_out_length=50,cut_out_holes=1,cut_out_threshold=0.5):
        self.rotation_rate = rotation_rate
        self.max_rotation_angle = max_rotation_angle
        self.crop_rate = crop_rate
        self.shift_rate = shift_rate
        self.change_light_rate = change_light_rate
        self.add_noise_rate = add_noise_rate
        self.flip_rate = flip_rate
        self.cutout_rate = cutout_rate
        self.cut_out_length = cut_out_length
        self.cut_out_holes = cut_out_holes
        self.cut_out_threshold = cut_out_threshold
# 加噪声
    def _addNoise(self,img):
        '''
        输入:
            img:图像array
        输出:
            加噪声后的图像array,由于输出的像素是在[0,1]之间,所以得乘以255
        '''
        # random.seed(int(time.time()))
        # return random_noise(img,mode='gaussian',seed=int(time.time()),clip=True)* 255
        return random_noise(img,mode='gaussian',clip=True)* 255
# 调整亮度
    def _changeLight(self,img):
        # random.seed(int(time.time()))
        flag = random.uniform(0.5,1.5) #flag>1 为调暗,小于1 为调亮
        return exposure.adjust_gamma(img,flag)
# cutout
    def _cutout(self,img,bboxes,length=100,n_holes=1,threshold=0.5):
        '''
        原版本:https://github.com/uoguelph-mlrg/Cutout/blob/master/util/cutout.py
        Randomly mask out one or more patches from an image.
        Args:
            img :a 3D numpy array,(h,w,c)
            bboxes :框的坐标
            n_holes(int):Number of patches to cut out of each image.
```

```python
        length(int):The length(in pixels) of each square patch.
        '''
    def cal_iou(boxA,boxB):
        '''
        boxA,boxB 为两个框,返回 iou
        boxB 为 bouding box
        '''
        # determine the(x,y) - coordinates of the intersection rectangle
        xA = max(boxA[0],boxB[0])
        yA = max(boxA[1],boxB[1])
        xB = min(boxA[2],boxB[2])
        yB = min(boxA[3],boxB[3])
        if xB <= xA or yB <= yA:
            return 0.0
        # compute the area of intersection rectangle
        interArea = (xB - xA + 1) * (yB - yA + 1)
        # compute the area of both the prediction and ground - truth
        # rectangles
        boxAArea = (boxA[2] - boxA[0] + 1) * (boxA[3] - boxA[1] + 1)
        boxBArea = (boxB[2] - boxB[0] + 1) * (boxB[3] - boxB[1] + 1)
        # compute the intersection over union by taking the intersection
        # area and dividing it by the sum of prediction + ground - truth
        # areas - the interesection area
        # iou = interArea / float(boxAArea + boxBArea - interArea)
        iou = interArea / float(boxBArea)
        # return the intersection over union value
        return iou
    # 得到 h 和 w
    if img.ndim == 3:
        h,w,c = img.shape
    else:
        _,h,w,c = img.shape
    mask = np.ones((h,w,c),np.float32)
    for n in range(n_holes):
        chongdie = True    # 看切割的区域是否与 box 重叠太多
        while chongdie:
            y = np.random.randint(h)
            x = np.random.randint(w)
            y1 = np.clip(y - length // 2,0,h)    # numpy.clip(a,a_min,a_max,out = None),
clip 这个函数将数组中的元素限制在 a_min,a_max 之间,大于 a_max 的就使得它等于 a_max,小于 a_min 的就使得它等于 a_min
            y2 = np.clip(y + length // 2,0,h)
            x1 = np.clip(x - length // 2,0,w)
```

```python
                x2 = np.clip(x + length // 2,0,w)
                chongdie = False
                for box in bboxes:
                    if cal_iou([x1,y1,x2,y2],box) > threshold:
                        chongdie = True
                        break
            mask[y1:y2,x1:x2,:] = 0.
        # mask = np.expand_dims(mask,axis = 0)
        img = img *  mask
        return img
    # 旋转
    def _rotate_img_bbox(self,img,bboxes,angle = 5,scale = 1. ):
        '''
        参考:https://blog.csdn.net/u014540717/article/details/53301195crop_rate
        输入:
            img:图像 array,(h,w,c)
            bboxes:该图像包含的所有 boundingboxs,一个 list,每个元素为[x_min,y_min,x_max,y_max],要确保是数值
            angle:旋转角度
            scale:默认 1
        输出:
            rot_img:旋转后的图像 array
            rot_bboxes:旋转后的 boundingbox 坐标 list
        '''
        # - - - - - - - - - - - - - - - - - - 旋转图像- - - - - - - - - - - - - - - - -
        w = img.shape[1]
        h = img.shape[0]
        # 角度变弧度
        rangle = np.deg2rad(angle)   # angle in radians
        # now calculate new image width and height
        nw = (abs(np.sin(rangle)* h) + abs(np.cos(rangle)* w))* scale
        nh = (abs(np.cos(rangle)* h) + abs(np.sin(rangle)* w))* scale
        # ask OpenCV for the rotation matrix
        rot_mat = cv2.getRotationMatrix2D((nw* 0.5,nh* 0.5),angle,scale)
        # calculate the move from the old center to the new center combined
        # with the rotation
        rot_move = np.dot(rot_mat,np.array([(nw - w)* 0.5,(nh - h)* 0.5,0]))
        # the move only affects the translation,so update the translation
        # part of the transform
        rot_mat[0,2] + = rot_move[0]
        rot_mat[1,2] + = rot_move[1]
        # 仿射变换
        rot_img = cv2.warpAffine(img,rot_mat,(int(math.ceil(nw)),int(math.ceil(nh))),
```

```python
        flags = cv2.INTER_LANCZOS4)
    #- - - - - - - - - - - - - - - - - -矫正 bbox 坐标- - - - - - - - - - - - - - - - - -
        # rot_mat 是最终的旋转矩阵
        # 获取原始 bbox 的四个中点,然后将这四个点转换到旋转后的坐标系下
        rot_bboxes = list()
        for bbox in bboxes:
            xmin = bbox[0]
            ymin = bbox[1]
            xmax = bbox[2]
            ymax = bbox[3]
            point1 = np.dot(rot_mat,np.array([(xmin + xmax)/2,ymin,1]))
            point2 = np.dot(rot_mat,np.array([xmax,(ymin + ymax)/2,1]))
            point3 = np.dot(rot_mat,np.array([(xmin + xmax)/2,ymax,1]))
            point4 = np.dot(rot_mat,np.array([xmin,(ymin + ymax)/2,1]))
            # 合并 np.array
            concat = np.vstack((point1,point2,point3,point4))
            # 改变 array 类型
            concat = concat.astype(np.int32)
            # 得到旋转后的坐标
            rx,ry,rw,rh = cv2.boundingRect(concat)
            rx_min = rx
            ry_min = ry
            rx_max = rx + rw
            ry_max = ry + rh
            # 加入 list 中
            rot_bboxes.append([rx_min,ry_min,rx_max,ry_max])
        return rot_img,rot_bboxes
    # 裁剪
    def _crop_img_bboxes(self,img,bboxes):
        '''
        裁剪后的图片要包含所有的框
        输入:
            img:图像 array
            bboxes:该图像包含的所有 boundingboxs,一个 list,每个元素为[x_min,y_min,x_max,y_max],要确保是数值
        输出:
            crop_img:裁剪后的图像 array
            crop_bboxes:裁剪后的 bounding box 的坐标 list
        '''
    #- - - - - - - - - - - - - - - - - -裁剪图像- - - - - - - - - - - - - - - - - -
        w = img.shape[1]
        h = img.shape[0]
        x_min = w    #裁剪后的包含所有目标框的最小的框
```

```python
            x_max = 0
            y_min = h
            y_max = 0
            for bbox in bboxes:
                x_min = min(x_min,bbox[0])
                y_min = min(y_min,bbox[1])
                x_max = max(x_max,bbox[2])
                y_max = max(y_max,bbox[3])
            d_to_left = x_min          #包含所有目标框的最小框到左边的距离
            d_to_right = w - x_max     #包含所有目标框的最小框到右边的距离
            d_to_top = y_min           #包含所有目标框的最小框到顶端的距离
            d_to_bottom = h - y_max    #包含所有目标框的最小框到底部的距离
    #随机扩展这个最小框
            crop_x_min = int(x_min - random.uniform(0,d_to_left))
            crop_y_min = int(y_min - random.uniform(0,d_to_top))
            crop_x_max = int(x_max + random.uniform(0,d_to_right))
            crop_y_max = int(y_max + random.uniform(0,d_to_bottom))
    # 随机扩展这个最小框,防止裁得太小
            # crop_x_min = int(x_min - random.uniform(d_to_left//2,d_to_left))
            # crop_y_min = int(y_min - random.uniform(d_to_top//2,d_to_top))
            # crop_x_max = int(x_max + random.uniform(d_to_right//2,d_to_right))
            # crop_y_max = int(y_max + random.uniform(d_to_bottom//2,d_to_bottom))
    #确保不要越界
            crop_x_min = max(0,crop_x_min)
            crop_y_min = max(0,crop_y_min)
            crop_x_max = min(w,crop_x_max)
            crop_y_max = min(h,crop_y_max)
            crop_img = img[crop_y_min:crop_y_max,crop_x_min:crop_x_max]
            # - - - - - - - - - - - - - - - 裁剪 boundingbox - - - - - - - - - - - - - - - -
            #裁剪后的 boundingbox 坐标计算
            crop_bboxes = list()
            for bbox in bboxes:
                crop_bboxes.append([bbox[0] - crop_x_min,bbox[1] - crop_y_min,bbox[2] - crop_x_min,bbox[3] - crop_y_min])
            return crop_img,crop_bboxes
    # 平移
    def _shift_pic_bboxes(self,img,bboxes):
        '''
        参考:https://blog.csdn.net/sty945/article/details/79387054
        平移后的图片要包含所有的框
        输入:
            img:图像 array
            bboxes:该图像包含的所有 boundingboxs,一个 list,每个元素为[x_min,y_min,x_max,y_
```

max],要确保是数值

输出:

shift_img:平移后的图像 array

shift_bboxes:平移后的 bounding box 的坐标 list

'''

#- - - - - - - - - - - - - - - - -平移图像- - - - - - - - - - - - - - - - -

w = img.shape[1]

h = img.shape[0]

x_min = w   #裁剪后的包含所有目标框的最小的框

x_max = 0

y_min = h

y_max = 0

for bbox in bboxes:

    x_min = min(x_min,bbox[0])

    y_min = min(y_min,bbox[1])

    x_max = max(x_max,bbox[2])

    y_max = max(y_max,bbox[3])

d_to_left = x_min   #包含所有目标框的最大左移动距离

d_to_right = w - x_max   #包含所有目标框的最大右移动距离

d_to_top = y_min   #包含所有目标框的最大上移动距离

d_to_bottom = h - y_max   #包含所有目标框的最大下移动距离

x = random.uniform(- (d_to_left - 1) / 3,(d_to_right - 1) / 3)

y = random.uniform(- (d_to_top - 1) / 3,(d_to_bottom - 1) / 3)

M = np.float32([[1,0,x],[0,1,y]])   #x 为向左或右移动的像素值,正为向右负为向左; y 为向上或者向下移动的像素值,正为向下负为向上

shift_img = cv2.warpAffine(img,M,(img.shape[1],img.shape[0]))

#- - - - - - - - - - - - - - - - -平移 boundingbox- - - - - - - - - - - - - - - - -

shift_bboxes = list()

for bbox in bboxes:

    shift_bboxes.append([bbox[0] + x,bbox[1] + y,bbox[2] + x,bbox[3] + y])

return shift_img,shift_bboxes

镜像

    def _filp_pic_bboxes(self,img,bboxes):

        '''

        参考:https://blog.csdn.net/jningwei/article/details/78753607

        平移后的图片要包含所有的框

        输入:

            img:图像 array

            bboxes:该图像包含的所有 boundingboxs,一个 list,每个元素为[x_min,y_min,x_max,y_max],要确保是数值

        输出:

            flip_img:平移后的图像 array

            flip_bboxes:平移后的 bounding box 的坐标 list

```python
        '''
        #- - - - - - - - - - - - - - - -翻转图像- - - - - - - - - - - - - - - - -
        import copy
        flip_img = copy.deepcopy(img)
        if random.random() < 0.5:    #0.5 的概率水平翻转,0.5 的概率垂直翻转
            horizon = True
        else:
            horizon = False
        h,w,_ = img.shape
        if horizon:#水平翻转
            flip_img =   cv2.flip(flip_img, -1)
        else:
            flip_img = cv2.flip(flip_img,0)
    #- - - - - - - - - - - - - - - - -调整 boundingbox - - - - - - - - - - - - - - - - -
        flip_bboxes = list()
        for box in bboxes:
            x_min = box[0]
            y_min = box[1]
            x_max = box[2]
            y_max = box[3]
            if horizon:
                flip_bboxes.append([w - x_max,y_min,w - x_min,y_max])
            else:
                flip_bboxes.append([x_min,h - y_max,x_max,h - y_min])
        return flip_img,flip_bboxes
    def dataAugment(self,img,bboxes):
        '''
        图像增强
        输入:
            img:图像 array
            bboxes:该图像的所有框坐标
        输出:
            img:增强后的图像
            bboxes:增强后图片对应的 box
        '''
        change_num = 0   #改变的次数
        print('- - - - - - -')
        while change_num < 1:
            my_choice = random.random()
            if my_choice < 0.1 and my_choice > = 0:        #裁剪
                print('裁剪')
                change_num + = 1
                img,bboxes = self._crop_img_bboxes(img,bboxes)
```

```python
            elif my_choice >= 0.1 and my_choice < 0.3:      #旋转
                print('旋转')
                change_num += 1
                # angle = random.uniform(-self.max_rotation_angle,self.max_rotation_angle)
                angle = random.sample([90,180,270],1)[0]
                scale = random.uniform(0.7,0.8)
                img,bboxes = self._rotate_img_bbox(img,bboxes,angle,scale)
            elif my_choice >= 0.3 and my_choice < 0.5:      #平移
                print('平移')
                change_num += 1
                img,bboxes = self._shift_pic_bboxes(img,bboxes)
    elif my_choice >= 0.5 and my_choice < 0.6:#改变亮度
                print('亮度')
                change_num += 1
                img = self._changeLight(img)
            elif my_choice >= 0.6 and my_choice < 0.7:      #加噪声
                print('加噪声')
                change_num += 1
                img = self._addNoise(img)
            elif my_choice >= 0.7 and my_choice < 0.8:   #cutout
                print('cutout')
                change_num += 1
                 img = self._cutout(img,bboxes,length=self.cut_out_length,n_holes=
self.cut_out_holes,threshold=self.cut_out_threshold)
            elif my_choice >= 0.8 and my_choice < 1:       #翻转
                print('翻转')
                change_num += 1
                img,bboxes = self._filp_pic_bboxes(img,bboxes)
            print('\n')
        # print('------')
        return img,bboxes
if __name__ == '__main__':
    ### test ###
    import shutil
    from xml_helper import *
    need_aug_num = 1
    dataAug = DataAugmentForObjectDetection()
    source_pic_root_path = './JPEG_train_val'
source_xml_root_path = './Annotations'
for parent,_,files in os.walk(source_pic_root_path):
        for file in files:
            new_pic_name = "xyf_" + file
            cnt = 0
```

```
            while cnt < need_aug_num:
                pic_path = os.path.join(parent,file)
                xml_path = os.path.join(source_xml_root_path,file[:-4] + '.xml')
                coords = parse_xml(xml_path) #解析得到box信息,格式为[[x_min,y_min,x_max,y_max,name]]
                labels_old = [coord[-1] for coord in coords]
                coords = [coord[:4] for coord in coords]
                img = cv2.imread(pic_path)
                #show_pic(img,coords)      # 原图
                auged_img,auged_bboxes = dataAug.dataAugment(img,coords)
                cv2.imwrite("new_dansheng_pic/" + new_pic_name,auged_img)
                cnt += 1
                show_pic(new_pic_name,auged_img,labels_old,auged_bboxes)   # 强化后的图
```

2. json 转 txt

（1）引包。

In[1]:
```
import json
import cv2
import os
```

（2）标签分类。

In[2]:
```
label_warp = {
            '不导电':"defect0",
            '擦花':"defect1",
            '角位漏底':"defect2",
            '橘皮':"defect3",
            '漏底':"defect4",
            '喷流':"defect5",
            '漆泡':"defect6",
            '起坑':"defect7",
            '杂色':"defect8",
            '脏点':"defect9",
            'normal':"noxiaci",
            }
```

（3）代码实现。

In[3]:
```
def get_txtfiles(json_file_path):
    print(json_file_path)
    save_path = "/workspace/mnt/group/ocr/xieyufei/tianchi/season2/data/guangdong_round2_train_20181011/noxiaci_txt/"
    jpeg_path = "/workspace/mnt/group/ocr/xieyufei/tianchi/season2/data/guangdong_round2_train_20181011/noxiaci_jpg/"
```

```python
    with open(json_file_path)as fr:
        for line in fr.readlines():
            #print(line)
            line = json.loads(line)
            #print(line)
            url = json_file_path.strip().split("/")
            img_name = url[-1].split(".")[0]
            height,width,_ = cv2.imread(jpeg_path + img_name + ".jpg").shape
    with open(save_path + img_name + ".txt","w")as fw:
            for data in line["shapes"]:
                temp_position = []
                for bbox in data["points"]:
                    for xxx in bbox:
                        temp_position.append(xxx)
                x1 = float(temp_position[0])
                y1 = float(temp_position[1])
                x2 = float(temp_position[2])
                y2 = float(temp_position[3])
                x3 = float(temp_position[4])
                y3 = float(temp_position[5])
                x4 = float(temp_position[6])
                y4 = float(temp_position[7])
                xx1 = min(x1,x2,x3,x4)
                xx2 = max(x1,x2,x3,x4)
                yy1 = min(y1,y2,y3,y4)
                yy2 = max(y1,y2,y3,y4)
                if xx2 > width:
                    xx2 = width
                if yy2 > height:
                    yy2 = height
                class_label = label_warp[data["label"].encode('utf-8')]
    fw.write(img_name + "" + class_label + "" + str(xx1) + "" + str(xx2) + "" + str(yy1) + "" + str(yy2) + "\n")
    def main():
        jsons_path = "/workspace/mnt/group/ocr/xieyufei/tianchi/season2/data/guangdong_round2_train_20181011/noxiaci_json/"
        json_files = os.listdir(jsons_path)
        for json_file in json_files:
            get_txtfiles(jsons_path + json_file)
    if __name__ == '__main__':
    main()
```

3. 创建测试集和训练集

In[4]:

```
import os
import glob
import random
imageDir = '/workspace/mnt/group/ocr/xieyufei/tianchi/season2/data/VOCdevkit/VOC2012/JPEGImages/'
imageList = glob.glob(os.path.join(imageDir,'*.jpg'))
imageSetDir = '/workspace/mnt/group/ocr/xieyufei/tianchi/season2/data/VOCdevkit/VOC2012/ImageSets'
MainDir = os.path.join(imageSetDir,'Main')
if len(imageList) != 0:
    if not os.path.exists(imageSetDir):
        os.mkdir(imageSetDir)
    if not os.path.exists(MainDir):
        os.mkdir(MainDir)
    f_test = open(os.path.join(MainDir,'test.txt'),'w')
    f_train = open(os.path.join(MainDir,'train.txt'),'w')
    f_val = open(os.path.join(MainDir,'val.txt'),'w')
    f_trainval = open(os.path.join(MainDir,'trainval.txt'),'w')
    i = 0
    j = 0
    len_split = len(imageList) / 10
    len_tv = len_split * 8
    random.shuffle(imageList)
    for image in imageList:
        imagename = os.path.split(image)[-1].split('.')[0]
        if i < len_split:
            f_test.write(imagename + '\n')
            i += 1
        else:
            if j < len_tv:
                f_train.write(imagename + '\n')
            else:
                f_val.write(imagename + '\n')
            f_trainval.write(imagename + '\n')
            j += 1
        #print imagename
    f_test.close()
    f_train.close()
    f_val.close()
    f_trainval.close()
```

4. txt 转 xml

```
In[4]:
import os
import sys
import cv2
from itertools import islice
from xml.dom.minidom import Document
labels = '/workspace/mnt/group/ocr/xieyufei/tianchi/season2/data/guangdong_round2_train_20181011/noxiaci_txt'
imgpath = '/workspace/mnt/group/ocr/xieyufei/tianchi/season2/data/guangdong_round2_train_20181011/noxiaci_jpg/'
xmlpath_new = '/workspace/mnt/group/ocr/xieyufei/tianchi/season2/data/guangdong_round2_train_20181011/noxiaci_xml/'
foldername = 'tianchi2018'
def insertObject(doc,datas):
    obj = doc.createElement('object')
    name = doc.createElement('name')
    name.appendChild(doc.createTextNode(datas[1]))
    obj.appendChild(name)
    pose = doc.createElement('pose')
    pose.appendChild(doc.createTextNode('Unspecified'))
    obj.appendChild(pose)
    truncated = doc.createElement('truncated')
    truncated.appendChild(doc.createTextNode(str(0)))
    obj.appendChild(truncated)
    difficult = doc.createElement('difficult')
    difficult.appendChild(doc.createTextNode(str(0)))
    obj.appendChild(difficult)
bndbox = doc.createElement('bndbox')
xmin = doc.createElement('xmin')
xmin.appendChild(doc.createTextNode(str(datas[2])))
bndbox.appendChild(xmin)
ymin = doc.createElement('ymin')
ymin.appendChild(doc.createTextNode(str(datas[4])))
bndbox.appendChild(ymin)
xmax = doc.createElement('xmax')
xmax.appendChild(doc.createTextNode(str(datas[3])))
bndbox.appendChild(xmax)
ymax = doc.createElement('ymax')
if '\r' == str(datas[5])[-1] or '\n' == str(datas[5])[-1]:
        data = str(datas[5])[0:-1]
else:
        data = str(datas[5])
ymax.appendChild(doc.createTextNode(data))
```

```python
            bndbox.appendChild(ymax)
            obj.appendChild(bndbox)
            return obj
    def create():
        for walk in os.walk(labels):
            for each in walk[2]:
                #print(each)
                fidin = open(walk[0] + '/' + each,'r')
                objIndex = 0
                for data in fidin.readlines():
                    objIndex += 1
                    data = data.strip('\n')
                    datas = data.split(' ')
                    print(len(datas))
                    if 6 != len(datas):
                        print('bounding box information error')
                        continue
                    pictureName = each.replace('.txt','')
                    imageFile = imgpath + pictureName
                    imageFile = imageFile + ".jpg"
                    img = cv2.imread(imageFile)
                    imgSize = img.shape
    if 1 == objIndex:
                    xmlName = each.replace('.txt','.xml')
                    f = open(xmlpath_new + xmlName,"w")
                    doc = Document()
                    annotation = doc.createElement('annotation')
                    doc.appendChild(annotation)
                    folder = doc.createElement('folder')
                    folder.appendChild(doc.createTextNode(foldername))
                    annotation.appendChild(folder)
                    filename = doc.createElement('filename')
                    filename.appendChild(doc.createTextNode(pictureName))
                    annotation.appendChild(filename)
    source = doc.createElement('source')
                    database = doc.createElement('database')
                    database.appendChild(doc.createTextNode('My Database'))
                    source.appendChild(database)
                    source_annotation = doc.createElement('annotation')
    source_annotation.appendChild(doc.createTextNode(foldername))
                    source.appendChild(source_annotation)
                    image = doc.createElement('image')
                    image.appendChild(doc.createTextNode('flickr'))
```

```python
            source.appendChild(image)
            flickrid = doc.createElement('flickrid')
            flickrid.appendChild(doc.createTextNode('NULL'))
            source.appendChild(flickrid)
            annotation.appendChild(source)
            owner = doc.createElement('owner')
            flickrid = doc.createElement('flickrid')
            flickrid.appendChild(doc.createTextNode('NULL'))
            owner.appendChild(flickrid)
            name = doc.createElement('name')
            name.appendChild(doc.createTextNode('idaneel'))
            owner.appendChild(name)
            annotation.appendChild(owner)
            size = doc.createElement('size')
            width = doc.createElement('width')
            width.appendChild(doc.createTextNode(str(imgSize[1])))
            size.appendChild(width)
            height = doc.createElement('height')
            height.appendChild(doc.createTextNode(str(imgSize[0])))
            size.appendChild(height)
            depth = doc.createElement('depth')
            depth.appendChild(doc.createTextNode(str(imgSize[2])))
            size.appendChild(depth)
            annotation.appendChild(size)
            segmented = doc.createElement('segmented')
            segmented.appendChild(doc.createTextNode(str(0)))
            annotation.appendChild(segmented)
            annotation.appendChild(insertObject(doc,datas))
        else:
            annotation.appendChild(insertObject(doc,datas))
        try:
            f.write(doc.toprettyxml(indent = '    '))
            f.close()
            fidin.close()
        except:
            pass
if __name__ == '__main__':
    create()
```

项目总结

本项目以铝型材表面瑕疵作为研究对象，基于深度学习中的卷积神经网络对铝型材表面瑕疵分类和检测进行深入探索。针对瑕疵分类算法，提出了一种铝型材表面瑕疵图像自动的端到端分类网络，并且通过卷积核、特征图和显著图等方式表明了该网络的内在可行性；针对铝型材表面瑕疵检测问题，对训练样本中瑕疵类别不均衡现象给出了合理的解决方案，基于迁移学习的思想将自然图像中的目标检测技术引入瑕疵检测中，并且在检测算法的设计过程中考虑了瑕疵尺寸不一致、跨度大等特点，从而实现多种尺度、各种类型的铝型材表面瑕疵的检测。

数说中国

近年来，我国数字经济发展不断取得新突破。据中国信息通信研究院相关数字经济报告显示，2021年，我国数字经济规模达到45.5万亿元（见图5-58），较"十三五"初期扩张了1倍多，同比名义增长16.2%，占GDP比例达39.8%，较"十三五"初期提升了9.6个百分点。

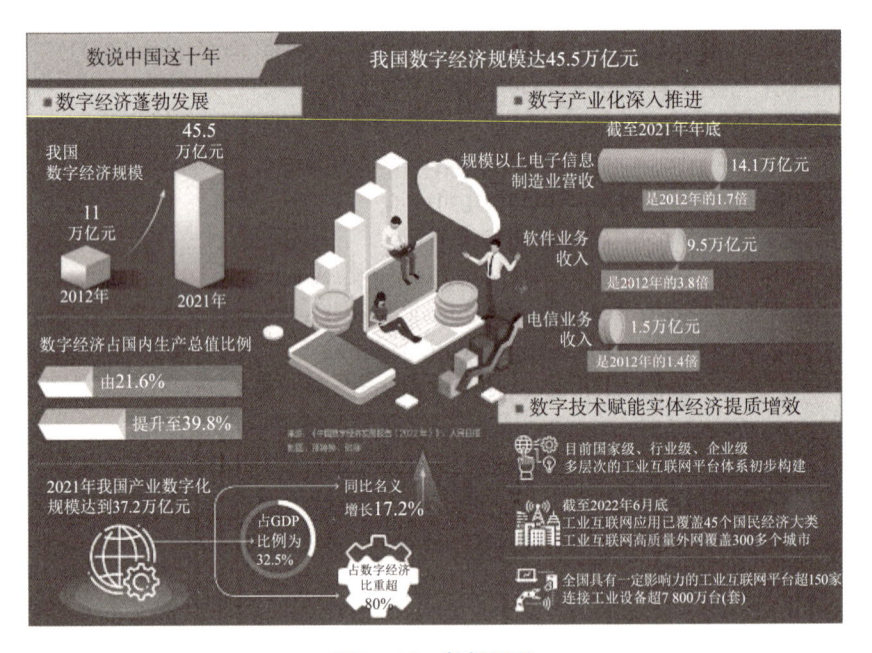

图 5-58 数据汇总

多元因素正在推动数字经济快速发展，其中最突出的是数字经济相关政策浓度的全域化提升。天眼查报告显示，2012—2021年，我国数字经济相关政策数量从19项增长到335项，其中，广东、北京、上海三地2021年数字经济政策颁布位居前三，数字经济的高速发展离不开强有力的政策支持。

此外，以数字化公共服务、数字经济治理体系为主的社会推动，以及推动消费动能增长、牵引投资提质增效和促进贸易高水平循环为主的经济推动，是加快数字经济建设步伐的两大动力。在技术层面，新基建的快速发展，为数字经济发展夯实了基础条件；产业链上下游的联动需求，成为数字经济的重要纽带。

思考练习

一、思考回答
1. 常见的深度神经网络模型包括哪些？
2. 简述基于卷积神经网络的铝型材表面瑕疵分类步骤。

二、动手练习
使用深度学习的方法完成瑕疵数据分类。

学习评价

学习内容	学习任务完成情况	总结体会	自我评价	同学评价	教师总评
知识点	□知识点 1 □知识点 2 □知识点 3 □知识点 4		☆☆☆☆☆	☆☆☆☆☆	知识掌握： 学习能力：
任务 1　基于卷积神经网络的铝型材表面瑕疵分类技术	□子任务 1-1 □子任务 1-2 □子任务 1-3 □子任务 1-4 □子任务 1-5		☆☆☆☆☆	☆☆☆☆☆	基本素养： 评分：
任务 2　基于深度神经网络的铝型材表面瑕疵检测	□子任务 2-1 □子任务 2-2 □子任务 2-3 □子任务 2-4 □子任务 2-5		☆☆☆☆☆	☆☆☆☆☆	签名：

参 考 文 献

[1] 王新宇. Python 机器学习开发实战 [M]. 北京：人民邮电出版社，2020.

[2] 崔炜，张良均. TensorFlow 2 深度学习实战 [M]. 北京：人民邮电出版社，2021.

[3] 赵卫东. 机器学习 [M]. 2 版. 北京：人民邮电出版社，2022.

[4] 明日科技. 零基础学 Python [M]. 2 版. 长春：吉林大学出版社，2021.

[5] 车翔玖，王利，郭晓新. 基于多尺度特征融合的边界检测算法 [J]. 吉林大学学报（工学版），2018 (5)：1621 - 1628.

[6] 周显恩，王耀南，朱青，等. 基于机器视觉的瓶口缺陷检测方法研究 [J]. 电子测量与仪器学报，2016（5）：702 - 713.

[7] 刘明周，马靖，张淼，等. 基于机器视觉的机械产品装配系统在线作业方法 [J]. 计算机集成制造系统，2015（9）：2343 - 2353.

[8] 杜江炜. 基于改进 Faster - RCNN 的雾天车辆检测 [J]. 电脑编程技巧与维护，2020（4）：19 - 20，52.

[9] Milan Sonka，Vaclav Hlavac，Roger Boyle. 图像处理、分析与机器视觉 [M]. 4 版. 北京：人民邮电出版社，2016.

[10] 马建，韩卫光. 基于卷积神经网络的工件表面缺陷检测方法 [J]. 组合机床与自动加工技术，2021 (1)：106 - 109.

[11] 田春华，李闯，刘家扬，等. 工业大数据分析实践 [M]. 北京：电子工业出版社，2020.

[12] EMQX [EB/OL]. [2023 - 05 - 20]. https://docs. emqx. com/zh/enterprise/v4. 4.

[13] 腾讯云. MQTT 协议学习总结 [EB/OL]. (2022 - 11 - 07) [2023 - 05 - 20]. https://cloud. tencent. com/developer/article/2153061.

[14] 工业互联网产业联盟. 中国工业大数据技术与应用白皮书 [EB/OL]. (2017 - 07 - 04) [2023 - 05 - 20]. http://www. cac. gov. cn/2017 - 07/04/c_ 1121534664. htm.

[15] CSDN. 集成学习算法 [EB/OL]. (2021 - 07 - 22) [2023 - 05 - 20]. https://blog. csdn. net/qq_46092061/article/details/119004921.

[16] 唐宇迪. 跟着迪哥学 Python 数据分析与机器学习实战 [M]. 北京：人民邮电出版社，2019.